철학 한 잔

Philosophy on Tap:
Pint-Sized Puzzles for the Pub Philosopher

This edition first published 2011

48가지 세계 맥주와 함께하는 철학 여행

매트 로렌스 지음 | 고은주 옮김

한겨레에듀

수도원으로 가는 길에 벌어진 재미있는 일

나는 서부 캘리포니아로 차를 몰고 가며 깊은 생각에 빠져 있었다. 당시 나는 철학적 수수께끼를 다루는 책을 쓰느라 머릿속은 책에 대한 생각으로 꽉 차 있었다. 이 책의 편집자는 이 프로젝트에 대한 기대로 들떠 있었지만, 나는 아직 제목도 정하지 못하고 있었다. 이 책의 의도는 아주 짧은 철학적 수수께끼들로 구성하여 독자들이 철학에 흥미를 가질 수 있게 하려는 것이었다. 나는 작은 것들, 빠른 것들, 짧은 것들, 물렁한 것들 따위에서 맴돌며 이름을 정하느라 별별 생각을 다하고 있었다. 5분짜리 철학 수수께끼? 한입에 들어가는 철학 수수께끼? 48가지 짧은 난제? 계속 생각에 빠져 있다가 갑자기 머릿속에 딱 떠오르는 것이 있었다. 한 잔에 담긴 철학 수수께끼!

세상에 맥주 한 잔보다 철학 수수께끼와 더 잘 어울리는 것이 어디 있겠는가? 함께 모여 맥주를 마시는 사람들보다 복잡한 철학적인 문제를 이야기하고 싶어하는 사람들은 또 어디 있겠는가? 맥주와 축구나 맥주와 피자처럼, 맥주와 철학은 신이 정해준 천생연분이다. 어떻게, 왜 영감이 떠오르는지 정말로 아무도 모르지만, 돌이켜 생각해보면 캘리포니아 에스콘디도의 스톤 맥주회사에서 몇 킬로미터 정도 내려오다가 그 생각이 번뜩 떠올랐다. 분명히 그 신선한 홉의 향이 산들바람을 타고 열린 차창으로 들어왔던 게다. 어쨌든 이렇게 해서 『철학 한 잔』이 탄생했다. 48가지 끝내주는 맥주들과 48가지 철학 수수께끼가 짝을 지은 최초의 책이다!

이 책의 기본 아이디어는 각종 철학적 난제들을 맥주 한 잔을 마시는 동안 설명하고 분석하는 것이다. 각 수수께끼의 성격에 맞추어 맥주를 골라 짝을 지었다. 예를 들어, 2장에 나오는 '제논의 역설'은 서양 철학사에서 가장 오래된 문제이므로, 서구에서 가장 오래된 맥주회사에서 만든 '바이엔슈테판 오리지널 라거'와 짝을 지었다. 플라톤의 '기게스의 신화(Myth of Gyges)'는 '미토스(Mythos)'라는 이름의 그리스 라거와 짝을 지었다. '비어 고글 역설'에 어울리는 맥주는 무엇일까? 플라잉 독에서 만든 '혼독 발리와인'[혼독은 발정 난 개]보다 잘 어울리는 것이 세상에 또 있을까? 이런 식으로 독자들은 48가지 맥주를 맛보며 48가지 수수께끼들을 풀어볼 수 있다. 그런데 하룻밤에 모두 시도하지는 말기를 바란다. 이 책을 다 읽어갈 즈음에는 철학뿐 아니라 세계 최고의 맥주에도 정통해질 것이다.

수수께끼에 대하여

이 책에 적합한 수수께끼를 고르면서 철학에서 가장 중심적이고 복잡한 문제들을 다루려고 노력했다. 대부분은 가히 '인생에서 가장 커다란 문제들'이라고 불릴 만한 것들이지만, 몇 가지는 맥주를 사랑하는 철학자들에게 중요하기 때문에 포함되었다. 11장 '맛의 비밀'이나 48장 '금주 예찬론'이 그 예다. 내가 이 책을 쓰면서 목표로 삼은 것은 수수께끼를 풀자는 것이 아니라 수수께끼를 제시하는 것이었다. 철학의 즐거움 가운데 반은 혼자 힘으로 세상의 모든 것들을 궁리하고 이해하는 것이다. 그러므로 가능한 해법이나 생각해야 할 중요한 점을 가끔 내가 제안할 때도 있지만, 대개는 독자 스스로 결론에 이르러야 한다. 그 문제를 두고 술집에서 친구들과 논쟁을 벌인다면 더욱 좋다.

진실에 대하여

독자들은 내가 술집에서 이야기하는 식으로 썼다는 것을 조심해야 한다. 때때로 나는 진실을 왜곡하고 가끔 아주 뻔뻔한 거짓말을 할 것이다. 그것은 물론 마시는 즐거움과 책을 읽는 즐거움을 더하기 위해서다. 만약 제대로 된 것을 알고 싶어하는 성격의 독자라면, '솔직히 말하면…'이라는 부분을 찾아보기 바란다. 그 부분에다 수수께끼의 어딘가에 들어 있는 거짓말이나 과장된 말을 바로잡아 놓았다.

맥주에 대하여

철학적 수수께끼들과 짝지을 48가지 맥주를 고르기 시작했을 때, 특정 수수께끼들을 재미있는 방식으로 풀어나가게 해줄 맥주들을 찾으려고 했다. 곧 읽을 테지만, 여러 가지 방식으로 맥주와 철학이 만나게 해놓았다. 다음으로 중요하게 고려한 것은 맥주의 질이었다.

사람들의 입맛이 저마다 다르므로 애매한 일이긴 하지만, 나는 나쁜 맥주들을 선정하지 않으려고 애썼다. 내가 선택한 맥주들은 대부분 세계 최고의 자리에 올랐던 수상작들이다. 그러나 여기에 소개한 맥주들의 스타일이 아주 다양해서 모든 맥주를 좋아할 수 있을지는 모르겠다. 그렇지만 48가지 맥주들을 모두 마셔본다면 오랫동안 사랑받아온 맥주는 물론, 새로운 맥주도 많이 발견할 것이다. 맥주는 12가지씩 묶어 넷으로 분류했다.

미국 수제 맥주(연한 맥주 lighter brews)

시에라 네바다 '페일 에일' • 에이버리스 '화이트 래스컬 에일' • 로이 핏츠 '어니스트 에일' • 슈말츠 '헤브루 오리진 파미그레네이트 에일' • 로그 '데드 가이 에일' • 하이 앤 마이티 '퓨리티 오브 에센스 라거' • 빅토리 '홉데빌 IPA' • 앵커 브루잉 '앵커 스팀' • 블루 포인트 '홉티컬 일루전 IPA' • 잉링 '트래디셔널 라거' • 문라이트 브루잉 '리얼리티 체코 필스너' • 오도울스 '오리지널 라거'

미국 수제 맥주(진한/강한 맥주 darker/stronger brews)

플라잉 독 '혼독 발리와인' • 빅 스카이 '무스 드룰 브라운 에일' • 그레이트 디바이드 '에스프레소 오크 숙성 예티' • 독피시 헤드 '레종 데트르' • 물리학의 법칙에 의해 정해지는 맥주 • 워새치 '폴리가미 포터' • 스톤 '애러건트 배스터드 에일' • 노스 코스트 '브라더 텔로니어스 애비 에일' • 엘리시안 '더 와이즈 ESB' • 래핑 독 '알파 독 임페리얼 IPA' • 에일스미스 '올드 넘스컬 발리와인' • 데슈츠 '더 어비스 임

페리얼 스타우트'

전 세계 맥주(연한 맥주)

바이엔슈테판 '오리지널 라거' • 하프 '아이리시 라거' • 포스터스 '라거' • 악치엔 '헬 라거' • 킹피셔 '프리미엄 라거' • 미토스 '그릭 라거' • 라싸 '비어 오브 티베트' • 크로넨부르 '1664 라거' • 호프브로이 '헤페바이젠' • 삿포로 '프리미엄 라거' • 세인트 파울리 걸 '라거' • 칭다오 '라거'

전 세계 맥주(진한/강한 맥주)

기네스 '엑스트라 스타우트' • 영스 '더블 초콜릿 스타우트' • 위니브루 '라팽 뒤몽드' • 벨하벤 '위 헤비 스카치 에일' • 바스 '페일 에일'(블랙 앤 탠) • 뉴캐슬 '브라운 에일' • 새뮤얼 스미스 '오트밀 스타우트' • 쉬메 블뢰 '그랑드 레제르브' • 라 트라페 '쿼드루펠' • 도스 에키스 '암바' • 풀러스 '런던 프라이드' • 팡통 '피상리 세종'

몇 가지 황금색 맥주와 강한 에일들은 단순하게 연하냐, 진하냐로 구분되지 않는다. 그러므로 맥주 분류를 너무 심각하게 받아들이지 않았으면 좋겠다. 다만, 내가 수많은 나라에서 생산한 다양한 스타일의 맥주를 소개하여 독자들이 여러 가지 맥주를 골고루 경험할 수 있게 노력했다는 사실은 인정해주기 바란다. 이 맥주들 가운데 절반은 미국 맥주들이므로 미국인만이 이런 구성이 지형학적으로 균형감 있다고 느낄지도 모르겠다. 하지만 미국 수제 맥주회사는 지난

20년간 많은 변화를 겪어가며 훌륭하고 흥미로운 맥주들을 많이 만들어 널리 보급했으므로, 독자들은 전반적인 맥주 맛을 거의 즐길 수 있을 것이다.

나는 또한 잘 알려진 맥주와 소수만이 즐기는 맥주들을 적절히 배합하려는 노력도 하였다. 소수의 애주가들이 즐기는 맥주를 찾기가 상당히 까다로울지도 모르지만, 그 일은 가치 있는 도전이 될 것이다. 아마도 '죽기 전에 꼭 해야 할 일' 목록에 들어가야 할 것도 있을 것이다. 만일 찾아보는 노력을 최소화하고 싶다면 하이타임 셀러스 사이트(www.hitimewine.net)를 방문하면 된다. 거기에서는 지구상에 있는 병맥주들을 모조리 모아놓고 주문한 사람의 현관까지 배달해 준다. 사이트에서 맥주를 소개하는 탭을 선택한 후 알파벳순으로 찾으면 된다.

한 손에는 맥주를, 한 손에는 책을 들고 시작할 준비가 되었는가? 마지막으로 당부하고 싶은 말은,

술은 적당히 마시고 생각은 과하게 하라는 것이다.

건배.

매트 로렌스

www.philosophyontap.com

감사의 글

이 책이 만들어질 수 있도록 도와준 모든 분들에게 건배를 제안하고 싶다. 무엇보다도 가족들에게 감사한다. 아내 리사와 세 아들, 제이코비, 제레미, 키넌은 책을 쓰는 일에 따라오는 많은 희생을 감수하며 변함없는 지원을 해주었다. 가족들이 각자 다방면에서 도와주지 않았더라면 이 책은 빛을 보지 못했을 것이다. 특히 제레미가 예술적인 재능을 발휘하여 삽화들을 그려주었고, 제이코비는 유용한 피드백을 제공하며 전체 원고를 두 번이나 교정해주었다. 랜디 파이어스톤은 초벌 원고에 귀중한 논평을 해준 데다 프로젝트에 강한 열정을 가지고 있었기에 내가 책을 계속 써나가는 데 큰 도움이 되었다. 랜디, 난 자네에게 몇 잔 더 사야겠어. 매트 샌더스와 윌 호이서는 여러 차례 있었던 맥주 시음 여정에 많은 도움을 주었다.(내가 자네들을 위해서 수제 맥주 몇 병을 항상 차게 준비해놓겠네.) 윌과 에릭 케이브는 초벌 원고에 사려 깊은 논평을 해주었고, 피터 랑에는 교정과 편집에 대한 조언을 해주었다. 고마움을 전한다.

이 책에 있는 많은 아이디어들과 표현 방법들은 강의실에서 개발되었다. 롱비치 시티 칼리지의 나의 학생들에게 매우 감사한다. 학생들이 던진 열정적 질문과 논평은 내가 철학과 사상과 저술에 접근하는 방식에 상당한 영향을 주었다. 롱비치 시티 칼리지의 철학 동아리 회원들에게도 감사한다. 많은 장들을 읽고 논의를 해주었고, 특히 데니 윌슨과 조 셤스키는 수수께끼에 대한 멋진 발상들을 제시해주었을 뿐 아니라 딱 맞는 때에 웃어주었다. 그리고 엘카미노 칼리지에 있는 렌디 파이어스톤의 철학 동아리에서 이 많은 수수께끼들을 검증해준 데 대해 감사드린다.

와일리 블랙웰 출판사에도 감사드린다. 나를 회의에 참석하게 해준 닉 벨로리니, 이 프로젝트를 완성하게 해준 제프 딘, 세심하게 편집을 해준 사라 댄시, 보이지 않는 곳에서 함께 일해준 모든 사람들에게 감사드린다.

그리고 마지막으로 어머니에게 감사드린다. 어머니는 내가 철학이 무엇인지 알기도 전에 그것을 좋아할 수 있도록 격려해주었다. 그리운 어머니.

이 책에 다음의 그림들을 사용할 수 있도록 협조해주신 편집자들과 출판사에 감사를 드린다.

11장 맥주 플레이버 휠 미국 양조 기술 전문가 모임의 허락을 받았다.
14장 오리-토끼 그림 덕-래빗 맥주회사의 허락을 받았다.

차례

Philosophy

1

순간이동의 문제

한 잔 더 쏴 보낼까?

기네스 '엑스트라 스타우트' Guinness *Extra Stout*

놀라울 정도로 깊고 풍부한 맛에
훈연 향과 커피 향까지 갖춘 기네스 엑스트라 스타우트는
오늘도 술집에서 철학을 논하는 이들로부터 영원한 사랑을 받고 있다.
2057년, 철학자들이 뽑은 "우주선으로 쏴 보내주고 싶은 맥주"
1위에 오를 것이 분명해 보인다.

이제는 고전이 된 텔레비전 드라마 〈스타 트렉(Star Trek)〉을 본 적이 있다면 커크 선장의 유명한 대사, "날 우주선으로 쏴줘, 스캇."을 잘 알고 있을 것이다. 스타십 엔터프라이즈 호의 선임기술자인 스캇은 우주선의 순간이동 장치를 이용해 승무원들을 한 장소에서 사라지게 한 다음 다른 장소에 나타나게 해주었다. 1966년 〈스타 트렉〉이 처음 방영된 뒤 순간이동은 SF 영화의 단골 소재가 되었다.

아직까지 순간이동은 오직 SF 영화 속에만 등장할 뿐이지만, 언젠가는 현실화될지도 모른다. 어쩌면 우리가 살아 있는 동안에 현실화될 수도 있다. 만약 그렇게 된다면, 당신은 순간이동 기술을 이용하겠는가? 물론 멋진 일이 아닐 수 없다. 이를테면 아일랜드 더블린에 있는 세인트 제임스 게이트 양조장에서 갓 뽑아낸 기네스 스타우트를 우리 집 식탁 위로 순간이동을 해준다면 마다할 사람이 누가 있겠는가? 아니면 아예 자신의 몸을 더블린으로 순간이동해 세인트 제임스 게이트 양조장 견학을 간다면 더욱 좋지 않을까?(참고로, 이 양조장 견학의 마지막 코스에서는 기네스 한 잔을 공짜로 마실 수 있다.) 하지만 성급히 자기 몸을 머나먼 나라로 '쏘아 보내기' 전에, 먼저 이 순간이동 장치가 어떤 식으로 작동하는지 생각해보아야 할 것이다.

『스타 트렉: 다음 세대를 위한 기술 매뉴얼』이란 책에 따르면 〈스타 트렉〉의 순간이동 장치는 우리 몸속에 있는 아원자입자〔원자보다 작은 입자로 소립자, 원자핵, 양성자, 전자 등이 있다〕들의 상태를 모조리 스캔해서 기록하는 식으로 작동한다. 이 스캔이란 것이 아원자입자들을 한데 묶고 있던 원자 결합을 파괴하고는, 아원자적으로 해체된 물질의 흐름을 통해 아원자입자들을 원하는 장소로 보낸다. 목적지에 도착하자마자 아원자입자들은 스캔으로 기록된 원자 청사진에 맞추어 재결합된다.

앞으로 20년 후에 이런 프로세스를 활용한 순간이동 장치가 개발된다고 가정해보자. 수천 명이 그 장치를 이용했으며 아무런 문제도 발견되지 않았다. 그 장치를 이용해본 이들은 목적지에 도달했을 때 겉모습이나 느낌이 완전히 정상 상태라고 입을 모아 이야기한다. 그럼 당신도 그 장치를 이용할 의향이 있는가? 한 가지 망설일 만한 이유는 있다. 바로 그 순간이동 장치가 우리를 '죽일' 거라는 사실! 아원자입자들을 모조리 쪼개어놓는다는 것은 결국 순간이동 장치 속에서 말 그대로 산산조각 난다는 것을 뜻하는 것 아닌가? 그나마 다행인 점은 우리 몸이 새것처럼 감쪽같이 원상 복구된다는 것이다. 몇 백만분의 일 초 동안 죽음과 부활이 연이어 일어나는 셈이다.

순간이동 장치가 다른 방식으로 작동하는 것도 생각해볼 수 있다. 예를 들어 순간이동 장치가 아원자입자들을 그냥 그 자리에서 없애버리고, 대신 스캔한 원자 청사진만을 목적지로 보낸 다음 목적지에서 전부 새로운 아원자입자들을 사용해 우리 몸을 재조립한다고 가정해보자. 이 경우 목적지에서 깨어났을 때 우리 몸은 '완전히 새로운' 것이 되어 있다. 아무리 예전 몸과 완전히 똑같아 보이고 똑같게 느껴진다 할지라도, 그것이 완전히 새로운 몸이라는 사실은 부정할 수 없다.

옥스퍼드대학교 철학교수 데릭 파핏(Derek Parfit, 1942~)이 생각해낸 가능성을 하나 더 생각해보자. 이를테면 당신이 로스앤젤레스에서 더블린까지 순간이동을 한다고 가정하자. 당신은 이미 여러 번 순간이동 장치를 이용해보았으므로 전혀 긴장하지도 않는다. 당신은 가볍게 발판 위에 올라가 기사에게 준비됐다고 신호한다. 기사가 스위치를 누르자 스캐너의 푸른빛이 당신의 몸을 훑어 내려간다. 이제 곧 눈 깜빡할 사이 의식을 잃었다 깨어나기만 하면 더블린에 있는 세인트 제임스 게이트 양조장의 순간이동 장치 안에 도착해 있을 것이다. 그런데 갑자기 아무 일도 일어나지 않는다. 당신이 의아한 눈빛으로 기사를 쳐다보면 기사는 이렇게 말한다.

"됐습니다. 왼쪽 문으로 나오세요."

당신이 어리둥절한 목소리로 말한다.

"아니, 저, 더블린에 가야 하는데…… 아직 로스앤젤레스잖아요!"

기사가 대답한다.

"고객님은 이미 더블린에 도착했습니다. 모니터를 보세요."

깜짝 놀라서 모니터로 고개를 돌리자, 놀랍게도 세인트 제임스 게이트 양조장의 순간이동 장치 속에서 나오는 당신의 모습이 보인다. 기사가 설명한다.

"이게 새로 개발된 ST101 순간이동 장치라는 걸 모르셨군요. 물론 이 장치도 고객님의 몸을 스캔하여 목적지로 보낸다는 점은 기존 장치와 다를 바 없습니다. 고객님의 몸은 방금 더블린에서 새로운 아원자입자들로 재조립되었지요. 당연히 아무런 문제도 없었고, 고객님께서는 지금 더블린에서 고객님 모습 그대로 아주 잘 계십니다."

당신은 다시 한 번 모니터를 들여다본다. 모니터 속의 당신은 양조장 견학을 위해 입맛을 다시며 줄을 서 있다. 당신은 기사에게 항의한다.

"그렇지만 나는 아직 여기에 있잖아요."

"그게 바로 ST101이 기존 장치와 차별화되는 점이죠. 기존 장치는 고객님의 몸을 이 자리에서 파괴하고 그 원자에너지를 이용해서 고객님의 몸 스캔을 광속으로 전송했었죠. 하지만 ST101은 그렇게 많은 에너지가 필요 없기 때문에 당장 고객님의 몸을 파괴하지 않아도 돼요. 그러니 저기 보이는 노란 선을 따라가서 엘리베이터를 타세요. 엘리베이터 안의 빨간색 버튼을 누르면 지하 발전소에 도착하실 겁니다. 도착과 함께 문이 열리는 순간 고객님의 몸은 사라져버릴 거예요. 번거롭게 해드려 죄송합니다만, 로스앤젤레스의 에너지 수요가 점점 증가하고 있어 저희는 고객님들의 원자에너지를 그렇게 시(市)의 에너지로 활용하고 있습니다."

당신은 무거운 발을 끌고 엘리베이터에 올라탄다. 엘리베이터 안에는 버튼이 하나밖에 없다. 빨간색 버튼. 이걸 누르면 당신은 죽음을 맞게 되는 것이다. 물론 그 죽음이 고통스럽지 않다는 건 알고 있다. 그리고 '새로운 당신'은 이미 더블린의 기네스 저장고에서 멋진 광경과 맥주 향에 흠뻑 취해 있다는 것도 알기에, 마음을 편히 가지려 한다. 그렇지만 '당신'은 아직 여기에 있고, 또 곧 죽게 될 거라는 사실 역시 명백해 보인다.

당신은 과연 빨간색 버튼을 누를 수 있을까?

어떻게 생각하나요?

- ST101을 이용하면 스스로 죽음을 맞으러 가야 한다. 그런데 그것은 앞서 소개한 두 가지 방식에서도 마찬가지 아닌가? ST101의 방식이 앞의 두 가지 방식보다 더 '나쁘다'고 할 수 있는가?
- 당신이라면 빨간 버튼을 누르겠는가?
- 만약 당신이 빨간 버튼을 누른다면, 그것을 '당신'의 죽음이라 할 수 있을까? 만약 친구들이 더블린에서 당신을 기다리고 있다면, 그들은 어떻게 생각할까?
- 당신 몸이 새로운 입자들로 재구성되었을 때 그 몸은 여전히 '당신 몸'일까?
- 우리에게 영혼이 있을까? 만약 있다면 몸과는 어떤 식으로 관련되어 있을까? 몸이 더블린에서 '다시 태어날' 때 영혼은 더블린까지 날아갈까, 아니면 더블린에서 '다시 태어날'까? 혹시 더블린에서 기네스를 음미하고 있는 것은 영혼 없는 좀비 같은 것은 아닐까?

알고 있나요?

- 2002년 6월, 오스트레일리아국립대학교 소속 과학자들은 레이저빔의 광자를 순간이동시키는 데 성공했다. '양자 얽힘(quantum entanglement)'이라는 프로세스를 활용하여 레이저 빔에 포함된 전파신호를 한 장소에서 1미터 떨어진 다른 장소로 순간이동시킨 것이

다. 다만 이것은 광자의 순간이동으로, 어떤 물체가 순간이동된 경우는 한 번도 없다.

- 순간이동의 개념이 최초로 등장한 SF소설은 데이비드 페이지 미첼(David Page Mitchell)의 단편 「몸 없는 사나이(The Man Without A Body, 1877)」일 것이다. 이 소설의 주인공인 과학자는 고양이의 원자 구조를 해체하여 전선을 통해 전송한 뒤 새로운 장소에서 그 원자들을 재조립하는 데 성공한다. 하지만 정작 자신의 몸을 순간이동시킬 때 전력이 떨어지는 바람에 머리만 전송되고 만다.
- 성경에는 '순간이동의 기적'이라 부를 만한 사건이 기록되어 있다. 사도행전 8장 38~40절에서 빌립은 가자에서 아소도로 순간이동한다. "빌립과 내시가 둘 다 물에 내려가 빌립이 세례를 주고 둘이 물에서 올라갈새 주의 영이 빌립을 이끌어 간지라 내시는 흔연히 길을 가므로 그를 다시 보지 못하니라. 빌립은 아소도에 나타나 여러 성을 지나다니며 복음을 전하고 가이사랴에 이르니라."
- 세인트 제임스 게이트 양조장 안에는 기네스 스토어하우스가 있다. 거대한 맥주잔 모양의 7층 건물이다. 양조장 견학을 마치고 나면 꼭대기 층에 있는 그래비티 바(Gravity Bar)에서 기네스를 무료로 시음한다. 이 건물을 기네스 맥주로 가득 채우려면 1,430만 잔이 들어갈 거라고 한다.
- 기네스 엑스트라 스타우트를 이용해 훌륭한 칵테일을 만들 수도 있다. 고전적인 기네스 칵테일은 플루트 글라스[flute glass, 좁고 긴 모양의 유리잔]에 샴페인과 기네스 엑스트라 스타우트를 절반씩 섞은 것이다.

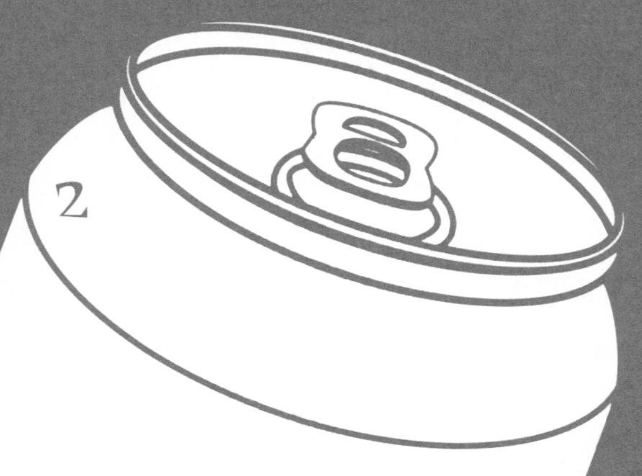

2

'손에서 입으로' 제논의 역설

맥주잔이 과연 내 입까지 도달할 수 있을까?

 바이엔슈테판 '오리지널 라거'

Weihenstephan *Original Lager*

서양 철학의 전통에서 볼 때 제논의 역설은
이 책에서 가장 오래된 수수께끼이므로,
서구에서 가장 오래된 맥주회사에서
만든 맥주와 짝지어야 마땅할 듯하다.
1040년에 문을 연 바이에른의 바이엔슈테판은
서구에서만이 아니라 전 세계에서 가장 역사가
오래된 맥주회사이다. 오리지널 라거는 이 회사의
전통적인 기법으로 만드는 대표 맥주로,
맑고 톡 쏘면서 신선한 맛을 자랑한다.
(회사가 오래되었다고 맛까지 오래되어 변질되지는 않았다.)
순한 맥아의 풍미가 나고 별로 쓰지도 않아,
한 잔 마시고 나면 한 잔 더 마시지 않을 수 없다.
우선 첫 잔이라도 입으로
가져갈 수 있을지 모르겠지만.

유서 깊은 이 맥주를 한 모금 들이켜기 전에 우선 생각을 좀 해보자. 맥주를 마시려면 먼저 맥주잔을 입술로 가져와야 한다. 맥주잔이 놓인 자리에서 내 입까지 거리는 30센티미터 정도라고 가정하자. 어려울 건 하나도 없어 보인다. 하지만 잠깐! 맥주잔은 입술에 도달하기 전에 그 중간지점, 즉 맥주잔이 놓인 자리에서 15센티미터 떨어진 지점을 반드시 지나야 한다는 점을 잊지 말자.

그런데 맥주잔이 그 중간지점에 도달하면, 이제는 그 지점에서부터 입술까지 남은 거리의 중간지점도 통과해야 한다. 그 지점을 지나지 않고서야 맥주를 마실 수가 없다.

그리고 그 지점에 도달했다 해도 여전히 그 지점에서부터 입술까지 남은 거리의 중간지점도 있으니 그곳도 통과해야 한다. 그런데 그곳에 도달해도 그곳에서부터 남은 거리 사이에는 또 중간지점이 있으니 그 지점 또한 통과해야만 한다. 그렇게…… 중간지점은 계속된다.

이제 문제를 이해했을 것이다. 맥주잔이 우리 입술에 와 닿으려면 테이블과 입술 사이에 있는 무한한 개수의 중간지점(어떤 거리도 이등분할 수 있으므로)을 지나와야 한다. 그런데 유한한 시간 안에 무한한 개수의 지점을 통과하는 것은 불가능하니, 우리는 이 맥주를 결코 맛볼 수가 없는 것이다!

고대 그리스 철학자 '엘레아의 제논(Zeno of Elea, 기원전 490~430)'은 기원전 5세기에 이 역설(이분법 역설이라고도 한다)을 고안했다. 당신은 지금 아마도 이런 생각을 하고 있을 게다. "분명히 뭔가가 잘못된 거야." 실제 우리는 맥주잔을 가뿐히 입술로 가져올 수 있지 않은가? 당신은 어쩌면 이미 제논의 논리가 잘못되었다는 걸 몸소 증명해 보였을 것이다.(역설을 논파하는 그 맛, 정말 좋지 않은가?)

하지만 맥주를 들이켜고 있는 우리를 보더라도 제논은 그저 심드렁한 반응을 보일 것이다. 그는 이렇게 생각했다. 맥주잔이 (몇 초는커녕)유한한 시간 안에 입술에 닿을 수 없다는 것을 이성이 알려주고 있으니, 우리가 맥주를 마신다는 것은 필시 감각이 우리를 속이는 거라고. 그는 이성과 감각이 승부를 벌인다면 응당 이성을 선택해야 한다고 믿었던 거다. 제논의 결론은 이렇다. 움직임이란 있을 수 없는 일이다. 즉, 우리는 실제로 먹거나 마시지 않는다!

그러나 오리지널 라거를 홀짝홀짝 들이켜며 홉의 그 깔끔한 씁쓸함과 맥아의 달콤함을 음미하고 있노라면, 이성적인 쪽은 제논이 아닌 오히려 '우리'라는 생각이 들 것이다. 하지만 그 이성적인 논리를 조리 있게 말할 수 있겠는가? 만약 제논의 논리에 잘못이 있다면 어떤 부분이 잘못되었는가?

혹시 도움이 필요하다면 두어 가지 견해를 소개할 테니 한번 살펴보기를 바란다. 첫째, 맥주잔이 반드시 '유한한' 시간 안에 무한한 개수의 지점을 지나가야만 하는 걸까? 즉, 시간에 대해서도 똑같은 식으로 이등분을 할 수는 없는 걸까? 다음에 지나가야 할 거리, 또 그다음에 지나가야 할 거리가 계속해서 이등분될 수 있듯, 우리가 맥주잔을 집어 들어 입술까지 가지고 오는 데 걸리는 2초라는 시간 역시 중간지점을 기준으로 무한히 이등분될 수가 있다. 그러면 이런 식의 가정이 성립된다. "맥주잔이 무한한 개수의 공간적 지점을 거치는 동안, 시간 역시 무한한 개수의 시간적 지점을 지난다." 당장 맥주 한 모금이 급하지만 않다면 고민하지 않아도 되는 문제다. 하지만 이 답만으로는 여전히 기분이 찜찜할 거다.(제논은 무덤에서 미소를 짓고 있을 것이다.) 맥주잔이 어떻게 해서 2초 만에 무한한 지점(공간이든 시간이든)을 통과해 입술에 도달하느냐 하는 문제는 풀리지 않은 채로 남아 있기 때문이다.

두 번째 견해는 급진적인 것으로 보일지도 모르겠지만, 제논의 논리가 옳다고 인정해버리는 것이다. 정말로 사물은 전혀 움직이지 않는지도 모른다. 현시대 시공간 관련 이론들 중의 일부도 이 논리를 지지하는 것 같다. 즉, 과거-현재-미래의 구분을 인정하지 않는 몇몇 시간 이론에 따르면, 시간이란 그 전체가 양쪽으로 쭉 '펼쳐져' 있다. 과거가 '지나가버렸다'라든가 미래가 '올 것이다'라고 이야기하는 것은 부정확한 표현이다. 과거와 미래는 함께 존재하되, 단지 시공간 연속체 내 다른 지점에 있을 뿐이다.(이 문제에 대하여 자세히 알고 싶으면 29장 '시간의 수수께끼'를 보라.) 이 이론에 따르면 사물은 시공간 속에서 실제로 움직이고 있지 않다. 우리의 맥주잔은 다만 시공간 연속체 내 다양한 지점에 '존재'하고 있을 뿐이다. 이를테면 맥주잔은 시간의 어떤 지점에서는 테이블 위에 놓여 있고, 시간의 또 다른 어떤 지점에서는 테이블과 입술 사이 중간지점에 있고, 시간의 또 다른 어떤 지점에서는 입술에 닿은 채 있다. 맥주잔은 한 지점에서 다음 지점으로 움직이는 것이 아니라, 이 모든 시공간 지점에 존재할 뿐인 것이다. 이 경우, 운동하는 것처럼 '보이는' 것은 단지 환상에 불과한 것이다. 맥주잔의 과거와 미래가 있는 일련의 위치와 시간을 단일한 완전체로 볼 수는 없기 때문이다.

솔직히 말하면…

원래 제논의 역설은 맥주잔을 입술로 가져온다는 내용이 아니라, 천하의 아킬레스(Achilles, 그리스 신화의 영웅)도 앞서가는 거북이를 따라잡을 수 없다는 것이었다.

어떻게 생각하나요?

- 제논의 역설을 해결할 수 있겠는가? 제시된 두 견해 중 만족스러운 것이 있는가?
- 움직이는 물체는 유한한 시간 안에 무한개의 지점을 지나야 목적지에 도달할 수 있다는 제논의 생각은 올바른 것일까?
- 다른 대안이 없을 때 우리는 이성을 따라야 할까, 아니면 감각을 믿어야 할까?

알고 있나요?

- 제논은 파르메니데스(Parmenides, 기원전 520~440년)의 제자였다. 파르메니데스는 여러 사물이 다양하게 존재한다는 것과 사물이

변화한다는 것은 환상이라고 가르쳤다. 제논은 이분법 역설을 이용해, 현실은 변화하지도 않고 둘로 나뉠 수도 없는 하나의 영원한 '실재'라는 파르메니데스의 견해를 뒷받침했다.

- 여기에 소개한 제논은 '엘레아의 제논'으로, 스토아학파의 창시자인 '키티움의 제논(Zeno of Citium)'과는 다른 철학자이니 혼동하지 말자.('제논'이라는 이름은 아주 옛날에만 인기가 많았나 보다.)
- 1040년에 세워진 바이엔슈테판 양조장은 그 역사가 십자군보다 더 오래되었다. 제1차 십자군 원정을 촉구하는 연설은 1095년에 있었다.
- 맥주는 만들어 마시는 음료로는 세계에서 손꼽힐 만큼 오래된 것으로, 그 역사가 기원전 9000년까지 거슬러 올라간다. 많은 문화권에서 빵 굽는 방법보다 맥주 만드는 방법을 먼저 알게 되었다.
- 세계에서 가장 오래된 맥주 제조 기법을 보유하고 있는 회사는 독피시 헤드(Dogfish Head)이다. 이 회사가 만드는 미다스 터치(Midas Touch)는 미다스 왕의 무덤에서 출토된 술잔 속에 남아 있던 약 2,700년 전 잔류물을 분석해 재창조해낸 것이다. 이 맥주에는 보리, 꿀, 포도, 사프란 등이 함유되어 있다. 일반적인 맥주라고 할 수는 없겠지만, 내 입맛에는 꽤 괜찮았다.

3

500cc 한 잔이 숲속에서 쏟아질 때

아무도 듣는 이가 없다면, 그래도 소리가 날까?

 시에라 네바다 '페일 에일'

Sierra Nevada *Pale Ale*

숲속에서 맥주가 혼자 무엇을 하고 있을까?
숲에 가장 어울리는 맥주는 아마
태평양 연안 북서부의 이름난 맥주,
시에라 네바다 페일 에일 아닐까?
캘리포니아 치코에서 최고급 캐스케이드 홉을
넉넉히 넣어 양조한 이 술은 긴 시간
숲속 하이킹을 즐긴 후 마시면 딱이다.
단, 흘리지 않도록 조심!

고전적인 철학적 질문 하나를 소개한다. 들어본 적이 있을지도 모르겠다.

"500cc 한 잔이 숲속에서 쏟아질 때 아무도 듣는 이가 없다면, 그래도 소리가 날까?"

이 문제는 파티에서나 술집에서 누군가가 '철학 때깔'을 내고 싶을 때 곧잘 끄집어내는 문제이다. 물론 우리는 대부분 '당연히' 소리가 날 거라고 생각하기 마련이지만, 이 문제의 요지는 그걸 정말로 확신할 수가 없다는 것이다. 숲속에 아무도 듣는 이가 없다면 소리가 나든 나지 않든 그 어느 쪽도 증명할 길이 없다.

이 문제를 해결할 수 있는 방안(녹음기를 숨겨놓거나, 다람쥐에게 수화 훈련을 시켜놓거나 등)을 모색하기 전에, 아일랜드 출신 철학자 조지 버클리 주교(George Berkeley, 1685~1753)가 이 문제에 대해 어떤 논변을 펼쳤는지 한번 살펴보자. 버클리 주교의 철학은 "존재하는 것은 지각되는 것"이라는 유명한 한 줄의 경구로 요약될 수 있다. 이 말은 곧, 대상(쏟아지는 맥주 500cc 한 잔과 같은)은 오직 그 대상을 지각하는 사람의 마음속에만 존재한다는 뜻이다. 이것은 상당히 급진적인 주장이다. 만약 이 말이 옳다면, 숲속에 지각하는 사람이 아무도 없을 때에는 맥주가 쏟아져도 그 소리가 들리지 않을 뿐 아니라, 애초에 그 맥주잔은 존재하지도 않는 것이다!

'물질'이 '우리 마음 바깥에 독립적으로 존재하는 것'을 뜻한다면, 버클리의 형이상학적 관점은 물질의 존재를 부정한다. 버클리의 형이상학에서 진정으로 존재하는 것은 마음과 생각, 혹은 지각, 혹은 정신 감각이다. 이는 당연히 거의 모든 이가 사실로 받아들이고 있는 것, 즉 우리 마음 바깥에 물질세계가 존재하며 우리 감각은 그 세계와 교감한다는 것에 정면으로 배치되는 생각이다. 그러니 버클리는 자신의 주장을 뒷받침하기 위해서 강력한 증거 한 꾸러미를 들이대어야 할 것이다. 하지만 버클리는 물질의 존재를 믿는 이들이야말로 증거를 대야 한다고 촉구했다. 오히려 '그들'의 주장이 우리의 실제 경험에 배치된다는 것이었다. 버클리는 이렇게 얘기했다.

> 집과 산, 강 등 지각되는 모든 대상이 자연적으로, 즉 마음으로 지각되는 것과 별도로 존재한다고 하는 것은 사람들 사이에 이상하게 널리 퍼져 있는 하나의 의견에 지나지 않는다. (……) 대체 앞서 말한 대상들이 우리가 감각을 통해 지각하는 것 외에 무엇이란 말인가? 그리고 우리가 지각하는 것은 우리 자신의 생각 혹은 감각 외에 무엇이란 말인가? 그것들 중 하나가, 혹은 그것들 여러 개가 함께, 지각되지 않고도 존재한다고 하면 그것은 명백히 혐오스러운 일이 아닌가?

버클리의 논지를 더 잘 이해하기 위해서 구체적인 예를 하나 살펴보자. 눈앞에 놓여 있는 시에라 네바다 페일 에일에 대해 알고 있는 바를 잠깐 동안 생각해보자. 이를테면 이 맥주가 아름다운 황금빛깔을 띠고 있다는 사실을 당신은 안다. 여름 밀짚의 빛깔과 말리부에서 바라본 일몰의 빛깔 중간 어디쯤 되는 황금빛이다. 그 온도가 낮다는 것도 알고 있고, 만지면 부드러운 거품 질감이 느껴지면서 젖는다는 것도 알고 있다. 그리고 귀를 가까이 대면 거품들이 터지는 매우 미세한 소리도 들을 수 있다. 하지만 이러한 것들을 주의 깊게 생각해보면, 당신이 정말로 의식하고 있는 것은 전부 다 자신의 지각 혹은 감각이라는 사실을 깨닫게 될 것이다. 맥주의 빛깔을 지각할 때 당신은 황금빛의 '감각'을 갖게 되는 것이다. 그 온도를 지각할 때 당신은 차갑다는 '감각'을 갖게 되는 것이다. 그리고 혓바닥 위에서 거품을 지각할 때 혹은 맥주잔에 귀를 갖다 댈 때, 당신은 '촉각 혹은 청각'을 갖게 되는 것이다. 이 맥주에 대해(혹은 어떤 맥주에 대해서도) 당신이 알고 있는 모든 것은 사실상 당신의 감각에 제한되어 있다. 그런데 이 감각들은 '어디'에 있는가? 당연히 당신 마음 속에 있다. 황금빛, 차가움, 젖음, 거품 등의 감각은 바로 '당신'이 가지는 것이다. 이 감각들이 맥주 '안'에 있지 않다는 것은 두말할 나위도 없다. 이 감각들은 단순히 '당신' 인식의 일부이다. 이런데도 우리는 자꾸 맥주잔이 우리 마음 '바깥'에 존재한다고 고집 부린다. 도대체 무슨 근거로? 감각들은 우리 마음 '안'에 있는데, 과연 우리 마음 '바깥'에서 일어나는 일을 알 수 있을까?

유물론적 세계관을 취한다면 우리는 우리 마음 바깥에서 일어나는 일을 아노라고 항변할 것이다. 이를테면 '저 앞에' 맥주 한 잔이 황금빛이나 호박색, 갈색으로 빛나고 있고, 거품이 나고 만지면 젖으며, 쏟아지면 좌악 소리가 난다고. 하지만 우리가 과연 마음 '바깥'에 있어본 적이 있는가? 당연히 없다. 어디를 가든 우리는 마음과 함께 간다. 그런데 어찌 바깥에 무엇이 있는지 안다고 생각하는가? 대체 어떤 근거로 '저 앞에' 맥주가 있다고 생각하는가?

솔직히 말하면...

아마 눈치 챘겠지만 원래 질문은 이거다. "나무 한 그루가 숲속에서 쓰러질 때 아무도 듣는 이가 없다면, 그래도 소리가 날까?"

어떻게 생각하나요?

- 시에라 네바다 페일 에일이 숲속에서 쏟아질 때 아무도 듣는 이가 없다면, 그래도 소리가 날까?
- 아무도 맛보는 이가 없다면, 그래도 맛이 있을까?
- 에일 500cc 한 잔을 숲속에 두고, 시간이 지나면 에일이 쏟아지도록 장치해두었다고 가정해보자. 그 옆에는 녹음기를 놓아두었다. 다음 날 가보았더니 에일이 쏟아져 있고 그 소리를 들은 사람은 아무도 없었다. 녹음기를 재생해보니 잔이 쓰러지고 에일이 땅바닥에 쏟아지는 소리가 분명히 들린다. 이를 바탕으로 버클리의 주장이 틀렸음을 입증할 수 있을까? 그렇다면(또는 그렇지 않다면) 왜 그런가?
- 물질이 존재한다는 것에 대한 가장 강력한 증거는 무엇일까? 모든 이가 맥주를 같은 방식으로 지각하는 것 같다는 사실이 맥주가 마음 바깥에 존재한다는 것의 증거가 될까?

- 만약 맥주가 '저 앞에'(마음 바깥에) 있다고 가정한다 해도, 그것이 정말로 황금빛에 만지면 젖고 쓴 맛이 나는 맛있는 거라고 믿어야 할까? 과연 모든 생명체가 맥주를 똑같은 식으로 지각할까?

알고 있나요?

- 버클리처럼 오직 마음과 생각만이 존재할 뿐이라고 주장하는 견해를 '형이상학적 관념론'이라고 한다.
- 버클리는 우리가 대상을 지각하는 것을 중단한다 해도 대상이 존재하기를 중단하지는 않는다고 주장했다. 왜냐하면 신(무한한 정신)이 계속 그 대상을 지각하기 때문이다.
- 버클리는 1734년 아일랜드 클로인의 성공회 주교로 임명되어, 그곳에서 봉직하며 여생의 대부분을 보냈다. 그는 마을사람들에게 매우 인기가 있었으며, 세상을 뜬 지 250년이 지난 오늘날까지도 애칭처럼 '버클리 주교'로 불린다.
- 페일 에일은 시에라 네바다 맥주회사의 주력 상품이다. '미국 최고 맥주 페스티벌'에서 여러 번 금메달을 수상했다.

4

'제 눈에 맥주안경' 역설

아름다움은 그때그때 달라지는 것인가?

플라잉 독 '혼독 발리와인'

Flying Dog *Horn Dog Barleywine*

손에 들고 있는 플라잉 독 맥주회사의 '혼독 발리와인'은
적어도 석 달은 묵은 것일 게다. 내년을 위해
몇 병을 묵혀두시라. 숙성될수록 맛이 더욱 좋아질 테니.
하지만 몇 분 안에 드라마틱한 변화를 보고 싶다면,
한 병을 따 마시면서 술집 안을 둘러보시라.
'혼독'이라는 비어고글[맥주안경, 맥주를 마시면
눈에 콩깍지가 쓰이는 것]을 쓰고 보면,
한 모금 마실 때마다 술집 안에 있는 사람들이
더 매력적으로 보일 테니.

이런 상황은 우리 모두 잘 알고 있다. 사실 많은 이가 직접 겪어도 봤을 것이다. 왜, 그런 상황 있잖은가. 당신 친구(이름은 조라고 해두자)가 술집에 간다. 조는 밤새도록 불평이다. "여기는 왜 이렇게 물이 안 좋아? 그냥 집에나 가야겠다." 조가 한참 동안 데이트를 못 해봤다는 사실을 아는 당신은 몇 번 가능성을 타진해본다. "어우! 됐어!" 조는 고개를 절레절레 흔든다. 그런데 밤이 점점 깊어가면서 술이 어지간히 들어간 다음 거의 파장에 이르자 조의 미적 세계관에 큰 변화가 온 듯하다. 몇 시간 전만 해도 제 입으로 (참 냉정하게도) '엽기' 운운했던 여인이 이제는 무척이나 매력적으로 보이는 것이다. "진짜 죽이는데!" 그러더니 다음 순간, 뻔한 시나리오처럼 조와 조앤은 함께 술집을 나선다.

다른 사람의 아름다움에 대한 지각이 변하는 현상을 흔히 '제 눈에 맥주안경 역설' 혹은 '10@2 역설'이라고 한다. 밤 10시에 2점이었던 사람이 어떻게 새벽 2시에는 10점이 되는 걸까? 한 가지는 확실하다. 조가 조앤과 함께 술집을 떠났을 때 조의 눈에는 '맥주안경'이 씌어져 있었음에 틀림없다. 물리적으로, 현상학적으로는 정확히 무슨 일이 일어났던 걸까?

조가 단순히 '눈을 낮췄다'는 것이 한 가지 가능한 설명이 될 것이다. 확실히 그럴 수 있고, 또 종종 그런 일이 발생하기도 하지만, 내가 봤을 때 조의 사례는 그런 종류는 아니다. 조의 마음은 '아무리 못생겼어도 내가 여길 혼자 걸어 나갈 수는 없지.'와는 다른 것이다. 그게 아니라 조는 조앤을 향해 아주 끓어오르고 있다. 조는 정말로 조앤이 굉장히 매력적이라고 (그 순간에는) 생각하고 있는 것 같다. 눈을 낮출 필요가 없다. 조앤을 처음 봤을 때 이 정도로 마음이 흔들렸다면, 첫눈에 반한 사랑이 되었을 것이다.

조의 사례를 더 잘 정리하기 위해서, 지각과 태도 변화에 관한 또 다른 사례를 살펴보자. 대니얼 데닛(Daniel Dennett)은 『의식의 설명(Consciousness Explained)』이라는 책에서 맥주 맛에 관련된 유사한 현상을 묘사한다. 데닛이 보기에 맥주 맛은 후천적으로 습득되는 맛이다. 즉, 일반적으로 사람들은 처음부터 맥주 맛을 좋아하는 게 아니라, 자꾸 마시다 보니 맛에 길들여져 점차로 그 맛을 즐기게 된다. 그런데 그 맛이란 대체 무슨 맛인가? 처음 입속에 넣었을 때 느꼈던 바로 그 맛인가? 맥주를 마시는 사람이라면 아마 이렇게 설명할 것이라면서, 데닛은 두어 가지 설명 방식을 상상해본다.

> '그 맛'을 좋아할 사람이 세상에 어디 있는가?(이것은 오랫동안 맥주를 마셔본 사람의 항변이다.) 맥주를 자꾸 마시다 보면 맥주 맛이 달라지게 돼 있다. 만약 맥주 맛이 처음 입에 넣었을 때 그 맛 그대로 변함이 없다면, 지금 난 절대로 맥주를 마시지 않을 것이다! 또, 같은 맥락이지만 거꾸로 얘기해서, 만약 맥주를 처음 입에 넣었을 때 지금 내가 느끼는 맛이 났더

라면 애초에 맥주 맛을 습득해야 할 필요도 없었을 것이다! 처음 입에 넣자마자 지금처럼 그 맛을 즐겼을 테니까.

하지만 어떤 사람은 이렇게 주장할 수도 있다. 아니다, 맥주는 언제나 똑같은 맛을 낸다. 단지 이제야 사람들이 '바로 그 맛' 을 좋아하게 된 것뿐이다.

조의 경우에 대해서도 동일한 질문을 제기할 수 있다. 조앤은 새벽 2시에 조에게 굉장히 다른 모습으로 보이는 걸까? 그게 아니면 조는 처음 보았던 이미지와 근본적으로 똑같은 이미지를 보지만, 자신이 본 것에 대해 다른 결론에 이르는 걸까? 다시 말해 조앤은 똑같이 '보이지만', 그 똑같은 모습을 조가 좋아하게 된 걸까?

이 중 어느 쪽이 더 나은 설명인지 결론 내리기는 쉽지 않다. 나도 당신이 직접 고민하도록 내버려둘 것이다. 하지만 우선 제3의 대안을 제시하여, 당신이 이 문제를 더욱 철저하게(그리고 더더욱 혼란스럽게) 파악할 수 있도록 하겠다.

데닛은 이와 같은 문제, 즉 "조의 눈에 보이는 조앤의 모습이 변화했는가, 아니면 조의 취향이 변화했는가?"라는 문제 자체에 오류가 있다고 주장한다. '밤 10시에 보이는 모습'이라든가 '새벽 2시에 보이는 모습' 같은 것은 없다는 것이다. 그리고 어떤 '모습'이라는 것이 조의 취향 판단과 별도로 존재할 수도 없다는 것이다.

데닛은 의식에 관한 자신의 이론을 '다중 원고 모형'이라 부른다. 이 이론은 우리 체험에 어떤 중심적인 것이 있다는 것, 즉 의식적인 체험의 최종적인 흐름이 '데카르트식 극장'에서 우리 눈앞에 펼쳐진다는 것을 부인한다. "우리는 우리 망막 위에서, 귓속에서, 피부 위에서 벌어지는 일들을 직접적으로 체험하는 것이 아니다."라고 데닛은 주장한다. 대신 맥주 마시는 것부터 조앤의 크고 검은 두 눈을 들여다보는 것까지, 어떤 체험이든 간에 '감각 자극을 해석하고 합성하는 서로 겹치지 않는 다중 프로세스'에 의해 두뇌 속에서 이루어지는 것이며, 그 체험은 끊임없는 편집과 수정을 거친다는 것이다. '밤 10시에 보이는 모습'이라든가 '새벽 2시에 나의 가슴에 불을 댕긴 모습'이라 불릴 법한 최종 작품을 만들어내는 '최종 편집'이나 '기계 속 유령'〔20세기 철학자 길버트 라일이 데카르트의 심신이원론을 비꼬아 이른 말〕은 없다. 다만 수많은 독자적인 데이터의 흐름과 반응 습관들이 있을 뿐이다.

데닛의 의식 이론은 아무래도 우리 직관에 반하는 것이다. 하지만 데닛은 많은 사람들이 '데카르트식 극장' 유형에 깊이 사로잡혀 있기 때문에 이 대안적 모형을 쉽게 받아들이지 못하는 거라고 생각한다. 데닛의 이론을 여기에서 제대로 다루자면 맥주 한 잔 가지고는 모자랄 것이다.

그럼 당신은 이렇게 말할지도 모르겠다. "혼독 네댓 잔 마시면서 그 체험이라는 것이 과연 그렇게 이루어지는지 나 혼자 잘 살펴보지, 뭐." 그러나 데닛이 그 말을 듣는다면 그 방법도 소용이 없다고 손사래를 칠 것이다. 주관적 성찰을 통해 마음을 이해하고자 할 때 문제가 되는 것은 겉모습이 기만적이라는 것이다. 그건 마치 스크린에 영사되는 영화를 보면서 영사기를 이해하려고 하는 것과 비슷하다. 체험만 통해서 보자면 우리는 영사기가 단일한 흐름으로 움직이는 영상을 내보내고 있다고 믿기 쉽다. 하지만 영사기의 구조를 제대로 알고 나면, 영상이라는 것이 단지 일련의 정지화면들이 연속으로 깜박이는 것에 불과하다는 것을 깨닫게 된다. 이와 마찬가지 이유로, 우리는 직접 겪는 체험을 살펴보는 것만으로는 의식적 체험을 이해할 수 없노라고 데닛은 주장한다. 우리는 두뇌가, 감각들이, 중추신경 시스템이 어떻게 작동하는지 보아야 한다. 그런데 안타깝지만, 혼독 발리와인 네댓 잔을 마시고 나면 그런 면밀한 조사 임무를 수행하는 것이 상당히 어려워질 성싶다.

어떻게 생각하나요?

- 조앤에 대한 조의 태도가 바뀐 것을 어떻게 설명하는 것이 가장 좋을까? 맥주안경을 쓴 조의 눈에 조앤이 다르게 보였을까? 아니면 조의 판단이 달라진 걸까? 아니면 둘 다일까? (아니면 둘 다 아닐까?)
- '밤 10시에 조의 눈에 보이는 조앤의 모습' 같은 것은 없다는 데닛의 주장에 동의하는가?
- 조앤을 지각하는 조의 사례와 사람들이 맥주 맛을 습득하는 사례는 서로 유사한가, 그렇지 않은가?
- 어떤 사람을 알면 알수록 '내적 아름다움'이 발산되며 점점 더 아름다워 보이는 경우를 생각해보자.(반대로, 알면 알수록 매력이 떨어져 보이는 경우도 생각해보자.) 이런 사례에 대한 분석은 맥주안경 사례 분석과는 어떻게 달라야 할까?

? 알고 있나요?

- 조앤을 지각하는 조의 사례와 맥주 맛을 습득하는 사람들의 사례 사이에는 주목해야 할 중요한 차이점이 있다. 맥주 맛의 경우는 그 변화가 영구적인 반면, 조의 경우는 다음 날 아침 맥주안경이 벗겨지고 난 후에는 조앤에 대한 태도가 원래대로 돌아올 가능성이 크다는 것이다.
- 의식에 대해 생각할 때 우리가 누군가에게서 보는 건 그의 얼굴이나 몸의 한결같은 모습이라고 생각하기 쉽다. 하지만 연구 결과에 따르면 사람의 눈은 매우 빨리 움직여서 1초에 다섯 번가량 시선을 이동한다고 한다. 그럼에도 우리가 고정적인 모습을 본다고 느끼는 것은 뇌에서 시각정보를 편집하기 때문이다.
- 혼독 발리와인은 2009년 '미국 최고 맥주 페스티벌'에서 금메달을 수상했다. 그리고 플라잉 독 맥주회사도 '올해의 중소 양조업체상'을 받았다.
- 플라잉 독 맥주병의 그림들이 왠지 낯익지 않은가? 헌터 톰슨(Hunter S. Thompson)이 쓴 소설 『라스베이거스의 공포와 혐오(Fear and Loathing in Las Vegas)』에 삽화를 그렸던 랄프 스테드먼(Ralph Steadman)이 그 그림들을 그렸다. 플라잉 독의 공동소유주 조지 스트라나한(George Stranahan)에게 랄프 스테드먼을 소개한 사람이 바로 헌터 톰슨이다.

파스칼의 내기

감히 신을 걸고 내기를?

하프 '아이리시 라거' Harp *Irish Lager*

이번 수수께끼는 아이리시 퍼브에서 술잔을 기울이며 내기를 하는 것이다. 자, 하프 아이리시 라거 한 잔을 곁들이며 짝을 짓자. 아이리시 퍼브에서 어떤 맥주가 제일 잘 팔리는지를 놓고 내기를 한다면 북아일랜드에서 가장 잘 팔리는 라거인 하프에 거는 것이 제일 나을 것이다.

아주 많은 철학자들이 신의 존재를 증명하려는 시도를 꾸준히 했다. 그렇지만 프랑스 철학자이자 수학자인 블레즈 파스칼(Blaise Pascal, 1623~1662)은 단호하게 그런 위업은 달성할 수 없는 것이라고 했다. 파스칼은 신의 존재 가능성을 동전 던지기에 비교했다. 동전을 던져서 앞면(신이 존재한다)이 나올 수도 있고, 뒷면(신이 존재하지 않는다)이 나올 수도 있지만, 우리는 미리 그 결과를 알 길이 없다. 이렇게 파스칼은 비관적으로 생각했음에도 자신을 '신앙인'으로 꼽았고, 비신앙인이 있다면 신앙인으로 만들어야 한다고 주장했다.

파스칼은 신의 존재를 증명하려고 도전하는 일에 신경을 쓰지 않고, 신이 존재한다고 믿는 것이 믿지 않는 것보다 더 합리적인지에 대한 문제에 관심의 초점을 두었다. 그의 논의는 어떤 선택이 다른 선택보다 더 논리적일 수 있다는 생각을 바탕으로 한다. 불확실한 조건 아래에서 선택해야 하는 경우도 마찬가지이다.

이 생각이 옳다는 것을 도박사들은 오래전부터 알고 있었다. 예를 들어 당신이 쉴 새 없이 도박을 하는 친구와 아이리시 퍼브에 앉아 있다고 가정하자. 그는 그냥 무엇이든 걸고 내기를 하려 드는 친구인데, 오늘 밤은 다음 15분 동안 손님들이 어떤 맥주를 가장 많이 주문할지를 놓고 돈을 걸고 싶어한다. 당신은 아이리시 퍼브에서 어떤 맥주가 잘 팔리는지 잘 알고 있다. 당신은 술통을 계속 주시하고 있었고, 오늘 밤 이제까지 하프와 기네스가 가장 인기가 좋았다. 그렇게 잘 알고 있지만 당신은 둘 중 어떤 맥주를 선택해야 내기에서 이길지 잘 모르겠다. 그리고 당신은 승산이 있을 때만 내기를 하고 싶기 때문에 친구에게 이번 내기를 사양하겠다고 말한다. 그러면 그 친구는 다음과 같이 내기를 하자고 꼬드긴다.

> 네가 좋아하는 맥주를 골라. 네가 하프를 골라서 네가 이긴다면, 내가 오늘 밤 술과 안주를 다 사고 집에 가는 택시비도 내줄게. 네가 하프를 골라서 네가 진다면, 너는 나한테 맥주 한 잔만 사면 돼. 그렇지만 네가 기네스를 골라서 네가 이긴다면 내가 너에게 한 잔을 사지. 네가 기네스를 골라서 진다면, 네가 음식 값하고 술값하고 택시비까지 다 내는 거야.

친구가 아무런 내부 정보를 가지고 있지 않고 어떤 수단을 발휘해서 결과를 조작하지 않는 한, 이 내기는 꽤 구미가 당길 것이다. 당신이 하프를 선택한다면 말이다. 하프에 걸면 잃는 것은 아주 적고 얻는 것은 많은 입장에 서게 된다. 반대로, 기네스에 걸면 잃는 것은 아주 많고 얻는 것은 아주 적다. 하프를 선택하는 것이 '아주 쉬운 결정'이다.

파스칼은 신의 존재를 믿느냐 아니냐의 선택은 절대극치(absolute extreme)로 가는 내기와 비슷하다고 생각했다. 우리는 다음과 같이 말할 수 있다.

당신 마음 내키는 대로 아무거나 선택하라. 당신은 신이 존재한다는 쪽에 걸 수도 있고, 존재하지 않는다는 쪽에 걸 수도 있다. 만일 당신이 신이 존재한다고 믿고 당신이 옳다고 판명된다면, 천국에서의 영원한 삶을 얻을 것이다. 그리고 신의 존재를 믿었지만 그 생각이 틀렸다면, 당신은 교회에서 일요일의 시간들을 허비하게 될 것이다. 그러나 당신이 신이 존재하지 않는다고 믿고 당신이 옳다면 얻을 것이 무엇인가? 축구를 보거나 맥주 따위를 마시는 일요일을 조금 더 누린다는 것뿐이다. 그런데 당신이 신이 존재한다는 것을 믿지 않고 당신이 틀렸다면 영원한 지옥이 기다리고 있는 것이다!

파스칼은 이 문제가 아주 쉽다고 생각했다. 신이 존재하지 않는 쪽에 내기를 걸면 아주 적은 것을 얻기 위해 아무 많은 위험을 무릅써야 하는데 왜 신이 없다는 쪽에 걸겠는가? 게다가 신이 있다는 쪽에 걸면 위험부담은 거의 없고 얻을 것은 아주 많은 위치에 서게 되지 않는가? 이성적인 도박사라면 아무도 이런 위험/보상의 틀에서 신이 존재하지 않는 쪽에 걸지 않는다. 이제 우리는 모두 내기를 해야 한다. 우리들 각자 신앙인 또는 비신앙인이 되어 죽음을 맞이할 것이다. 그러므로 우리는 선택을 해야 한다. 파스칼의 생각으로는 합리적인 선택은 오직 하나뿐이다. 신이 있다는 쪽을 택하는 것이다.

이 논의가 얼마나 설득력이 있는가? 얼마나 설득력이 있는지는 파스칼이 애초에 세운 가정이 얼마나 합리적이냐에 달려 있을 것이다. 자, 이제 생각해야 할 점들이 몇 가지 있다. 먼저, 파스칼은 신이 존재한다면 그 신은 기독교의 신이라고 가정하고 있다. 기독교의 신은 신의 존재를 믿는지 여부에 따라 보상과 벌을 내린다. 파스칼의 가정을 받아들이는 경우라면 그의 논의는 상당히 효과적이다. 그러나 그런 가정을 하지 않으면 그의 논의는 뜻하지도 않게 심각한 문제에 부딪힌다. 신이 있지만 그 신이 기독교의 신이 아니라면 어떻게 하겠는가? 그 신이 제우스나 볼타(Voltar), 아니면 다른 신들을 믿는 사람들을 싫어하는 어떤 신이라고 가정하자. 그런 경우 기독교의 신을 믿는 행위 자체가 당신을 지옥불에 들어가게 할 수 있다.

두 번째로 고려할 사항은 파스칼의 논의가 종교적인 믿음을 '영리화'한다는 것이다. 즉, 개인의 이기적인 소망을 바탕으로 논의를 하고 있다. 어떤 일이 되었건 자신에게 가장 큰 개인적 혜택을 줄 일을 하겠다는 것이다. 신이 그런 이기적 생각에 감화를 받을 것인지 묻지 않을 수 없다. 신이 정말 그런 자기중심적 관점에 대한 보상으로 천국을 줄까? 그러나 파스칼이 한 말이 절대로 오로지 믿음 하나만으로 보상을 받을 수 있다는 의미가 아니었음을 유념하라. 구원을 받기엔 신에 대한 믿음만으로는 충분하지 않을지 모른다. 그러나 파스칼은 그 믿음이 분명히 필요하다고 생각했다. 그 믿음이 종교적인 여정의 출발점이고, 파스칼의 목적은 당신을 출발점으로 데려다놓는 것이다.

어떻게 생각하나요?

- 파스칼이 신의 존재를 믿는 것이 믿지 않는 것보다 더 합리적임을 증명하는 데 성공했는가?
- 만약 신이 존재한다면, 무엇이 구원의 필요충분조건이라고 생각

하는가? 신의 존재를 믿는 것만으로 충분할까?

- 당신이 지금 신이 존재할 것 같지 않다고 생각한다고 가정하자. 그러나 당신은 신이 있다고 믿는 것이 믿지 않는 것보다 승률이 높은 쪽에 내기를 거는 것이라는 파스칼의 주장에 설득당했다. 그래서 지금 당신은 신이 있다고 믿고 싶어진다. 바로 지금 여기에서 믿음을 선택할 권한이 당신에게 있는가? 당신은 지금 당장 신앙인이 될 수 있는가? 아니면 먼저 신의 존재 가능성에 대한 당신의 생각을 바꿔줄 증거나 경험을 얻어야 하는가?

? 알고 있나요?

- 바이킹족은 하늘에 대하여 그들 나름의 견해를 가지고 있었다. 노르웨이의 신화에 따르면, 발할라[고대 스칸디나비아 신화에 나오는 오딘 신이 사는 곳]에는 거대한 염소가 있어서 그 염소의 젖이 바이킹족들에게 한도 끝도 없이 맥주를 공급했다. 그걸 놓고 내기를 걸 사람은 나와보라.
- 파스칼은 신의 존재를 믿는 건 간단하게 선택할 수 있는 일이 아니라고 생각했다. 사람들이 신의 존재를 믿기 위해선 '대가'를 치러야 하는 것을 알고 있기 때문이다. 그러나 그는 사람들이 시간이 흐름에 따라 신앙이 생기는 행위를 할 수 있다고 생각했다. 그는 사람들이 단지 신앙인처럼 '행동'하다 보면(예배에 가고, 세례를 받는 등) 종종 진정한 신자가 되기도 한다고 느꼈다. 이것은 결국 어린아이들이 입교하는 방법이다.
- 파스칼은 '파스칼린(pascaline)'이라고 불리는 세계 최초의 계산기

를 발명했다. 그 기계 덕분에 한 사람이 회계사 여섯 명 몫의 일을 할 수 있게 되었다. 컴퓨터 프로그래밍 언어인 파스칼(pascal)은 그의 이름을 따라 지은 것이다. 파스칼의 삼각형(Pascal's Triangle) 역시 마찬가지이다. 파스칼의 삼각형은 세 변이 있는 도형이 아니라, 이항계수를 삼각형 모양의 기하학적 형태로 배열한 것이다.

- 하프 라거는 1960년에 아일랜드 던독에 있는 그레이트 노던 맥주 회사가 처음으로 생산했다. 아일랜드와 영국의 맥주 애호가들 사이에서 유럽풍 라거를 찾는 유행이 생겨나자 그에 발맞추어 생산한 제품이었다.

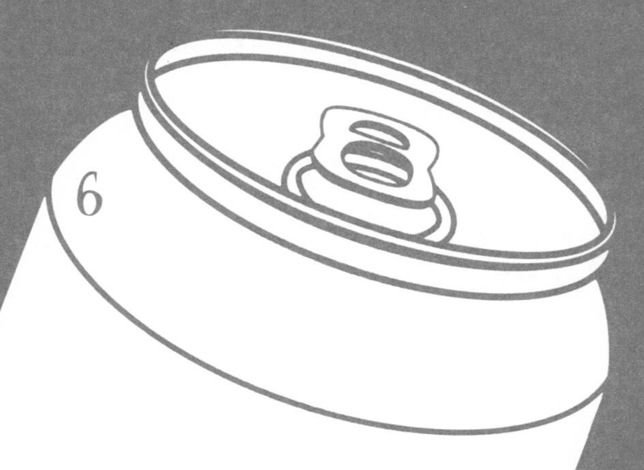

6

체험기계

극단의 쾌락이 가능하다면, 선택하겠는가?

영스 '더블 초콜릿 스타우트'

Young's *Double Chocolate Stout*

이야기 주제에 맞추어 쾌감을 제대로 자극할 맥주를 한번 즐겨보자. 영스 더블 초콜릿 스타우트는 초콜릿 맥아와 다크 초콜릿, 초콜릿 에센스 등으로 빚어낸, 그야말로 초콜릿 향이 넘쳐흐르는 영국식 스타우트이다. 이 한 모금에 우리 내면 깊숙이 잠들어 있던 쾌락주의자가 눈을 뜰 것이다.

맥주를 통해 원하는 게 뭔가? 분명, 답은 '쾌락'일 것이다. 하지만 라이트 맥주를 마시는 사람들을 생각해보자. 그들도 다른 이들과 마찬가지로 맥주 맛이 좋기를 바란다. 그렇지만 칼로리를 줄일 수 있다면 맥주 맛을 희생시킬 용의가 있는 것도 분명하다. 그리고 어떤 맥주가 되었든 한 묶음 할인행사가 있다면 선뜻 집어 드는 할인 사냥꾼도 주변에서 흔히 볼 수 있다. 그러므로 사람은 저마다 여러 가지를 추구한다고 할 수 있을 것이다. 허리를 날씬하게 유지하고 싶은 이가 있는가 하면 지갑을 두툼하게 유지하고 싶은 이도 있고, 맥주 맛을 최우선으로 여기는 이가 있는가 하면 특정 맥주의 광고에 이용된 '이미지'를 최우선으로 여기는 이도 있을 것이다.

하지만 일명 쾌락주의자라 불리는 일단의 철학자는 겉으로 드러나는 그런 태도가 다 기만적이라고 주장할 것이다. 우리 모두가 정말로 원하는 것은 단 한 가지, 쾌락이다. 쾌락주의자들에 따르면, 쾌락 혹은 행복(이 둘은 그 자체로 동일한 것이다)은 라이트를 마시는 이들이나 할인 사냥꾼 할 것 없이 사람이라면 누구나 원하는 단 한 가지이다. 라이트를 마시고 할인 맥주를 찾는 이들 역시, 몸무게를 줄이고 지갑을 두툼하게 할 수 있다면 단기적으로는 쾌락의 손실을 보더라도 장기적으로는 더 행복해질 거라고 분명하게 믿는다.

쾌락주의자들의 주장이 옳을까? 쾌락 혹은 행복이 우리가 진정으로 원하는 유일한 것일까? 하버드대학교 철학교수 로버트 노직(Robert Nozick, 1938~2002)은 인간 본성에 대한 쾌락주의자들의 그러한 견해가 틀렸다는 것을 보이려고 공상적인 사고실험 하나를 제안했다.

당신이 바라는 무엇이나 체험할 수 있게 해주는 체험기계가 있다고 가정해보자. 초특급 신경심리학자가 뇌를 자극하면 당신은 위대한 소설을 쓰고 있다고, 또는 누군가를 사귀고 있다고, 또는 생애 최고의 초콜릿 스타우트를 마시고 있다고 생각하고 느끼게 되는 것이다. 사실, 그동안 당신은 머리에 전기장치를 꽂은 채 수조 안을 둥둥 떠다니고 있을 뿐이다.

당신이 체험기계 속에 들어가겠다고만 한다면, 사실상 당신은 '평범한' 삶에서 경험하는 것보다 더 강렬한 쾌락을 보장받는다. 체험기계란 한마디로 당신의 꿈을 있는 그대로 체험하도록 프로그램된 것이다. 당신은 농구 스타가 되어 마이클 조던이 세운 기록을 모조리 깰 수도 있고, 슈퍼모델과 데이트를 할 수도 있으며, 숙취 걱정 없이 밤새도록 더블 초콜릿 스타우트를 퍼마실 수도 있다. 단 하나 아쉬운 점은 (당연한 얘기지만) 그것이 '실제'가 아니라는 것이다.

자, 그럼 동네에 체험기계 체인점이 오픈해 두 시간 무료체험 서비스를 한다고 가정해보자. 그 서비스를 이용해볼 생각이 있는가? 확신이 서지 않는다면 체험기계 본점 홈페이지에서 '자주 묻는 질문'을 먼저 읽어보자.

Q 체험기계는 안전한가요?

A 체험기계는 100퍼센트 안전합니다. 연구 결과 '실제 세계'보다도 훨씬 더 안전한 것으로 밝혀졌습니다. 사실, 체험자가 1인용 수조 안에서 고요히 부유하고 있으면 전염병이라든가 교통사고, 숙취 등의 일상적인 위험으로부터 벗어날 수 있습니다. 그래서 '평생회원'의 경우 평균 기대수명이 95세가 넘습니다!

Q 체험이 진짜가 아니란 걸 알고 있으면 재미가 반감되지는 않나요?

A 체험기계의 대단한 점이 바로 체험자는 그게 실제가 아니란 걸 모르고 체험한다는 것입니다. 체험기계만의 특허기술을 활용하여 체험자의 머릿속에 들어 있는 체험기계에 관련된 기억은 싹 다 지워버리거든요. 그리고 체험기계를 통해 겪은 일들을 체험자의 기억 속에 그대로 엮어 넣기 때문에, 체험자는 완벽하게 진짜 체험을 한 것처럼 됩니다.

Q 친구나 가족이 보고 싶진 않을까요?

A 그럴 일이 없습니다. 친구도 가족도, 심지어 유명인사도, 체험자가 선택하면 누구라도 체험 프로그램 속에 입력할 수 있으니까요.(물론 이 사람들이 체험자와 '실제로' 소통하는 것은 아니지만, 실제로 소통하는 것처럼 느껴지는 것만은 틀림없습니다.)

Q 그럼 친구나 가족이 저를 보고 싶어하진 않을까요?

A 체험자가 장기 체험 패키지를 이용한다면 당연히 친구와 가족은 체험자를 보고 싶어할 것입니다. 만약 그게 염려된다면 '친구 가족 패키지'를 이용해보십시오. 그러면 친구와 가족 모두가 같은 날에 함께 체험기계에 접속할 수 있습니다. 각자 개별적으로 프로그램에

접속해 있으면서 모두 함께 살아가고 있다고 계속 믿을 수 있습니다. 그러니 너무 염려하지 마세요!

Q 체험 프로그램 속에서도 선택은 내가 직접 하나요?

A 그렇지 않습니다. 예를 들어 체스 세계 챔피언의 삶을 체험한다고 해봅시다. 체험자가 직접 말을 움직이면 어떻게 될까요? 당연히 세계 챔피언이 될 수 없습니다. 그럼 체험자는 무슨 의미가 있느냐? 체험기계의 매력은 체험자가 실제 생활에서 하는 선택보다 더 나은 선택을 '체험'할 수 있다는 것입니다. 더 나은 선택을 하되 체험자는 그 선택을 자신이 한다고 느낍니다.

Q 체험은 얼마나 오래 할 수 있나요?

A 시간은 체험자가 원하는 대로 정할 수 있습니다. 1일, 1개월, 1년 등 직접 고를 수 있습니다. 하지만 당연히 최고 인기 프로그램은 평생 프로그램입니다. 아니, 쾌락이란 게 원래 많으면 많을수록 좋은 것 아닙니까?

어떤가, 한번 해보겠는가? 나도 그렇지만 당신도 최소한 한두 시간 정도는 체험 프로그램을 이용해보고 싶을 것이다. 어디 가서 절대로 해볼 기회조차 없는 일들을 조금이라도 체험해본다는데 뭐 어떻겠는가? 본격적인 문제는 더 긴 시간, 즉 몇 년이라든가 심지어 평생에 걸쳐서 체험기계 속에 들어가 있겠느냐 하는 것이다. 만약 쾌락주의자의 견해가 옳다면, 이것은 그리 어려운 선택이 아닐 것이다. 체험기계 속에서 평생을 보내면 '실제 삶'에서보다(그리고 단기 프로그램보다) 훨씬 더 많은 쾌락을 누릴 수 있을 것이기에, 당연히 평생 프로그램을 신청해야 할 것이다. 하지만 로버트 노직이 이러한 사고실험을 창안한 배경에는 사람들이 대부분 체험기계가 제공할 극단의 쾌락보다는 지루하고 외롭고 실망스러워도 '평범한' 삶을 선택할 것이라는 생각이 깔려 있었다. 노직이 옳은가? 아니면 당신은 체험기계가 선사하는 인위적인 낙원에서 평생을 살겠다고 선택할 것인가?

솔직히 말하면...

로버트 노직의 저서 『아나키에서 유토피아로(Anarchy, State, and Utopia)』에서 인용한 구절 속에 초콜릿 스타우트에 대한 이야기는 없다. "재미있는 책을 읽을 수도 있다."고 되어 있다. 그렇지만 노직 선생님, 누가 체험기계 속에 들어가서까지 책을 읽으려 하겠느냐고요. 생애 최고의 초콜릿 스타우트를 달라고요!

어떻게 생각하나요?

- 노직은 대부분이 체험기계에서 일생을 보내기보다는 '평범한' 삶을 선택할 거라고 생각했다. 그의 생각이 옳은가? 만약 옳다면, 우리가 바라는 것이 쾌락만은 아니라는 것을 그것이 증명하는가?
- 하루 동안이라면 체험기계를 써보겠는가? 1년이라면 어떻게 하겠는가?
- 더 강한 쾌락이 보장된다 해도 당신이 체험기계를 평생 동안 사용하지는 않을 거라면, 그것은 체험기계에 어떤 점이 결여되어 있기 때문인가? 다음 사항들을 생각해보자. ⓐ 당신은 현실에서 진짜 우정이나 사랑의 관계를 만들고 싶은 것인가? ⓑ 당신은 현실에서

무언가 의미 있는 일을 성취하고 싶은 것인가? ⓒ 당신은 스스로 결정을 내리고 싶은가, 아니면 단지 그렇게 한다고 느낄 수 있다면 그만인가?

? 알고 있나요?

- 고대 이집트 속담에 이런 말이 있다. "완벽하게 만족한 사람은 입에 맥주가 가득 차 있는 사람이다."
- 로버트 노직은 하버드대학교 철학교수로 있던 33년 동안, 단 한 번을 제외하고는 결코 같은 과목을 두 번 가르친 적이 없었다. 그는 철학의 거의 모든 영역에 관심을 가지고 있었으며 정치철학, 인식론, 합리적 선택 이론, 심리철학, 윤리학 등의 분야에 큰 공헌을 했다.
- 미시건대학교에서 실시한 한 연구를 통해 초콜릿이 뇌 속의 '오피오이드'라는 화학물질 분비를 유발한다는 사실이 밝혀졌다. 오피오이드가 분비되면 기분이 좋아진다.(모르핀과 헤로인이 오피오이드이다.) 그러니 초콜릿에는 고통을 완화시키고 쾌감을 일으키는 기능이 조금 있다고 할 수 있는데, 내 생각에는 초콜릿에 영국식 스타우트가 섞이면 그 기능이 훨씬 더 강해지는 것 같다.
- 조지타운대학교 메디컬센터 연구진의 의견을 들어보면, 초콜릿(특히 영스 더블 초콜릿 스타우트에 사용되는 다크초콜릿)은 분명히 건강에 이로운 음식이다. 연구진의 연구 결과에 따르면 초콜릿은 대장암의 성장 속도를 절반으로 떨어뜨렸다.

7

루크레티우스의 창

우주의 끝에 호프집이 있을까?

 위니브루 '라팽 뒤몽드'

Unibroue *La Fin du Monde*

라팽 뒤몽드는 프랑스어로 '세상의 끝'이라는 말이지만, 여기서는 전체 우주의 끝을 말한다. 라팽 뒤몽드는 퀘벡의 위니브루 맥주회사에서 생산하는 트라피스트 스타일의 환상적인 트리플 발효 맥주이기도 하다. 이 맥주는 시카고 주류평가원의 맥주 경연대회에서 금메달을 다섯 번이나 수상했고, 고급 음식, 질 좋은 치즈와 후식에 아주 잘 어울린다.

다음의 철학적 문제를 들었을 때 난 처음으로 깜짝 놀랐다. 내가 예닐곱 살쯤 되었을까, 그때 부모님의 친구 분이 나에게 말씀하셨다.

"네가 로켓을 타고 아주 먼 우주로 여행하고 있다고 상상해보렴. 네가 우주의 끝에 닿을 수 있을 거라고 생각하니?"

내가 생각하기에 그 답은 어느 정도 분명했다. 우주는 영원히 계속되어야 했다. 만약 우주의 끝이 있다면 그럼 그 우주 밖에는 무엇이 있겠는가? 당연히 우주가 계속 있어야 한다!

이 수수께끼는 고대 로마의 철학자 루크레티우스(Lucretius, 기원전 99~55)가 골몰했던 문제였다. 그의 설명은 다음과 같다. 우주의 끝이 있다면 사람이 우주의 끝을 향해 창을 던질 수 있다. 그 창이 부드럽게 찔려 들어간다면 그 지점은 결국 끝이 아닐 것이다. 반대로 그 창이 튕겨져 나온다면 무언가에 의해서 더 나아갈 수 없었던 게다. '우주의 벽'이나 경계선 같은 것이 있는 게다. 그 벽이나 경계선은 어느 정도 두께가 있어야 할 것이다.(즉, 그 벽은 허공 쪽으로 어느 정도 더 연장되어야 한다.) 그러면 그 창이 튕겨져 나온 벽의 표면은 절대로 우주의 끝이었을 리 없다. 어디를 우주의 끝이라고 표시하든지, 언제나 "우주의 끝에 창을 던진다면 어떤 일이 일어날까?"라고 계속 질문할 수 있다고 루크레티우스는 제안한다. 이런 방식으로 그는 우주에 끝이 있을 수 없다는 결론을 내렸다. 우주는 무한해야 한다.

어릴 적에 나는 루크레티우스 같은 위대한 철학자가 내렸던 결론과 똑같은 결론에 이르렀다는 것을 알게 되어서 좀 기뻤다. 그러나 내가 옳았는지 모르겠지만, 요즈음 난 그 문제가 좀 더 복잡하다는 것을 알게 되었다. 오늘날, 우주의 크기와 모양에 대한 문제는 거의 과학이 담당하고 있다. 그리고 우주론자들은 다양한 시나리오를 만들어 가설을 세웠다.

루크레티우스의 결론을 벗어나는 가설을 하나 소개하겠다. 20세기 초반에 아인슈타인의 상대성이론이 소개된 이후로, 과학자들은 중력을 '보이지 않는 인력'이라기보다는 '시간과 공간의 휨'이라고 이해했다. 기본적인 아이디어를 설명하자면, 예를 들어 달이 우리 쪽으로 끌리고 있기 때문에 지구를 중심으로 돌고 있는 것이 아니라는 것이다. 달이 움직이는 공간이 휘어져 있다는 것만 제외하면, 달은 직선 위에서 움직이고 있다.(물체들은 언제나 저항이 가장 작은 경로를 따라 움직인다.) 이 설명이 상상하기 어렵다면, 이런 것을 한번 생각해보라. 커다란 철제 함(주로 박물관에서 기부금을 걷을 때 쓰는 것)을 본 적이 있는가? 커다란 깔때기 모양으로 생긴 그 함의 맨 위에서 동전을 굴린다. 그 동전은 가장 높은 가장자리를 따라 구르다 천천히 깔때기 아래로 내려간다. 원을 그리는 속도가 점점 빨라지다가 마침내 중간의 구멍으로 떨어져 들어간다. 동전이 구르고 있는 공간이 휘어져 있다는 이유만으로 동전은 계속 원을 그리며 돈다. 이것은 지구 궤도를 돌고 있는 달과 여러 위성들에서 볼 수 있는 현상과

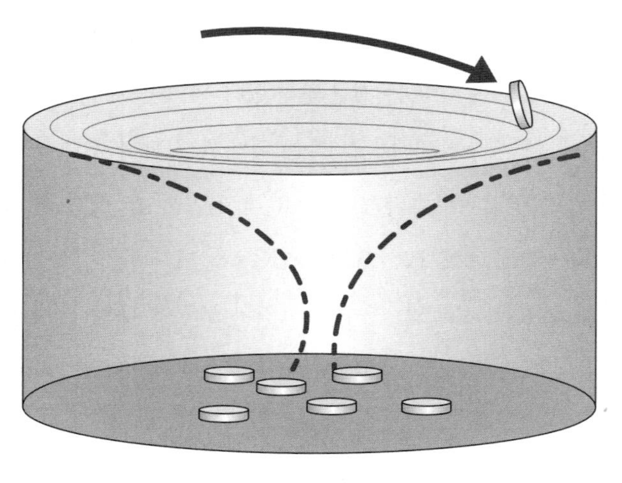

기부금 함

비슷하다. 다른 점이 있다면 달과 위성들이 움직이고 있는 공간이 금속 표면이 아니라는 것뿐이다. 정확하게 말하면 위성들이 움직이는 공간은 지구의 질량에 의해 구부러져 있는 시공 연속체이다.

공간 자체가 구부러져 있다는 아인슈타인의 가설은 좀 믿기 어렵다. 그러나 그 가설은 1919년 5월 실험적으로 입증되었고, 그 이후로도 여러 차례 증명되었다. 만약 우리가 이 생각을 루크레티우스의 사고실험에 적용한다면, 그가 창을 던질 때 중력이 우주의 공간을 구부러지게 하는 한에는 창이 앞을 향해 직선으로 날아가지 않을 것임을 가정할 수 있다. 창을 아주 세게 던져보라. 그러면 창이 아주 멀리 가서 우주의 변두리 주위를 돌 것이다!

수년간 밝혀진 자료들을 가지고선 우주 전체의 모양을 알아낼 수 없었지만, 우주론자들은 가능한 모양을 다음과 같은 세 가지 정도로 좁혀놓았다.

2001년 발사한 WMAP 위성이 보낸 자료를 토대로 우주배경복사를 측정한 결과, 우주론자들은 우주가 근본적으로 평평하다고 확신하고 있다. 중력은 공간을 부분적으로, 즉 별이나 행성 주위에서 구부리지만, 전체적으로 볼 때 우주는 본질적으로 평평한 구조로 되어 있다. 창을 세게 던져보라. 그러면 창은 절대로 돌아오지 않을 것이다.

그러면 이제 창이 어디로 가는지가 궁금해지기 시작한다. 창이 우주의 끝에 닿을까? 이론물리학자 로렌스 크라우스(Lawrence Krauss, 1954~)의 말에 따르면, 평평한 우주의 공간은 무한하기 때문에 루크레티우스의 창은 끝없는 공간 속으로 영원히 계속 날아갈 것이다. 그러므로 현재까지 알려진 가장 설득력 있는 증거로 보아서는 루크레티우스가 옳았던 것 같다. 즉, 우주에는 끝이 없다.

루크레티우스가 현대 물리학의 결론을 예상하는 데는 성공했지

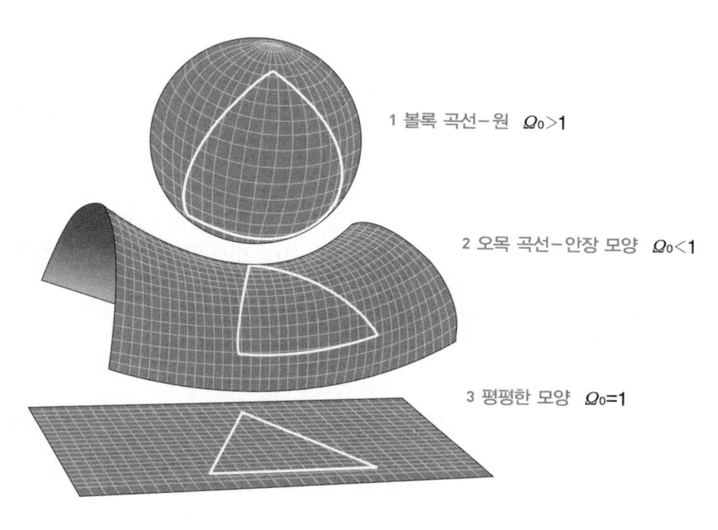

우주의 모양으로 가장 유력한 모형들

만, 무한한 우주는 여전히 수수께끼로 남아 있다. 무한함이라는 개념은 소화하기가 너무 어렵다. 예를 들어 우리는 우주가 팽창하고 있다는 사실을 분명히 알고 있다. 그런데 우주가 이미 무한하다면 우주는 어디로 가고 있는가? 팽창이라는 개념이 우주 너머에 무언가 있다는 것을 전제로 하지 않는가? 그리고 만약 우주 너머에 무언가가 있다면, 우리가 창을 그쪽으로 던지면 어떤 일이 일어날까?

어떻게 생각하나요?

- 우주는 루크레티우스가 예상한 것처럼 무한할까?
- 우주에 끝이 있다면 우주가 무(無)로 둘러싸여 있다고 말해야 하는가? 우리가 그 개념을 이해할 수 있을까?
- 절대적인 무(無) 속으로 날아가고 있는 창을 상상하는 것이 불합리하거나 자기모순적인가?
- 우주의 크기가 정말 무한하다면, 우주에는 술집이 무한대로 있을까?

알고 있나요?

- 일부 과학자들은 만약 우주에 경계가 있다면 우리의 우주 '밖'에는 아마도 역시 경계를 가지고 있는 다른 우주들이 있을 것이라고 말한다. 당신은 무한한 거품 바다 속에서 우리 우주가 한 방울의 비누거품처럼 존재하고 있다고 상상할지 모른다. 우리가 아는 세계는 모두 우리 비눗방울 안에 있다. 그런데 우리 비눗방울은 다른 많은 비눗방울로 둘러싸여 있을 수 있다. 그래도 우리는 다시

질문할 수 있다. 거품이 영원히 계속될 것인가, 아니면 거품이 우주의 끝에 이르게 될까?

- 1919년 수행한 아인슈타인의 일식 실험은 태양의 질량이 시간과 공간을 휘게 만든다는 것을 보여주었다. 그래서 일식이 진행되는 동안 보이는 별빛이 어느 한 지점에 나타나는데, 태양이 우리의 시야에 영향을 주지 않을 때는 밤에 그 지점을 보면 보통은 그 별빛을 발견할 수 없다.
- 중력(gravity)은 시간과 공간을 형성할 뿐 아니라, 맥주도 형성한다. '종료비중(terminal gravity)'이나 '최종비중(final gravity)'은 물의 농도에 대한 맥주 샘플의 농도 비율을 나타내기 위해 맥주 양조업자가 사용하는 측정단위이다. 초기비중(original gravity)은 발효되기 이전의 농도이고, 종료비중은 발효된 뒤의 농도를 말한다.
- 실제로 이름이 '우주의 끝에 있는 술집'인 곳이 있다. 그 술집은 오리건 주 포틀랜드 사우스이스트 26번가 4107번지에 있다.

8

전능함의 딜레마

신은 자신도 들 수 없을 정도로 커다란 맥주통을 만들 수 있을까?

벨하벤 '위 헤비 스카치 에일'

Belhaven *Wee Heavy Scotch Ale*

밤새도록 맥주잔을 들었다 놨다 하는 것만큼
고된 일이 또 있을까?
그것도 벨하벤의 위 헤비 스카치 에일을 들어야 한다면!
['헤비'는 진하다는 뜻과 무겁다는 뜻이 동시에 있다.]
물론 더 고생스러운 일도 많겠지만,
그토록 힘든 일이 그만한 가치를 갖는 경우는 거의 없다.
과연 신은 하룻밤에 몇 잔이나 비울 수 있을까?
신이 끝장을 보겠다고 한다면 말이다.

신에 대하여 구체적으로 이야기하자면 사람들의 의견은 분분해진다. 이를테면 어떤 이들은 신이 맥주를 마시는 일 따위는 없을 거라고 주장한다. 반면에 어떤 이들은 신이 자신을 위해 사치를 부리는 일 따위는 하지 않을 것이라는 생각은 해보지도 못하고, 신이라면 분명히 진정한 천상의 맥주를 즐길 것이라고 생각한다. 그러나 한 가지 점에선 거의 모든 사람들이 뜻을 같이하는 것 같다. 즉, 신이 존재한다면 신은 틀림없이 '전능'하다는 것, '못하는 게 없다'는 것이다. 신은 마음만 먹으면 뭐든 할 수 있다. 그러나 그렇게 생각하다 보면 몇 가지 철학적 문제에 부딪히게 된다. 신이 무엇이든 다 할 수 있다고? 만약 그렇게 생각한다면 다음 질문에는 어떻게 대답할 것인가?

> 전능한 신이 자기 자신도 들어 올릴 수 없을 만큼 커다란 스카치 에일 맥주통을 만들 수 있을까?

문제를 이해하겠는가? 당신이 진정 신이 전능하다고 주장한다면, 당연히 신은 그렇게 큰 맥주통을 만들 수 있다고 가정해야만 한다.

어쨌든 신은 뭐든지 다 할 수 있기 때문이다. 그러나 "신은 자신이 들어 올릴 수 없을 만큼 큰 맥주통을 만들 수 있다."고 말하는 순간, 신이 무언가를 '할 수 없다'는 것을 어쩔 수 없이 인정해야만 한다. 신은 그 맥주통을 들 수 없는 것이다! 그리고 역으로 "신은 뭐든 들어 올릴 수 있으므로 그런 맥주통을 만들 수 없다."고 한다면, 그건 또 그것대로 신이 무언가를 할 수 없다는 것을 인정하는 셈이 된다. 당신의 논리는 이러지도 저러지도 못하는 지경에 빠지고 만다.

이 문제를 '전능함의 딜레마'라고 부른다. 이 문제에서는 두 가지 답밖에 없는 것 같고, 둘 다 신이 전능할 수 없다는 결론에 이르게 한다.

이 전능함의 딜레마에서 빠져나갈 방법이 있을까? 제일 괜찮은 방법은 이 딜레마가 전능함의 개념을 오해해서 빚어진 것이라고 주장하는 것이다. 우리가 이러한 궁지에 빠지게 된 건 전능함에 대하여 다음과 같이 특정한 개념을 상정했기 때문이다.

전능함 1 무엇이나 다 할 수 있는 능력

어쩌면 아래와 같은 뜻으로 이해해야 하는 건 아닐까?

전능함 2 '할 수 있는' 건 무엇이나 다 할 수 있는 능력

전능의 개념을 위와 같이 이해한다면, 신은 '할 수 있는' 건 무엇이나 다 할 수 있지만 '할 수 없는' 일도 있을 수 있다. 근본적으로 불

가능한 일이 있다는 말이다. 둥근 사각형을 만드는 것을 예로 들어 보자. 어떤 도형이 둥글다면(즉, 완벽한 곡선이고 모서리가 없다), 그것은 동시에 사각형(즉, 네 개의 모서리가 있다)이 될 수는 없다. 또한 사각형은 둥글 수가 없다. 둥근 사각형이라는 개념은 자기모순적이기 때문에 만들어내는 것이 불가능하고, 그건 신도 마찬가지다. 이와 같은 방식으로, 신이 자신도 들 수 없을 만큼 커다란 맥주통을 만들어낼 수는 없다고 주장하는 것이 가능하다. 어떤 맥주통이 너무 커서 전능한 존재가 들어 올릴 수 없다는 개념 자체가 자기모순적이고, 따라서 '있을 수 없는' 일이 된다. 그래서 신도 할 수 없는 일이 된다. 그렇지만 두 번째 정의에 따르면 신은 여전히 전능한 존재로 남는다. 신이 그런 맥주통을 만들 수는 없다 하더라도, '있을 수 있는' 맥주통은 얼마든지 만들어낼 수 있기 때문이다.

이런 해결책에 상당히 만족하는 사람들도 있지만, 이것이 신의 능력에 부적절한 한계를 설정하므로 신성 모독적이라고 생각하는 사람들도 있다. 하지만 한번 생각해보자. 신에게 그 이상의 것을 기대하고, 혹은 바라기까지 하는 것이 도대체 타당한 일일까?

어떻게 생각하나요?

- 신은 무엇이든 다 할 수 있다고 생각하는가?
- '전능'의 개념을 두 번째 정의와 같이 이해한다면 딜레마가 적절하게 해결되는가? 해결된다면, 혹은 해결되지 않는다면 그 이유는 무엇인가?
- 이 딜레마를 해결하는 다른 방법, 혹은 더 나은 방법이 있는가?

? 알고 있나요?

- 성 아우구스티누스(St. Augustinus, 354~430)는 "신은 신답지 못한 일은 할 수 없다."고 말하면서 근본적으로 이 딜레마를 원천봉쇄한다. 즉, 신은 자신의 본성을 거스르지 못한다.
- 아베로에스(Averroes, 1126~1198)는 전능함의 딜레마를 다룬 초기 이슬람 학자 중 한 명이었다.
- 약간 다른 형식으로 전능함의 딜레마를 다룬 질문이 있다. "신은 자신도 마실 수 없을 정도로 쓰디쓴 맥주를 만들 수 있을까?"
- 1719년에 설립된 벨하벤은 스코틀랜드에서 가장 오래되고 가장 규모가 큰 맥주회사이다. 벨하벤은 '벨하벤 베스트(Belhaven Best)'를 자랑으로 내세우며, "맥주 중의 맥주"라고 부른다.

9

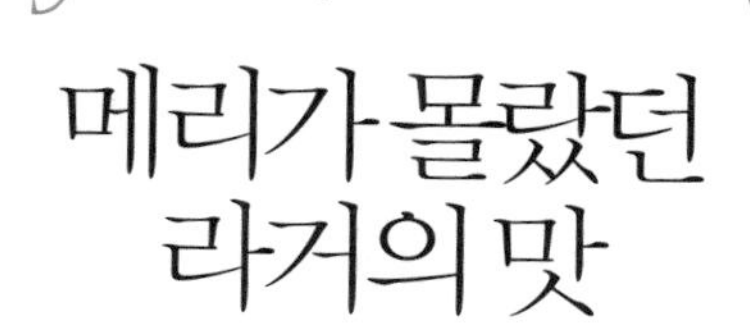

미각이 없어도 술맛을 알 수 있을까?

포스터스 '라거' Foster's *Lager*

이 문제는 호주 철학자 프랭크 잭슨이 고안한 것이다.
그러니까 우리도 포스터스 라거 캔을 딸깍, 열어보자.
단지 호주 맥주라는 이유만으로.
[참, 호주에서는 라거 맥주를 '호박색 음료(amber nectar)' 라고 부른다네.]
그리고 내친김에 짬을 내 사소한 것에 한번 주의를 기울여보자.
이를테면 혓바닥의 미뢰 같은 것.

여기 신경과학자 메리가 있다고 상상해보자. 메리는 생리학 미각 분야의 일급 전문가다. 아니, 그 정도 표현으로는 메리의 실력을 표현하기 부족하다. 조금도 과장하지 않고 말해서, 메리는 미각에 대해 알아야 할 '모든' 것을 다 알고 있다. 사람과 음식에 대한 물리적인 사실을 죄다 안다. 여기서 물리적 사실이라 함은 넓은 의미에서의 '물리'적 사실이다. 그러니까 지금까지 구축된 물리학, 화학, 신경생리학의 모든 지식을 다 섭렵하고 있는 것이다. 심지어 사람이 특정 음식이나 음료를 맛볼 때 발생하는 여러 인과관계에 대해서까지 다 알고 있다. 그러나 메리는 선천적으로 특이한 유전병이 있어 혓바닥에 맛을 느끼는 미뢰가 없다. 내친김에 후각수용기조차 없다고 하자. 메리는 평생 동안 어떤 맛도 느껴본 적이 없고, 어떤 냄새도 맡아본 적이 없는 것이다.

이런 메리가, 차가운 포스터스 라거 한 잔을 시원하게 마시는 당신을 보고 있다고 한번 가정해보자. 당신 입속에서, 신경계 속에서, 머릿속에서 무슨 일이 일어나는지 (생리학적으로) 메리는 정확히 안다. 하지만 그녀가 아무리 물리학과 생리학 지식 전부를 알고 있다 해도, 그럼에도 여전히 모르는 무언가가 있지는 않을까? 그 어떤 것보다도 중요한 것, 즉 포스터스 라거의 맛 그 자체는 여전히 감지하지 못하는 게 아닐까?

호주 철학자 프랭크 잭슨(Frank Jackson)은 이런 사례를 들어 보임으로써 유물론을 반박하고자 했다. 유물론은 이 세계가 전부 물질로 이루어져 있으며, 물질적인 것을 다 이해한다면 이 세계의 모든 것을 이해하는 것이라는 입장을 견지한다. 이에 맞선 잭슨의 주장은 이렇다. 메리의 경우 뇌와 맥주에 대해, 그리고 둘 사이의 물리적 관계에 대해 다 알고 있기는 하지만, 정작 누군가가 포스터스를 마실 때 발생하는 '모든 것'을 다 이해하지는 못한다는 것이다. 메리의 문제를 더 명확히 하기 위해 의사들이 메리의 혓바닥에는 미뢰를, 코에는 후각수용기를 이식하는 데 성공했다고 상상해보자. 메리가 처음으로 맛을 경험해볼 수 있도록 친구들이 푸른 바탕에 황금색 마크가 찍힌 포스터스 라거 하나를 건넨다. 메리가 딸깍, 캔을 따서 첫 한 모금을 마신다. 잭슨의 주장에 따르면 메리는 이 순간 새로운 무언가를, 즉 포스터스의 맛이 어떤지를 '알게' 된다. "흐흠, 이 맛이 이렇다는 걸 난 원래부터 알고 있었어."라고 말하지는 않을 것이다. 메리는 (이미 모든 지식을 알고 있었음에도) 세계에 대한 새로운 지식을 이 순간 막 습득한 것이며, 따라서 유물론은 틀렸다는 것이 잭슨의 주장이었다.

사실 대부분의 사람들에게는 이러한 이야기가 새로울 게 없어 보일 것이다. 어떤 것도 맛본 경험이 없다면, 어떤 종류의 지식이 결여되어 있다는 것은 당연한 것 아닌가? 하지만 그도 그럴 것이, 대부분의 이들은 유물론이 옳다는 생각을 한 번도 진지하게 받아들여본

적이 없기 때문에 그렇게 여기는 것이다. 그런데 이런 식의 사안들을 전문적으로 연구하는 직업철학자들 사이에서는 오히려 유물론이 훨씬 더 대세이다. 그렇다면 신경과학자 메리의 사례를 통해 유물론이 틀렸다는 것이 입증된 걸까? 한 가지 분명한 사실은 유물론자들이 패배를 인정하려 하지 않는다는 것이다. 메리의 사례에 대해 지금까지 많은 도전이 제기되어왔다.

우선 메리가 습득한 것이 '지식'임을 부정하는 이들이 있었다. 데이비드 루이스(David Lewis, 1941~2001)는 메리가 새로운 '능력'(포스터스 라거의 맛을 느끼는 능력)을 갖게 된 것이지 어떤 새로운 사실을 '알게' 된 것은 아니라고 주장했다. 하지만 잭슨은 여기에 동의하지 않는다. 대부분의 사람들은 포스터스의 맛이 누구에게든 대체적으로 같다고 믿는다(그 사실을 증명할 수는 없지만). 그렇게 믿는 것이 잘못된 것이 아니라면, 메리는 어떤 능력을 갖게 된 것만이 아니라 다른 이들의 경험에 대한 사실적 지식을 습득한 것이 된다.

대니얼 데닛은 메리의 사례에 대한 잭슨의 분석이 증명되지 않은 사실을 단정지어버린다는 문제를 제기했다. 다시 말해 잭슨의 분석은 유물론이 틀렸다는 걸 증명한다기보다는 틀릴 수도 있다고 추정하는 수준에 그쳤다는 것이다. 그 까닭은, 만약 메리가 포스터스를 마시는 데 관련된 물질적 속성 및 과정 '전부'를 정말로 이해한다면, '그리고 만약' 유물론도 틀린 게 아니라면, 그렇다면 메리는 수술을 받기 전에도 포스터스의 맛이 어떨지 알 수 있을 것이기 때문이다. 어떻게 알 수 있을까? 만약 유물론이 맞는다고 한다면 포스터스의 맛은 그저 물질적 구성물의 '고차원적 속성'(젖는 것이 H_2O의 고차원적 속성이듯이)일 뿐이고, 따라서 물질과 그 관계에 대해 모든 것을 알고 있는 사람이라면 그 저차원적 속성으로부터 고차원적 속성을 '읽어낼' 수 있을 것이기 때문이다.

가장 큰 장애는 상상력의 한계라고 데닛은 말한다. 메리가 갖추었다는 '완전한' 지식, 그것을 가지고 있다는 게 어떤 것인지를 상상하는 것이 우리에게는 어려운 일이다. 그리고 우리가 그것을 완벽하게 상상해낼 수가 없기 때문에 "비록 메리라 하더라도 맥주를 맛보는 데 따라오는 주관적인 경험에 대해서는 알 수 없을 것"이라고, 우리는(혹은 잭슨은) 섣불리 잘못된 가정을 한다는 것이다.

데닛의 가설을 테스트해보는 한 가지 방법은 메리에게 속임수를 쓰는 것이다. 예를 들어 메리가 수술을 받은 후 처음으로 맥주를 맛보려 할 때, 포스터스 캔 속에다 샴페인을 부어놓는다. 데닛의 가설이 옳다면 우리가 속지 않듯 메리도 속지 않겠지만, 잭슨의 생각이 옳다면 메리는 맛보는 것 하나만으로는 속임수를 알아챌 방도가 없을 것이다. 그렇지만 메리가 실제로 존재하지 않기 때문에, 그런 테스트를 하는 것은 불가능하다.

솔직히 말하면...

프랭크 잭슨이 고안해낸 '신경과학자 메리' 사례 속의 메리는 신체적으로는 정상이다. 다만 태어날 때부터 흑백의 방 속에 갇혀 있어서 색을 접해본 적이 없다. 빨간색을 한 번도 본 적이 없다. 원작 속 메리는 빨간색을 경험한다는 것이 어떤 것인지 모른다. 물론 대니얼 데닛이 가설 테스트를 위해 메리에게 속임수를 쓰는 방법도 색채 감각과 관련돼 있다. 즉, 포스터스의 캔에 샴페인을 넣는 것이 아니라 파란색 바나나를 메리에게 보여주는 것이다.

어떻게 생각하나요?

- '신경과학자 메리' 사례는 유물론이 틀렸다는 것을 확실히 보여주는가?
- 맛을 느끼는 것은 단지 능력일까? 아니면 맛을 통해 우리는 세계에 대한 의미 있는 지식 역시 습득한다고 생각해야 할까?
- 만약 샴페인으로 메리에게 속임수를 쓰는 테스트를 한다면, 메리가 맛의 차이를 알 수 있을 거라고 생각하는가?

알고 있나요?

- 프랭크 잭슨은 「메리가 몰랐던 것(What Mary Didn't Know)」을 발표하고 십수 년 후, '지식 논쟁'을 유물론자들 손에 넘겨주었다. 2003년에 잭슨은 이렇게 썼다. "과학이냐 직관이냐 하는 선택의 기로에 놓인 현대 철학자들 중 대부분은 과학을 택한다. 이러한 주류 흐름에 대해 한때는 나도 반기를 들었지만 이제는 백기를 들었다. 그리고 지식 논쟁이라는 이 흥미로운 주제가 놓인 지형이 이제는 바뀌었다는 것이 보인다. 물리주의를 배격하고 직관에서부터 끌어올린 논거들이, 그토록 매력적으로 보이는 그 논거들이, 틀린 것으로 결론이 나고 있다."
- 포스터스 라거는 세계 각지에서 인기가 꽤 높지만, 막상 자국인

호주에서는 인기도 별로 없고 공급도 제한되어 있다. 수출용으로 우선 제조되는 한편, 다른 나라에서는 위탁으로 제조되기도 한다.

- 호주에서 제일 잘나가는 술로는 쿠퍼스, 투히스, KB 라거, 빅토리아 비터, 칼튼 드래프트 등이 있다.
- 사람 혓바닥에는 약 1만 개의 미뢰가 있고 각 미뢰는 대략 2주마다 새로이 교체된다. 나이가 들수록 미뢰 개수는 조금씩 줄어들어, 80세쯤 되면 절반가량밖에 남지 않을 것이다.

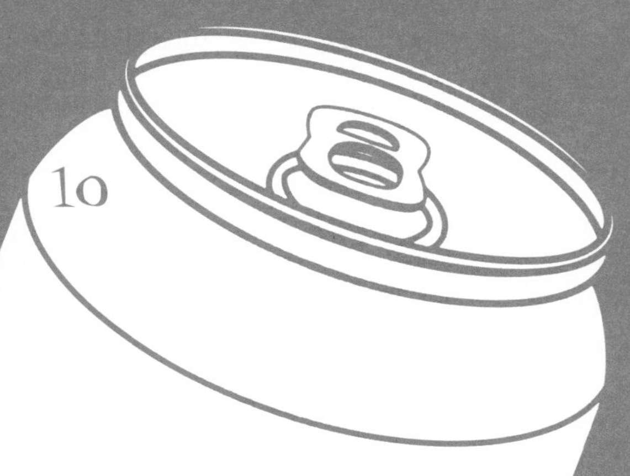

10

맬컴 엑스와 백인 전용 술집

인종이 뭐길래?

 에이버리스 '화이트 래스컬 에일'

Avery's White Rascal Ale

화이트 래스컬 에일은 진정한 벨기에 스타일의
밀(wheat) 맥주, '백색(white)' 에일이다.
여과되지 않았기 때문에
바닥에 이스트가 가라앉아 있다.
코리앤더[고수의 씨를 이용해 만든 향신료]와
큐라소 오렌지[카리브해의 큐라소 섬에서 나는 쓴맛의
오렌지]의 껍질이 향료로 약간 첨가되어 있다.
이 장의 주제를 보면 '화이트 래스컬'이
선택된 이유는 두말할 필요도 없다.
그냥 한잔 하자.

인종이란 무엇일까? 많은 사람들이 인종을 순수하게 생물학적인 용어로 생각하는 경향이 있다. 키가 큰 사람이 있고 작은 사람이 있듯이 흑인과 백인, 아시아인과 라틴계 등의 구분도 마찬가지라는 것이다. 그런 관점에서 보면 인종이란 단순히 유전적인 문제이다. 하지만 몇몇 철학자들은 인종이 그런 식으로 명확히 구분되는 순수한 생물학적 문제라는 데에 의문을 제기해왔다. 그들은 인종이 오히려 '사회적 구성물'이라고 주장한다. 즉, 사람들 사이에 선천적인 유전적 차이가 없을 수는 없겠지만, 그래도 인종이라는 것은 사회 또는 문화의 부산물이라는 것이다. 이러한 관점에서 보면 인종은 본디부터 있었던 것이라기보다는 새로이 만들어진 것이다.

1950~1960년대 인권운동 지도자였던 맬컴 엑스(Malcolm X, 1925~1965)가 제시하는 사례는 그러한 인종 '구성주의자' 관점에 힘을 실어준다. 맬컴 엑스는 그 유명한 〈투표권 아니면 총알을(The Ballot or the Bullet)〉 연설 중, 자신의 흑인 친구 한 사람이 '패스'[흑인 금지구역에 입장하는 것]를 시도했던 이야기를 들려주었다.

피부색이 굉장히 짙은 내 친구 하나가 머리에 터번을 두르고 애틀랜타의 백인 전용 술집에 들어갔습니다. 아직 자기들이 인종차별 정책을 철폐했다고 말하기 전이었어요. 친구는 들어가 자리에 앉아서 맥주를 시켰어요. 그랬더니 맥주를 내오는 겁니다. 이 친구가 물어봤어요. "만약에 흑인이 여기 들어오면 어떻게 됩니까?" 사실은 이 친구도 둘째가라면 서러울 정도로 새까만 얼굴인데, 다만 머리에 터번만 둘렀다뿐이었죠. 어쨌든 그렇게 물어봤더니 바텐더가 이렇게 대답했습니다. "글쎄, 감히 들어올 흑인이 어디 있겠어요?"

이 이야기는 당시 미국 남부 사회에 팽배해 있던 강한 편견을 보여주는 한편, 이러한 편견이 생물학적인 것과는 거의 상관이 없다는 것 또한 보여주고 있다. 맬컴의 친구는 머리에 터번을 두르니 외모가 아프리카인처럼 보이게 되었고, 그래서 자신이 들어가고 싶은 곳에 자유롭게 들어가 원하는 것을 먹을 수 있었다. 하지만 터번을 벗는다면 그는 마법처럼 다시 '니그로', 즉 인종적 멸시와 차별의 대상으로 돌아간다. 터번을 쓰든 벗든 그가 아프리카 혈통이라는 사실에는 변함이 없음에도.

맬컴 엑스는 '백인의 만행'이 어느 정도인지 보여주기 위해 이 이야기를 꺼냈던 것이지만, 사회적 구성주의자들은 이러한 사례를 통해 인종이라는 개념이 단 한 번도 순수하게 생물학적인 것이 아니었다는 사실을 알 수 있노라고 주장한다.

그건 그렇고 세상에는 인종이 몇 종류나 있을까? 만일 인종이 단순히 생물학적인 것이라면, 이 질문에 어느 정도 명쾌한 답이 있을 것으로 기대할 수 있다. 하지만 이 질문을 받은 대학생들의 대답은 각양각색이다. 확신에 차 세 종류라고 말하는 학생들이 있는가 하면, 역시 확신에 차 다섯 종류라고 말하는 학생들도 있다. 어떤 학생들은 그보다 훨씬 더 많다고 주장한다. 누가 맞는지 실랑이를 벌이기보다 더 단순한 질문으로 바꿔보자. "세상 사람들의 눈 색깔은 몇 종류나 될까?" 이번 역시 세 종류라고 답하는 이가 있을 테고 네 종류, 다섯 종류라고 주장하는 이 또한 나올 것이다. 그러다 누군가는 눈 색깔이 어쩌면 세상 사람 수만큼이나 많을지도 모른다고 날카롭게 지적할지도 모른다. 사람 눈 색깔에 대한 '자연적 사실'이 존재하지 않는다는 게 아니다. 다만 우리가 눈 색깔을 서너 가지 유형(이를테면 갈색, 파란색, 초록색)으로 단순화시켜버릴 때, 우리는 어떤 결정을 내린 것이 된다. 예를 들어 우리가 회색을 눈 색깔의 범주로 삼지 않기로 결정한다면, 회색 눈을 가진 사람들은 다른 범주 속에 포함될 수밖에 없다. 구성주의자들은 인종의 경우에도 똑같은 상황이 발생한다고 믿는다. 인종을 몇 종류로 나눌 것인지, 그리고 각 인종의 특색은 어떻게 묘사될 것인지를 우리가 '결정'한다는 것이다. 그러면서 무엇이 '같은' 것이 되고 무엇이 '다른' 것이 될지를 근본적으로 우리가 결정한다는 것이다. 맬컴 엑스가 이야기한 사례에서도 아프리카인과 미국 흑인은 너무나 쉽게 같은 사람(인종)으로 여겨질 수 있었는데도 다른 사람(인종)으로 여겨졌다. 누구를 '니그로'로 볼 것인가에 대한 결정이 어느 지점에선가 내려졌던 것이다.

이 문제는 미국 노예무역에서 특히 중요했다. '백인'은 자유로운 반면 '니그로'는 소유물로 여겨지는 상황에서, '혼혈' 아이에 대한 결정이 내려져야 했던 것이다. 즉, 어떤 아이가 백인 아버지와 니그로 어머니 사이에서 태어났다면 그 아이의 인종이 결정되어야 했다. 그 아이는 자유로운 백인인가, 노예 니그로인가? 순수한 생물학적 관점에서는 이 문제를 해결할 방법이 없다. 그러나 당시에는 다양한 사회적·정치적 요인들을 바탕으로 '한 방울 규칙'이라는 결론이 탄생했다. 만약 어떤 아이에게 단 한 방울이라도 니그로의 피가 섞여 있다면, 그 아이는 니그로로 간주되어 인권을 박탈당했다.

지금까지 이야기한 이러한 이유들 때문에, 스탠퍼드대학교 철학 교수 찰스 로렌스 3세(Charles Lawrence III)는 인종에 대한 생각을 그 언어적 기능에 이르기까지 재검토해봐야 한다는 주장을 펼쳐왔다. 인종을 생물학적으로 보는 관점에서는 '인종'이라는 용어가 흔히 명사로 간주된다. 예를 들어 우리는 "인종 간 갈등이 있다."거나 "재판부의 결정에 인종적인 요인은 영향을 끼치지 않았다."는 식으로 말한다. 세상에서 인종은 어떤 '것'으로 여겨진다. 하지만 로렌스는 인종을 동사로 봐야 한다고 주장한다. 그러면 인종은 하나의 '행위', 곧 우리에게 발생하는 무언가가 된다. 로렌스는 "당신은 인종화되었다.(You are raced.)"고 말한다. 인종화된다는 것은 사회가 만들어놓은 몇 가지 틀 중 하나 속에 범주화되는 것을 뜻한다. 바로 그 만들어진 범주 때문에 어떤 이들은 이득을 보아온 반면 어떤 이들은 고통을 겪어온 것이다.

솔직히 말하면…

〈투표권 아니면 총알을〉 연설 속 맬컴 엑스의 이야기에서 친구가 들어간 곳은 백인 전용 술집이 아니라 백인 전용 간이식당이었다.

어떻게 생각하나요?

- 인종이란 순수하게 생물학적인 걸까, 아니면 사회적 구성물일까? 또는 그 사이 어느 지점에 있는 걸까?
- 인종 외에 또 다른 사회적 구성물의 예로는 어떤 것이 있을까?
- 사회적 구성물은 반드시 부정적이고 해로운 것일까? 왜 그럴까? 해롭지 않다면 그 이유는 무엇인가?
- 친구 관계나 결혼 같은 개인적인 결정을 내리는 데 인종은 고려해야 하는 문제일까? 왜 그런가? 또는 왜 그렇지 않은가?
- 정부 정책에서 인종은 아주 조금일지라도 고려해야 하는 문제일까? 만약 그렇다면 어떤 식으로 고려해야 할까?

알고 있나요?

- 맬컴 엑스는 1925년에 태어났으며 본명은 '맬컴 리틀'이었다. 그는 노예제도 아래에서 그의 선조에게 붙여진 '리틀'이라는 성을 버리는 대신 '엑스'라는 성을 택했다. 아프리카인으로서 자신의 진짜 성을 알 수 없었기 때문에, 수학에서 미지수를 나타내는 기호인 '엑스(X)'를 성으로 택했던 것이다.
- 미국에서 모든 형태의 인종차별에 대해 대법원이 위헌판결을 내린 것은 1968년이 되어서였다.
- 미국의 2000년도 인구센서스에서 인종은 총 63개 범주로 구분되었다.
- '화이트 래스컬 에일'의 로고는 '하얀 악마'이다. 그런데 우연이지만, 인종차별과 억압을 계속 공고히 하려던 백인들을 가리켜 맬컴 엑스가 때때로 사용했던 말도 바로 '하얀 악마'였다.

11

맛의 비밀

이 맥주가 저 맥주보다 더 맛있다고 할 수 있을까?

빅 스카이 '무스 드룰 브라운 에일'

Big Sky *Moose Drool Brown Ale*

사슴은 무엇에 침을 흘릴까?['무스 드룰' 은 사슴이 침을 흘린다는 말이다] 우리와 똑같은 것을 갈망할까? 그럴 것 같지는 않다. 사슴이 페퍼로니 피자나 칠리 치즈 프라이를 앞에 놓고 침 흘리는 장면은 상상이 안 간다. 누구나 자기만의 취향이 있는 법이다. 그런데 사슴이 정말로 맥주를 좋아한다는 얘기는 들어본 적이 있다. 특히 '몰슨'[캐나다의 대표적인 맥주 브랜드]을 가장 좋아한다고 한다. 빅 스카이 무스 드룰 브라운 에일 역시 사슴이 선호하는 맥주로, 1995년 이래 사슴과 인간이 하나가 되게 해준 훌륭한 맥주이다.

맥주 맛 좀 아시는가? 그렇다면 세상에 뛰어난 맥주도 있는 반면, 영 아닌 맥주도 있다는 것은 굳이 설명하지 않아도 아실 것이다. 그런데 우리가 "이 맥주는 훌륭해."라고 말할 때, 그것은 맥주 그 자체가 지닌 무언가에 대해 말하는 걸까, 아니면 단지 말하는 이의 기호를 밝히는 것일 뿐일까? 다른 식으로 말해보자. 어떤 맥주가 다른 맥주보다 '객관적으로' 나은 걸까, 아니면 그건 단지 한 개인의 '주관적 취향'의 문제일까?

이 문제에 대해 철학자들은 온갖 의견을 제시해왔다. 고대 그리스 철학자 프로타고라스(Protagoras, 기원전 5세기경)는 "인간은 만물의 척도"라는 유명한 말을 했다. 그의 믿음에 따르면 길거나 짧고, 뜨겁거나 차갑고, 멀거나 가까운 것은 없다. 다만 대상과 우리의 관계 때문에 우리가 대상을 그런 식으로 설명하는 것이다. 마찬가지로 맥주도 맛있거나 훌륭하거나 뛰어난 것은 없다. 단지 맥주와 우리 각자의 혓바닥에 있는 미뢰의 관계가 있을 뿐이다. 사슴이 훌륭한 갈색 에일과 평범한 에일의 차이를 구분하지는 못할 것이며, 우리도 맛있는 민들레와 맛없는 민들레를 구분할 수는 없을 것이다. 이처럼 프로타고라스는 모든 것이 상대적이라고 생각했다. 어떤 때에는 종에 따라 상대적이며, 또 어떤 때에는 개개인 특유의 취향 판단에 따라 상대적이다.

많은 철학자들이 프로타고라스를 뒤따라 맥주에 대해 주관주의적 입장을 취해왔다. 이러한 입장에 따르면 "이 맥주는 훌륭해."라고 말하는 것은 "난 이 맥주가 좋아."라고 말하는 것과 조금도 다르지 않다. 모든 것은 한 사람의 개인적이고 주관적인 정신 상태에서 비롯하는 것이다. 미학을 전공한 20세기 미국 철학자 버질 올드리치(Virgil Aldrich, 1903~1998)도 그런 입장이었다.

> 훌륭한 맥주가 발하는 빛은 그것에 매료된 사람이 느끼는 바와 완전히 똑같지는 않더라도 매우 흡사하다. (……) 그 사람 입장에서는 마치 맥주 속에서 그 자신의 감정적 자아가 완전해지는 것처럼 느껴진다. 그는 자신의 감정으로 맥주를 감싸며, 그리하여 그것에 매력을 더 보탠다.

나는 대부분의 사람들이 이러한 주관주의적 견해를 따를 것으로 예상한다. 의심의 여지 없이, 맥주가 좋다고 말하려면 먼저 그것을 즐겨야 한다. 루트비히 비트겐슈타인도 다음과 같은 말을 한 것을 보면 비슷한 입장이었던 것 같다. "'이것 훌륭하군.' 하고 말하는 대신 그냥 '아!' 하며 미소 짓거나 배를 쓰다듬기만 한다고 해서 다른 점이 있는가?"

하지만 우리가 '훌륭한 맥주'에 대한 판단을 내릴 때에는 단순히 '이 맥주 좋다'는 것 이상을 말하고자 할 때도 분명히 있다. 위대한 독일 철학자 임마누엘 칸트(Immanuel Kant, 1724~1804)가 지적했듯이, 맥주에 대한 우리의 판단은 종종 규범적인 성질을 띠기도 한다.

> 누군가가 맥주를 전시대 위에 올려놓고 "훌륭하다"고 한다면, 그는 다른 이들도 같은 희열을 느낄 것을 요구하는 것이다. 그는 혼자만을 위해서가 아니라 모든 이를 위해서 판단하며, 그래서 그 훌륭함이 마치 그 맥주 자체의 속성이라도 되는 것처럼 이야기한다. (……) 여러 경우에 다른 이들이 그런 동의를 보인 적이 있다고 해서, 그가 어떤 것을 좋아하는데 대해 판단을 할 때 다른 이들의 동의에 의존하는 것은 아니다. 오히려 그는 다른 이들이 동의할 것을 '요구'한다. 다른 이들이 다르게 판단하면 그는 그들을 비난하며, 그들의 취향을 인정하지 않는다.

칸트는 '맥주의 훌륭함'을 판단하는 데 대해 객관주의적 입장을 취했다. 어떤 맥주 자체에 그것을 훌륭하게 만드는 무언가가 있다는 것이다. 따라서 그 훌륭함은 어느 특정인의 판단으로부터도 독립된다. 그러면 그것은 다수의 승인 여부와 관계없이 분명히 독립성을 띤다. 이런 식의 분석이 선행된다면 단지 많은 이가 마신다는 이유로 '버드 라이트'가 세계 최고의 맥주가 되는 불상사를 막을 수 있다. 오히려 객관주의자라면 다른 많은 분야에서와 마찬가지로 맥주 역시 다수의 의견을 좇아서는 안 된다고 말할 것이다. 뭔가 좀 '아는' 사람의 의견을 들어야 한다고 충고할 것이다.

하지만 맥주의 권위자는 누구인가? 주관주의자는 모든 이가 저마다 자기만의 권위자라는 입장을 취한다. 내가 좋다면 그건 좋은 것이다. 누구의 의견도 결코 틀릴 수 없다. 이에 반해 객관주의자는 전문가가 있을 수 있다는 것을 인정한다. 만약 어떤 맥주에 그것을 훌륭하게 만드는 무언가가 있다면, 어떤 이들은 그 '훌륭하게 만드는' 특성들을 남들보다 더 잘 인지할 수도 있기 때문이다. 그러한 능력은 타고난 재능에서 비롯할 수도 있지만, 많은 경우 후천적으로 습득되고 개발된다. 맥주 맛도 결국은 '습득되는 맛'이다. 처음 입에 댄 순간부터 맥주를 즐기는 사람은 거의 찾아보기 힘들다. 그러니 맥주의 '좋은 맛' 또한 습득되어야만 한다는 건 놀라운 일이 아니다. 갖가지 다양한 맥주와 맥주 스타일을 접해보면서 그 미묘한 냄새, 맛, 감촉 등을 주의 깊게 느껴봐야 한다고 말하는 것은 타당해 보인다. 그리고 솔직히 말해 대부분은 그런 식으로 맥주의 세계를 탐구해본 적이 없다. 미국만 하더라도 많은 이가 대량생산되는 물 탄 라거 브랜드 몇 개만을 고집하고 있다. 그들도 어쩌다 스타우트나 진한 에일을 한번쯤 입에 대보긴 했을 것이다. 그러나 맘에 들지 않았을 테고, 그걸로 얘기 끝이다. 하지만 그들이 일반 맥주에 대해서도 그렇게 쉽게 포기했다면 아마 아직껏 소다수나 홀짝이고 있었을 것이다.

객관주의자는 진정 경험이 풍부하고 관찰력이 뛰어난 애주가들 사이에서는 큰 틀에서 의견이 일치하는 패턴이 발견될 거라고 주장한다. 전문가들 사이에 의견 일치가 나타난다는 것은 맥주에 '객관적인 훌륭함'이 있다는 주장에 더욱 타당성을 부여하긴 하지만, 의견 일치가 곧 객관성의 증명이 아니라는 걸 우리는 명심해야 한다. 궁극적으로 객관주의자는 맥주를 훌륭하게 만드는 것이 무엇이라는 걸 설명해야 한다. 그것을 좋아하게 되었다는 사실 이상의 것을 설명해야 한다. 이 문제에 대한 칸트의 견해는 너무나 복잡하기 때문에 이 자리에서 적절하게 설명하기는 어렵지만 큰 방향을 짚어볼 수는 있다. 즉, 훌륭한 맥주라면 "상상력과 이해력의 조화로운 작용을 불러일으켜야 한다."는 식으로 이야기할 수 있다. 이런 식으로 분석하면, 훌륭한 맥주는 단순히 좋은 감정을 불러일으키기만 하면 되는 것이 아니다. 지성과도 연계된다.(흔히 말하는 바와 달리, 맥주는 생각하는 사람의 음료이다.) 맥주를 제대로 판단하려 한다면 먼저 그것을 이해해야만 한다. 다양한 냄새와 맛, 감촉 등이 혓바닥 위에서 나뉘고 섞이고 조화를 이루는 동안 그것들을 파악해낼 수 있어야 한다. 그리하여 '훌륭한 맥주'란 무척이나 복잡하고, 미묘한 뉘앙스로 가득 찬 그런 것이 될 것이다. 맛에 대한 감식력이 뛰어난 이는 다양한 맥주 스타일 속에서 서로 다른 수백 가지 맛을 알아낼 수 있으며, 이러한 이해가 즐거움을 더해주고 경험의 본질을 바꿔놓는다. 다음 페이지에 미국 양조화학자협회의 맛 분류표가 있다. 이 표에는 맥주의 주요 감촉, 냄새, 맛 등이 명시되어 있다.

주관주의자 편에 서서 이렇게 쏘아붙일 수도 있을 것이다. 세상의 모든 맛과 복잡함을 다 가지고 있는 맥주라 해도 그걸 반드시 좋은 맥주라고 할 수는 없지 않으냐고. '상한 맛'이 복잡함을 더해주고 그 자체로 흥미로운 맛이 될 수는 있을지언정, 우리가 맥주에서 그 맛을 느끼고 싶어하는 건 아니지 않으냐고. 맥주뿐만 아니라 어디에서도. 주관주의자는 주장한다. 맥주는 우리가 즐겁게 마시면 그걸로 '훌륭한' 것일 뿐이라고. 그리고 그건 결국 언제나 개인의 취향에 달린 문제라고.

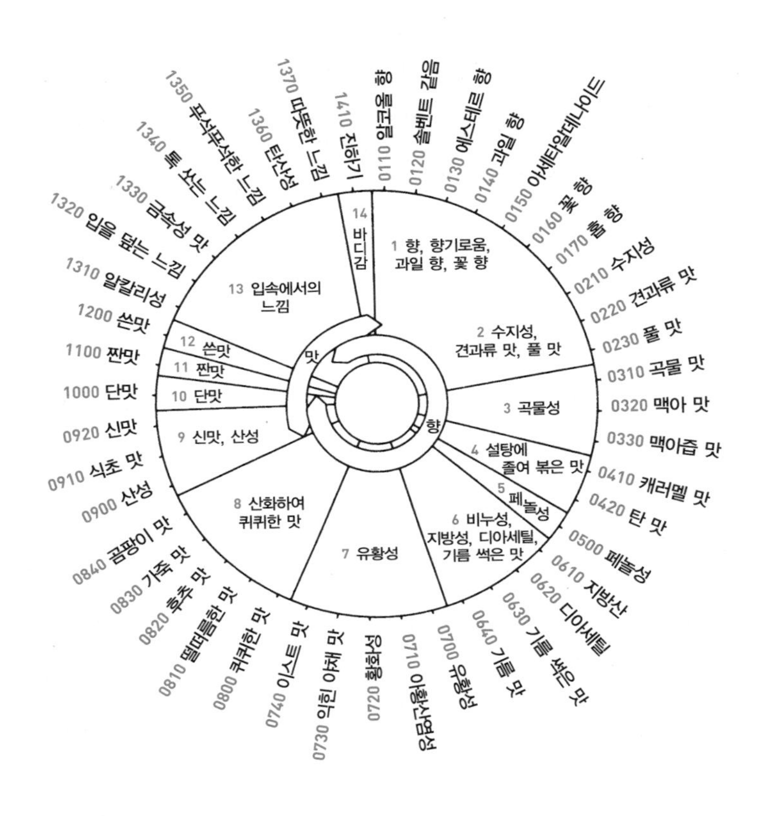

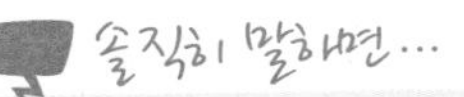

이번에는 정말로 왜곡을 심하게 했다. 우선 올드리치와 칸트 인용문들은 다 수정된 것임을 밝힌다. 두 글 다 맥주가 아니라 '아름다운 대상'에 관하여 진술한 것이다. 나는 이 책을 쓰면서 철학에 대해 맥주적 왜곡을 해도 해당 철학자의 원래 의도를 벗어나지는 않으려고 노력했는데, 이번에는 도를 넘었다. 특히 칸트가 이 글을 읽는다면 진노할 것이다. 칸트가 아름다움에 대한 자신의 견해를 음식이나 술의 맛과 같은 것에 적용할 의도가 없었음은 분명하다. 그런 것은 훨씬 더(완전히는 아니더라도) 주관적이기 때문이다. 그래도 나는 칸트적 입장이 훌륭한 맥주에 어떻게 적용될 수 있는지 고려해보는 것도 철학적으로 흥미로운 일이라고 생각한다.

어떻게 생각하나요?

- 당신이 "이 맥주 훌륭해."라고 말할 때, 그 맥주에 대해 이야기하는 것인가 아니면 당신 자신에 대하여 이야기할 뿐인가?
- 만약 당신 친구가 온갖 종류의 맥주를 마셔봤으면서도 값싸고 대량생산되는 맥주를 여전히 가장 선호한다면, 그 친구는 일종의 잘못을 범하고 있는 것인가? 만약 그렇다면 그것은 인지적 오류인가, 감정적 오류인가?
- 맥주가 지닌 다양한 맛을 감별해내고 파악해내지 못하는 사람도 좋은 맥주를 판단할 수 있을까?
- '훌륭한 맥주'를 훌륭하게 만드는 것은 무엇이라고 생각하는가?

알고 있나요?

- 버드 라이트는 몇 년간 세계에서 가장 많이 팔리는 맥주였지만, 2008년 중국의 스노 라거에 추월당했다. 스노 라거는 중국의 맥주 시장 급성장에 힘입어 세계 1위에 올랐다.
- 미학적 판단에 관한 칸트 이론의 핵심은 우리가 '사심 없이' 아름다움에 다가간다는 것이다. 다시 말하면, 단지 쾌락을 주는 것과는 달리 아름다운 대상에 대해서는 소유할 필요를 느끼지 않고 그저

그 아름다움의 의미만을 파악하고 싶어한다는 것이다.(이 이야기를 미술품 수집가들한테 해보라.) 칸트의 이론을 맥주에 적용하는 게 문제가 되는 이유 중 하나가 이것이다.

- 칸트가 미학적 판단에 관한 이론을 전개한 저서 『판단력 비판』은 낭만주의 시대에는 어느 정도 열렬한 호응을 받았지만, 이후 20세기 초반까지 거의 무시되다시피 했다. 몇몇 초기 비평가들은 이 책이 늙어가는 칸트가 노망난 징표라고 말하기까지 했다. 오늘날 이 책은 미학 분야에서 중대한 영향력을 지닌 저서 중 하나로 자리하고 있다.
- 앞의 맥주 맛 분류표는 1970년대에 모텐 메일가드가 개발한 것으로, 이후 유럽 맥주제조사협의회, 미국 양조화학자협회, 남북아메리카 양조장인협회 등이 공식적으로 받아들였다.

12

예지 역설

내가 어떤 맥주를 주문할지 신이 이미 알고 있다 해도, 나는 자유롭다 할 수 있는가?

 악치엔 '헬 라거'

Aktien *Hell Lager*

맥주를 한번 골라보시라. 어떤 맥주를 고르든 신은 이미 알고 있다고 해보자. 신의 예상을 비껴가보자. 그러나 안 된다. 어떤 선택을 하든 신은 그 결과를 알고 있었던 거다. 자, 어떻게든 방법을 찾으려고 메뉴판만 들여다보면서 뷔리당의 당나귀처럼 곤혹스러워하고 있다면, 그냥 독일 악치엔의 헬 라거를 주문하자. 혹시 신이 우리 앞날에 헬(hell, 지옥)이 있음을 예지하고 있다면, 그 헬이 맛있는 독일 맥주 '헬'이기를 간절히 빌면서.

많은 사람들이 신을 전지(全知)한 존재로 생각한다. 신은 모든 것을, 미래까지도 다 알 거라고 믿는다. 하지만 이렇게 믿는 사람들 대부분이 한편으로는 인간에게 자유의지가 있다는 것도 믿는다. 그들은 우리가 자유로이 선택하여 행동할 수 있다고 주장한다. 신을 믿을 것인지 안 믿을 것인지, 죄를 지을 것인지 안 지을 것인지, 맥주를 500cc 여러 잔으로 주문할 것인지 2000cc 피처 하나로 주문할 것인지 직접 선택하는 것이다. 우리의 길은 우리가 선택한다. 단, 문제는 (혹은 문제처럼 보이는 것은) 우리가 어떤 행동을 할 것인지 신이 사전에 알고 있다면, 결과적으로 우리는 신이 예지한 행동을 그대로 행하는 것밖에 되지 않는다는 것이다. 아니, 신이 예견한 행동을 우리가 그대로 선택할 수밖에 없다면 그게 무슨 '자유'의지란 말인가?

구체적인 예를 하나 살펴보며 정리해보자. 나는 술집에 가서 어떤 맥주를 주문할까 고민 중이다. 술집에는 술 종류가 굉장히 많았지만, 간신히 두 가지로 선택의 폭을 좁혔다. 지금 '뉴 벨지엄 팻 타이어 앰버 에일(New Belgium Fat Tire Amber Ale)'이 딱이라는 확신이 든다. 그러면서도 한편으로는 한 번도 맛본 적 없는 '악치엔 헬 라거'에도 왠지 마음이 끌린다. 이거 어떻게 해야 될지 모르겠다. 확신이 드는 쪽으로 가야 할까, 아니면 새로운 걸 시도해볼까? 갈림길에 서 있는 기분이다. 내 앞에 두 갈래 길이 열려 있고(일단 열려 있는 것처럼 보인다), 어느 길을 택할 것인지는 내가 결정한다.

그러나 우리는 예지 능력이 있는 전지한 신의 존재를 가정하고 있기 때문에, 신은 내가 어떤 술을 택할 것인지 반드시 이미 알고 있다. 내가 태어나기 전부터도 신은 알고 있었다. 그런데 만약 신이 내가 헬 라거를(오직 헬 라거만을!) 주문할 것이라는(그것도 정확히 저녁 7시 5분에) 사실을 알고 있다고 한다면, 팻 타이어를 주문하는 것은 사실상 내 능력 밖의 일이라고 해야 하는 것 아닐까? 만약 그게 내 능력이 닿는 일이라고 한다면 내 능력으로 신이 오류를 범하게 할 수 있다는 말인데, 결코 그럴 수는 없지 않은가.(오류를 범한다는 건 결국 몰랐다는 말 아닌가.) 그렇다면 내게는 헬 라거를 선택하는 한 가지 길밖에 없었다는 얘기가 된다. 술 종류가 굉장히 많다는 것도 다 헛된 얘기고, 자유의지란 것도 다 허상이다. 내가 선택할 수 있는 길은 정말로 오직 한 가지밖에 없었다. 그리고 그 선택을 신은 언제나 알고 있었다.

이러한 결론에 이르게 되면, 신의 예지와 인간의 자유의지는 양립할 수 없는 것으로 보인다. 신이 모든 것을 예지하고 있든지 인간에게 자유의지가 있든지, 둘 중 하나이지 둘 다 옳을 수는 없다. 허나 많은 이가 두 개념 중 어느 하나도 포기하기 힘든 것 또한 사실이다. 신이 미래를 알 수 없다고 가정해버리면 신의 전지함에 커다란 한계가 생겨버린다. 그렇다고 인간에게 자유의지가 없다고 해버리면 윤리적 책임을 물을 수가 없어 우리 신념에 큰 혼란을 야기하게 된다.

생각해보라! 내게 헬 라거를 선택하는 한 가지 길밖에 없다면, 죄를 저지르는 어떤 이들에게도 그 죄를 저지르는 한 가지 길 외에 다른 길은 없고, 그들은 지옥('헬')에 떨어질 수밖에 없다. 하지만 그들에게는 그 죄를 피해갈 방법이 조금도 없었는데, 신이(혹은 다른 이들이) 어떻게 그들에게 책임을 물을 수 있단 말인가? 도리어 신은 창조주로서 애초에 그들을 그런 길로 몰아넣은 장본인이 아닌가 말이다! 또 마찬가지로, 내가 아무리 정의로운 일을 한들 신이(혹은 다른 이들이) 내게 무엇 때문에 상을 내린단 말인가? 난 단지 내가 할 수 있는 유일한 행동을 했을 뿐인 거다.

그렇다면 신의 전지함과 인간의 자유의지를 조화시킬 방법은 없을까? 한 가지 가능성은 있다. 전지함에 대한 우리의 관점을 수정하는 것이다. 우리가 지금 이 역설에 빠져버린 건 신의 전지함을 다음과 같은 관점에서 파악했기 때문이다.

전지함 1 모든 것을 남김없이 다 아는 능력

그보다 우리는 신의 전지함을 다음과 같은 관점에서 이해해야 한다.

전지함 2 '알 수 있는' 모든 것을 아는 능력

이 우주에는 그냥 근본적으로 알 수 없는 것도 있을 수 있는 것이다. 이를테면 자유의지를 가진 존재가 다음에 무슨 행동을 할 것인가 하는 것.

또 하나의 방법은 신이 우리와 같은 개념의 시간 속에 존재한다는 관점을 수정하는 것이다. 신이 우리 행동을 '예지'한다고 할 때 우리는 신이 특정 시간 '안'에(예를 들어 1963년 5월 4일에) 존재하면서 그 시간을 기준으로 아직 일어나지 않은 일들을 앞서 알고 있다고 상상한다. 하지만 6세기 신학자 보에티우스(Boethius)는 이런 식으로 신의 존재를 상정하는 것은 잘못된 것이라고 주장했다. 신은 우리처럼 시간 '안'에 있지 않기 때문이다. 시간을 창조한 신은 시간 바깥 혹은 너머에 존재한다. 보에티우스에 의하면 신은 '영원한 현재(eternal present)'에 존재하면서 모든 것을 안다. 그러므로 우리는 신이 모든 것을 알되, 어떤 것도 예지하는 것은 아니라고 여겨야 하는 것이다.

어떻게 생각하나요?

- 당신이라면 신의 예지와 인간의 자유의지를 어떻게 조화시킬 것인가? 조화가 되긴 할까?
- 신이 인간 행동을 예지할 수 없다고 하면 그 능력을 너무 깎아내리는 게 될까?
- 만약 신의 예지와 인간의 자유의지 중 한 가지 신념을 버려야만 한다면 어떤 쪽을 택하고 어떤 쪽을 버릴 것인가? 그 이유는 무엇인가?
- 신의 예지 문제에 대해 보에티우스가 찾아낸 해결책이 납득이 가는가? 아니라면 그 이유는 무엇인가?

? 알고 있나요?

- 기독교 한 종파인 칼뱅주의자들은 모든 것이 신에 의해 예정돼 있기 때문에 인간에게는 자유의지가 없다는 믿음을 따른다.
- 여러 철학자가 신의 예지 문제와 별도로, 인간에게 자유의지가 있다는 생각에 의문을 던졌다. 이들의 주장은 '인과 결정론(casual determinism)'이라는 가설에 따른 것으로, 인간 행동을 비롯한 모든 사건들은 선행하는 원인에 따라 필연적으로 결정된다는 것이다. 이에 대해서는 이 책의 22장 '라플라스의 슈퍼과학자' 및 29장 '시간의 수수께끼'에서 더 다룰 것이다.
- 이 장의 시작 부분에서 나는 '뷔리당의 당나귀(Buridan's ass)'를 언급했다. 이것은 심리 실험으로, 당나귀 양쪽에 각각 건초 한 더미와 물 한 그릇을 놓아두면 당나귀는 둘 다 먹고 싶어하면서도 결정을 내리지 못해 그 자리에서 꼼짝도 하지 않는다는 것이다.
- 독일 바이에른 주 카우프보이렌Kaufbeuren에 있는 악치엔은 세계에서 가장 오래된 맥주회사 중 하나로 1308년에 설립되었다. 헬 라거는 독일 헬레스 방식으로 양조된다. '헬레스(Helles)'는 독일어로 '빛' 혹은 '밝다'를 뜻한다. 한편, '라거(Lager)'는 독일어로 '창고'를 뜻한다. 그러니 독일 현지에서 주문을 할 때에는(물론 '악치엔 헬'은 전 세계 어딜 가나 라거로 통용되지만), 무조건 '라거 비르'를 달라고 하기보다 '헬레스 비르'(연한 라거) 또는 '둥클레스 비르'(진한 라거 혹은 에일)를 달라고 말해보자.

13

부처님 가라사대, 너 자신은 없다

처음 맥주를 접했던 나와 지금의 나는 같은 사람인가?

킹피셔 '프리미엄 라거' Kingfisher *Premium Lager*

인도의 위대한 현인이자 불교의 창시자 고타마 싯다르타(부처님).
그를 기리기 위해 인도에서 가장 사랑받는 술
킹피셔 프리미엄 라거를 한 잔 따르자.
킹피셔 병에는 강렬한 색채의 킹피셔(물총새) 한 마리가 그려져 있다.
이 새는 부처님과 두 가지 면에서 닮은 것으로 유명하다.
하나는 칼날처럼 날카로운 통찰력이고,
하나는 완벽하게 목표를 설정하는 점이다.

킹피셔 프리미엄 라거를 처음 마셨을 때를 기억하는가? 그렇다면 그때 당신이 어떤 사람이었는지를 떠올려보자. 그때 외모는 어땠는가? 스타일은? 흥밋거리는? 킹피셔를 마셔본 적이 한 번도 없다면, 대신 다른 인도 맥주를 처음 마셨을 때를 회상해보자. 다른 인도 맥주조차 마셔본 적이 없다면, 그냥 맥주 자체를 처음 마셨을 때를 떠올려보자. 아마도 많은 독자에게는 옛일일 것이다. 몇 달 전일 수도 있지만 몇 년 전일 수도, 심지어 수십 년 전일 수도 있다. 일단 논의를 위해, 처음 맥주를 접한 지 5년 정도 되었다고 해보자. 오늘의 당신은 그때의 당신과 '같은' 사람일까? 물론 어떤 면에서 변한 것만은 틀림없겠지만, 우리가 저마다 삶을 살아가는 동안 본질적으로 동일한 한 사람으로 존재한다는 것이 상식적인 생각이다. 그것은 삶이 변화하는 가운데에도 단일하며 영원한 '자아' 또는 '영혼'이 지속적으로 존재한다고, 심지어는 이 세상을 떠나서도 그것이 지속된다고 우리가 가정하고 있기 때문이기도 하다.

고타마 싯다르타(기원전 563?~483?), 즉 붓다(부처, '깨달은 이'라는 말)는 자아나 영혼의 존재를 부정했다. 본질적으로 '나'라고 하는, 무언가 영원하고 변하지 않으며 자기충족적인 것에 대한 개념을 상정하는 것은 잘못이라는 게 붓다의 확고한 견해였다. 어찌 보면 현실에 들어맞지 않는 생각이지만, '아나타론'(무아론)이라 불리는 이러한 견해는 붓다 철학의 핵심요소이다. 붓다는 우리가 사물의 본성을 깊이 들여다본다면 만물이 영원하지 않으며 상호 의존하고 있음을 알게 된다는 생각을 가지고 있었다. 변함없이 똑같은 것은 없고, 자기 홀로 충족하며 살아갈 수 있는 것도 없다.

우리 몸을 생각해보면 붓다가 말하는 바를 쉽게 이해할 수 있다. 과학에서는 1분마다 우리 몸속 세포 수백만 개가 죽고 또다시 생성된다고 이야기한다. 그렇게 10년이 지나면 몸속 세포 대부분이 새로 교체될 것이다. 따라서 몸을 정체성의 기준으로 삼는다면, 당신은 10년 전 당신과 같은 사람이 아니다. 당신의 몸은 거의 전부가 '새 것'이기 때문이다. 그렇다면 이 새로운 몸은 어디에서 나오는 것인가? 당신이 먹는 음식, 들이마시는 공기, 쬐는 햇빛, (그리고 물론) 마시는 맥주 등에서 비롯해 형성되는 것이다. 그러므로 당신의 몸은 최소한 어느 정도는 홉과 맥아라 할 수 있다. 그리고 그 홉과 맥아는 그것들대로 햇빛, 비, 땅속 미네랄 등과 떼려야 뗄 수 없는 관계를 맺고 있다. 그러니 우리 몸은 결코 영원하지도, 독립적이지도, 자기 충족적이지도 않은 것이다. 오히려 그것은 끊임없이 변하며 우주의 다른 것들과 상호 연관되어 있다.

붓다는 마음이나 의식도 그와 마찬가지라고 믿었다. 우리 마음 상태는 끊임없이 변하고 있다. 매 순간 결코 같지 않다. 한 가지 생각이 떠오르면 이어 여러 가지 생각이 갈래갈래 뻗어나간다. 욕망은 밀물처럼 밀려왔다가 썰물처럼 빠져나간다. 새로운 기억이 형성되고 오래된 기억은 잊힌다. 그런데 이러한 상태를 단순히 '나의' 상태로 여기는 것은 굉장히 큰 오해이다. 예를 들어, 킹피셔 양조장과 이 프리미엄 라거의 레시피를 개발한 특정 브루마스터들이 아니었다면 킹피셔 라거에 대한 나의 생각도 존재하지 않았을 것이기 때문이다. 그리고 그들 역시 독일 바이에른 주의 위대한 브루마스터들의 영향이 없었더라면 그런 레시피를 결코 개발해내지 못했을 것이다. 맥주 이름의 근간이 된 물총새조차도 킹피셔 맥주에 대한 느낌을 더해준다. 우리가 갖고 있는 어떤 믿음, 욕구, 감정도 우리의 전반적인 역사적·사회적 상황 및 각자의 특별한 가족, 교사, 친구 등이 아니었다면 지금과 똑같은 믿음, 욕구, 감정이 되지 않았을 것이다. 당신의 유전자가 당신 부모님 유전자의 '연속체'이듯이(더 넓게는 내 모든 선조들 유전자의 연속체이듯이), 당신의 믿음과 욕구도 많은 면에서 가족과 교사, 친구 등의 믿음과 욕구의 연속체이다. 따라서 의식을 정체성의 기준으로 삼는다 해도, 어떤 것도 영원하거나 독립적이거나 자기충족적이지 않다는 것을 다시금 깨닫게 될 뿐이다.

하지만 그래도 이 모든 변화하는 요소들 너머에 무언가가 있지는 않을까? 이 변화하는 몸을 '소유'하고 있는, 그리고 이러한 생각과 감각 등의 흐름을 '경험'하고 있는 '자아' 혹은 '영혼'이 존재하는 것은 아닐까? 그러한 생각을 완전히 배제하기란 어렵다고 나는 생각하는데, 붓다는 그러한 것을 믿을 어떠한 이유도 없다는 것을 분명히 했다. 어느 순간이든 우리 경험을 반추해보면, 결코 그런 자아라는 걸 찾을 수 있을 것 같지 않다. 보라, 어떤 생각을 관찰할 수는 있어도 그 배후에서 그것을 생각하고 있는 무언가는 결코 관찰할 수 없다. 욕망을 관찰할 수는 있어도 그 욕망을 지닌 자아는 결코 관찰할 수 없다. 이로부터 붓다는 자아라는 개념이 단지 만들어진 허상에 지나지 않는다는 결론을 이끌어내었다. 그러나 많은 철학자는 그와 반대로 그러한 정신 상태를 소유하고 있는 무언가가 필요하다는 것을 가정해왔다. 그들은 생각을 하고 있는 '누군가'가 있어야 한다고 주장한다. 하지만 붓다는 그런 가정을 할 이유가 없다고 보았다. 차라리 붓다는 단순하게 생각하는 것은 '생각'이고, 욕망하는 것은 '욕망'이며, 깨닫는 것은 '깨달음'이라고 가정하는 것이 우리 경험과 더 상통한다는 의견을 내놨다.

영원한 자아가 있고 없고가 정말로 중요한 문제인지 의구심이 들지도 모르겠다. 어떤 답을 하든 딱히 효용이 없는 철학적 사색에 불과한 것일 수도 있다. 하지만 붓다는 '아나타'(무아)를 이해하는 것이 도덕적 실천 및 영적 깨달음에 매우 중대하다는 주장을 펼쳤다. 붓다에 따르면 자아라는 개념은 고약한 결과를 가져올 수 있어 위험하다. 자아로 인해 이기심과 탐욕, 자만이 고개를 들고, 이어서 배신과 도둑질, 살인, 전쟁 등의 행동이 뒤따르기 때문이다. 자아에 대한 믿음이 신체적·정신적 애착과 욕망으로 이어져 모든 고통의 근원이 되고, 해탈 혹은 열반으로 나아가는 길을 막아버린다는 것이 붓다의 사상이었다.

그래서 붓다는 제자들에게 자아에 미혹되지 않도록 항상 경계하라고 가르쳤다. 아들인 라훌라에게도 이렇게 말했다.

라훌라야, 몸이든 마음이든, 감정이든 지각이든 의식이든, 과거의 것으로 보고자 하면 과거의 것이 되고, 현재나 미래의 것으로 보고자 하면 또한 그렇게 된다. 나의 것이냐 내 바깥의 것이냐, 중대한 것이냐 사소한 것이냐, 천한 것이냐 귀한 것이냐, 멀리 있는 것이냐 가까이 있는 것이냐 하는 것도 모두 마찬가지이다. 보고자 하는 대로 그렇게 된다. "이것은 내 것이 아니다, 이것은 내가 아니며 내 자아가 아니다." 그러니 흐림 없는 눈으로 사물을 있는 그대로 보면, 어떤 것도 손에 쥠 없이 해탈하게 된다.

그러므로 '아나타'란 단순히 이론에 그치는 게 아니다. 우리가 자아라는 것에 대해 어떻게 생각하느냐에 따라, 삶의 가치관이 송두리째 바뀔 수도 있는 것이다.

솔직히 말하면...

우리의 일부가 흙과 맥아로 구성되어 있다는 견해에 붓다는 분명히 고개를 끄덕일 것이다. 그렇지만 한편으로는 우리를 취하게 만드는 모든 것(훌륭한 인도 맥주들도 예외가 될 수는 없고)을 자제하라고 권하기도 할 것이다. 그런 것들은 깨달음을 얻는 데 필요한 '집중력'을 흐트러뜨리기 때문이다.

어떻게 생각하나요?

- 자아란 현실과 아무 관련성 없는 허위 개념일까?
- 자아라는 개념은 전제로서 필요할까? '생각'이 있다면 '생각하는 자'도 있다는 것을 전제해야만 할까?
- 이 세상에 '자기충족적'인 것이 있다고 생각하는가? 이 세상을 살

아오는 동안 그런 것을 본 적이 있는가?

알고 있나요?

- 불교에서는 모든 현상에 '자아'가 없다는 생각을 '공(空)'이라는 말로 표현한다. 붓다는 세상에 영원하거나 자기충족적인 것은 없다고 했다. 킹피셔 맥주도 마찬가지이다. 이런 맥락에서 킹피셔 맥주는 잔이 가득 차 있을 때에도 공, 즉 비어 있다고 할 수 있다.
- 데이비드 흄 역시 자아가 있다는 증거를 찾을 수 없다고 주장했다. 『인간 본성에 관한 논고 (Treatise of Human Nature)』에서 흄은 다음과 같이 썼다. "소위 나 자신이라고 하는 것 속으로 최대한 자연스럽게 들어가려고 해도, 나는 언제나 어떤 특정한 지각에 발이 걸린다. 이를테면 뜨겁다 혹은 차갑다는 지각, 밝다 혹은 어둡다는 지각, 사랑한다 혹은 미워한다는 지각, 아프다 혹은 유쾌하다는 지각 등이다. 어떤 경우에도 나는 그런 지각 없이는 결코 나 자신을 찾아낼 수 없고, 그런 지각 외에 다른 어떤 것도 관찰할 수가 없다."
- 킹피셔는 자연발효 방식으로 제조한 프리미엄 맥주 '킹피셔 레드'를 새로 개발해냈다. 이것은 중세 유럽 수도사들의 양조 방식을 이용해 빚은 것으로, 오크 통 맛이 느껴지며, 서늘하게 혹은 상온에서 보관했다가 마신다.

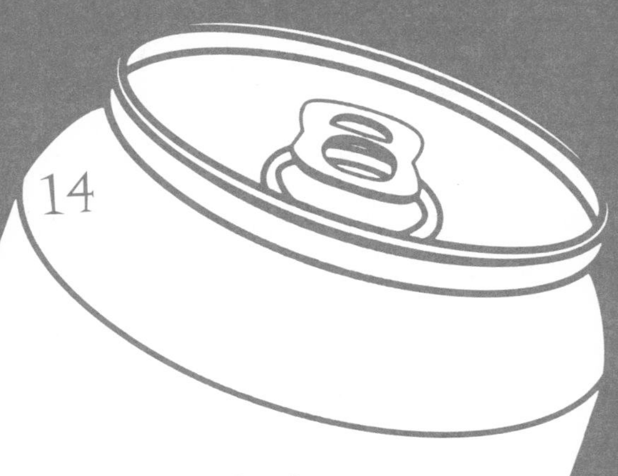

14

맹인과 '블랙 앤 탠'

세계 주요 종교들이 모두 진실일까?

 **바스 '에일' Bass *Ale***

바스 에일을 이용해 '블랙 앤 탠'을 만들어보자.
먼저 술잔에 절반 정도 바스 에일을 따른다.
그다음, 숟가락을 뒤집어 든다.
숟가락의 밥을 뜨는 면이 바스 에일을 향하고
뒷면이 하늘을 향하게 하여 쥔다.
(숟가락이 최대한 바스 에일에 가까이 가면 좋기 때문에
숟가락 손잡이를 구부리고 싶어질 것이다.)
그다음, 기네스 엑스트라 스타우트를 숟가락 뒷면에
붓는다. 그러면 기네스가 바스 에일 위에 부드럽게
올라간다. 술잔의 나머지를 모두 기네스로 채운다.
그리하여 술잔에는 세 개의 층이 생긴다.
바닥 깊이 호박색 바스 에일의 층, 가운데에는
흑색 기네스의 층, 그리고 맨 위에는
부드러운 거품의 층이다.

세계 여러 종교들 간에 갈등이 있다는 건 대부분이 주지하고 있는 사실이다. 유대교는 기독교와, 기독교는 이슬람교와 갈등을 빚고 있다. 거기에 힌두교, 도교, 불교 등이 있는데, 무엇이 진짜이고 진실인가에 대해 저마다 다른 주장을 편다. 보통 두 가지 이야기가 상충할 때에는 일단 둘 다 맞을 수는 없다고 말하는 편이 안전하다. 둘 중 하나는 틀릴 수밖에 없을 테니까. 그러니 일단 현실적으로, 종교에 대해 비판적으로 생각한다면 다음 두 가지 방법 중 한 가지를 선택해야 할 것만 같다. 종교란 종교는 다 엉터리 소리만 한다고 싸잡아 비난하거나, 아니면 하나의 진실한 종교(혹은 적어도 진실에 가장 가까운 종교)를 찾아내려고 하거나.

그러나 현대 종교철학자 존 힉(John Hick, 1922~)은 제3의 방법이 있음을 역설해왔다. 그는 세계 주요 종교들이 모두 다 진실하다는 입장이다. 여기서 재미있는 점은, 그렇다고 그가 그 종교들이 서로 엇갈리고 때로는 반대되는 이야기를 한다는 것을 부정하지도 않는다는 점이다. 오히려 그는 현실에 대한 엇갈리는 이야기들이 서로 동등하게, 혹은 서로 비교할 수 없는 차원에서 각각 진실이 될 수 있다고 주장한다.

힉은 자신의 주장을 뒷받침하기 위해 '세 사람의 맹인과 블랙 앤 탠'의 예를 든다.

> 세 사람의 맹인이 태어나서 처음으로 블랙 앤 탠 한 잔을 나눠 마시게 되었다고 상상해보자. 첫 번째 맹인이 한두 모금 홀짝여 거품 나는 윗부분을 다 마신다. 맥주란 걸 전에 마셔본 적 없는 그는 블랙 앤 탠이라는 게 카페라테와 별다르지 않은 거라고 결론 내린다. 한편, 전에 맥주를 마셔본 경험이 있는 두 번째 맹인은 기네스 부분을 홀랑 마셔버린다. 그러고는 한 치의 의심도 없이 블랙 앤 탠이 아일랜드식 스타우트라고 단정 짓는다. 세 번째 맹인은 나머지를 다 마신다. 그리고 앞선 두 사람이 다 틀렸다는 결론에 도달한다. "이게 무슨 커피고 스타우트인가? 이건 명백히 라거 아닌가!"

세 사람이 서로 엇갈리는 진술을 하고 있지만 모두 다 참되고 진실한 자기 경험을 전하고 있다는 게 이 이야기의 교훈이다. 힉은 우리가 종교를 대하는 방식도 이와 크게 다를 바 없다고 논한다. 어떤 특정 종교가 자기들에게 완벽한 진실이, 오직 진실만이 있다고 생각하는 건 잘못일 수 있지만, 그럼에도 각 종교는 '신성'에 대한 경험을 전함에 있어 진실하고 틀림없이 이야기한다는 것이다.

종교 간에 서로 엇갈리는 진술을 하는 것은 문화와 경험, 환경 등의 다양성 때문이기도 하다. 이 점을 명료하게 보여주기 위해 힉은 노스캐롤라이나 주에 있는 덕-래빗 크래프트 맥주회사의 로고에 그려진 '오리-토끼(duck-rabbit)'를 예로 든다.

이 그림은 왼쪽을 향하고 있는 오리를 묘사한 것인가, 아니면 오른쪽을 향하고 있는 토끼를 묘사한 것인가? 답변하는 사람의 과거 경험, 교육, 문화적 전통 등에 따라 답이 달라질 것이다. 예를 들어 토끼는 없지만 오리는 넘쳐나는(혹은 전통적으로 오리고기를 먹는) 지역에 사는 사람이라면 거의 틀림없이 이 그림을 오리로 볼 것이다. 그리고 오리는 없고 토끼가 여기저기 뛰어다니는 지역에 사는 사람에게는 이 그림이 확연히 토끼로 다가올 것이다. 그러니 만약 두 사람이 이 그림을 보고 서로 엇갈리는 진술을 내놓는다면 우리는 뭐라 해야 할 것인가? 힉은 두 사람 다 옳다고 주장한다. 두 사람 모두 비록 완전한 진실을 깨닫지는 못했지만, 자신이 본 것에 대한 진실을 정직하게 진술한 것이다.(참고로, 여기에서 완전한 진실이란 두 사람이 본 것이 맛있는 갈색 맥주라는 것!)

힉은 종교적 체험에 대한 세 번째 비유를 지도 제작법을 바탕으로 제시한다. 다음 세 개의 지도를 꼼꼼히 들여다보자. 세 지도 모두 세계를 정확히 묘사하고 있다. 다시 말하면, 3차원(둥근) 땅을 2차원(평평한) 지면 위에 최대한 잘 옮겨놓은 것이다. 메르카토르 투영법은 항해에 매우 유용하지만, 유라시아 및 북아메리카 국가들의 크기를 지나치게 왜곡하고 확대해놓았다.(아프리카 면적이 실제로는 그린란드 면적의 14배인데도 둘의 크기가 비슷해 보인다.) 페터스 투영법은 남아메리카와 아프리카의 크기를 더 잘 반영하고 있지만, 그러다 보니 유라시아와 북아메리카 국가들의 모양을 더 지나치게 왜곡한다. 로빈슨 투영법은 앞선 두 투영법에 대한 일종의 절충이다. 전체적인 모양새는 더 구형이며, 고위도 지방의 경우 크기는 덜 왜곡됐지만 모양은 더 왜곡되었다. 여기서 힉이 말하고자 하는 바는 다음과 같다. 즉, 이 세 지도가 땅덩어리의 중대한 두 가지 특성(크기와 모양)에 대해 서로 엇갈리는 그림을 그려냈다 해도, 모두 다 동등하게(혹은 서로 비교할 수 없는 차원에서) 진실하다는 것이다. 이 지도들은 3차원을 2차원으로 묘사한다는 한계 안에서 저마다 최대한 '진실'한 것이다. 그러나 각각의 지도가 진실하다고 해도 어느 것도 완벽하게 진실한 것으로 여겨질 수는 없으며, 또한 어느 하나가 다른 것들보다 더 진실한 것으로 여겨질 수도 없다.

힉은 위대한 세계 종교들에 대해서도 우리가 이와 같은 방식으로 생각해야 한다고 믿는다. 지도 제작자들이 땅 표면과의 실제 상호작용을 바탕으로 지도를 그렸듯이, 주요 종교들 역시 모두가 '신성'과의 실제 만남을 바탕으로 각각의 결론에 도달했다고 힉은 주장한다. 고대의 유대 선지자들, 마하비라, 붓다, 예수, 무함마드 등 모두가 마찬가지이다. 하지만 주요 종교들 모두가 주장하듯이 신(혹은 절대자)은 무한하다. 신은 '다차원적'이며 따라서 우리의 3차원적 개념

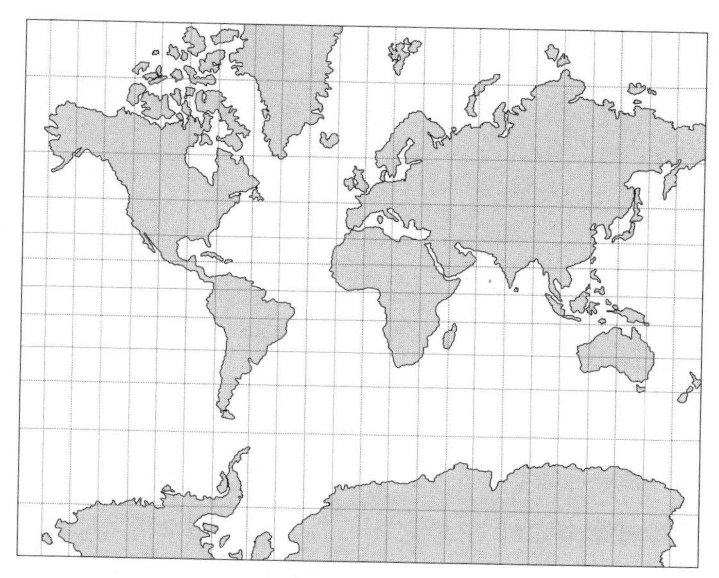

메르카토르 투영법

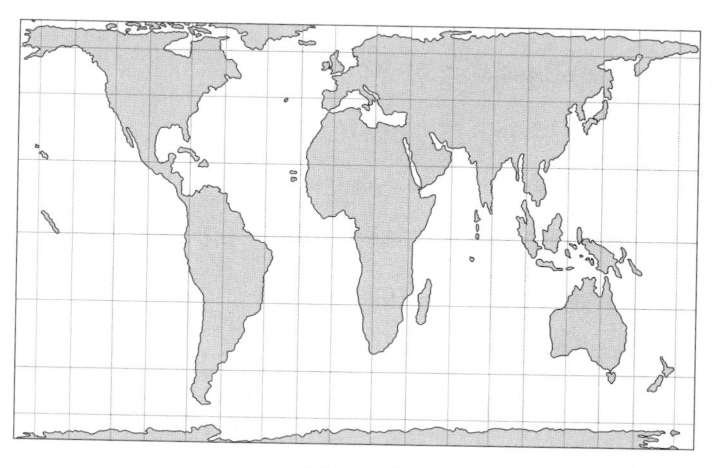

페터스 투영법

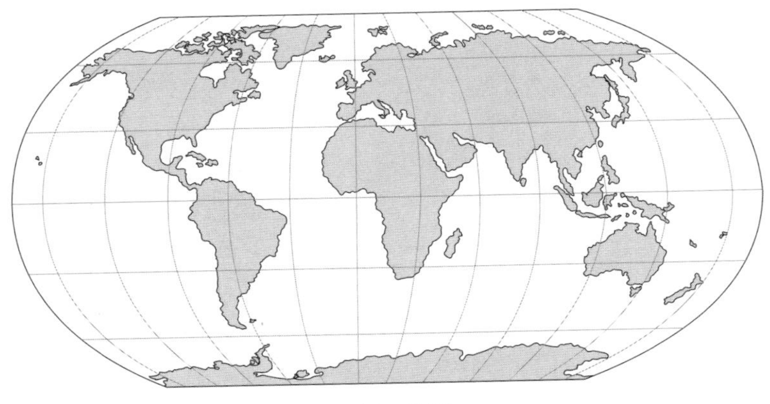

로빈슨 투영법

과 언어로는 적절하게 묘사될 수가 없다. 그래서 우리는 지도 제작자처럼 어쩔 수 없이 진실을 왜곡하게 된다. 각각의 종교는 저마다 독특한 방식으로 '궁극'을 묘사/왜곡하고 있다. 그러나 이것이 틀린 것과 혼동되어서는 안 된다.(메르카토르 투영법을 틀린 것이라고 할 수 없듯이 말이다.) 각각의 종교는 그 나름대로 각각 타당하며, 영적인 삶을 '항해'하는 데 활용될 수 있다.

솔직히 말하면…

'세 사람의 맹인과 블랙 앤 탠' 이야기는 절대로 존 힉이 직접 언급한 이야기가 아니다. 그는 '블랙 앤 탠'을 예로 들어 논증을 펼친 적이 한 번도 없다. 대신 맹인 여러 명이 생전 처음으로 코끼리를 만진다는 유명한 우화를 예로 들었다. 하지만 '오리-토끼'의 예는 힉이 직접 언급한 것이 맞다. 덕-래빗 크래프트 맥주 이야기는 한 적이 없지만.(여기서 나오는 흑맥주, 끝내준다고!)

어떻게 생각하나요?

- 모든 종교가 다 진실하다는 것이 가능할까? 그렇지 않다면 종교와 지도 제작법 사례는 어떤 점에서 중요한 차이를 보이는 걸까?
- '블랙 앤 탠'의 사례와 지도 제작법 사례 사이에 의미 있는 차이가 있다면 어떤 점일까? 세계 여러 종교의 갈등 양상을 더 잘 보여주는 사례는 어느 쪽이라고 생각하는가?
- 힉의 주장이 옳다고, 모든 주요 종교들이 다 진실하다고 가정해보자. 그렇다면 자기만이 유일하게 진실하다고 여기는 종교들은 근본적인 오류를 범하고 있는 것 아닌가? 그 오류는 어느 정도로 큰 것인가? 정말 큰 오류라면 우리는 그 종교들을 더 이상 '진실'하다고 볼 수 없는 것 아닌가?
- 주요 종교들의 의견이 일치하는 지점은 어디인가? 그리고 일치하지 않는 지점은 어디인가? 두 종교가 서로 다른 의견을 보이면서도 둘 다 '진실'한 것으로 여겨질 수 있는 게 불가능해지는 지점은 어디인가?

알고 있나요?

- 여러 다른 종교들 모두가 진실할 수 있다는 견해를 '종교 다원주의'라 한다.
- 서로 일치하지 않는 주장이나 경험들이 다 진실일 수 있다는 것을 보여주기 위해 힉은 빛을 또 다른 예로 들었다. 물리학자들은 어떤 실험 환경에서 빛이 입자처럼, 즉 작은 에너지 뭉치처럼 활동한다는 것을 발견했다. 하지만 또 다른 환경에서는 빛이 파동처럼

활동한다. 어느 쪽이 옳을까? 빛은 입자일까, 파동일까? 오늘날 물리학자들의 일반적인 대답은 "둘 다!"라는 것이다.

- 마하트마 간디도 종교 다원주의자였다. 그는 독실한 힌두교 신자로 힌두교 교리를 실천했지만, 주요 종교들은 전부 같은 곳을 향해 가되 다른 길을 통해 나아갈 뿐이라고 믿었다.
- '오리-토끼'는 루트비히 비트겐슈타인의 『철학적 탐구(Philosophical Investigations)』에 등장하면서 철학적으로 유명세를 얻었다.
- 블랙 앤 탠은 다양한 방식으로 변주해 즐길 수 있다. 블랙 앤 블루(블루문 벨지언 화이트 위에 기네스)도 가능하고, 블랙 앤 샘(샘 애덤스 보스턴 라거 위에 기네스)과 블랙 아이(블랙 아이 에일 위에 기네스)도 즐길 수 있다.

15

거짓말쟁이의 역설

진실을 판별할 수 있는가?

로이 핏츠 '트룰리 어니스트 에일'

Roy Pitz *Truly Honest Ale*

진실이란 언제 어떻게 될지 알 수 없는 것. 그러니 로이 핏츠에서 제조한 트룰리 어니스트 에일(진짜로 정직한 에일)이나 마시며 이 이야기를 즐겨보자. 로이 핏츠는 네 가지 특제 맥아와 최고급 성분들을 넣어 이 맥주를 만들었다고 주장하는데, 나는 그들의 말을 전적으로 믿는다. 그렇지만 또 그들이 "미국에서 제일 신선한 맥주를 만든다." 운운하는 걸 듣고 있자면 왠지…….

이 문장은 거짓이다.

위 문장을 어떻게 이해해야 할까? 당신이 다른 이의 말을 잘 믿어주는 사람이라면 일단 이 문장을 참으로 받아들일 것이다. 하지만 주의하라. 참으로 받아들이는 순간 이것은 거짓이 될 수밖에 없다. 이 문장 스스로 그렇게 주장하고 있기 때문이다. 그러나 단순한 진술이 참인 동시에 거짓이 될 수는 없다. 그럼 위 문장은 참인가, 거짓인가?

당신이 다른 이의 말을 잘 믿어주지 않는 사람이라면(또는 앞에서 나온 결과가 마음에 들지 않았다면), 애초부터 위 문장을 거짓으로 여겨버릴 수도 있을 것이다. 하지만 또 거짓으로 받아들이는 순간 이것은 참이 되어버린다. 이 문장 스스로 자신이 '거짓'이라고 주장하고 있기 때문이다. 그러니 다시 한 번 묻지 않을 수 없다. 위 문장은 정말이지 무엇인가? 참인가, 거짓인가?

이 역설에서 빠져나오는 가장 쉬운 방법은 이 문장을 무의미한 것(즉, 참도 아니고 거짓도 아닌 것)으로 일축해버리는 것이다. 하지만 이 탈출구가 발견되자마자 철학자들은 이 탈출구를 폐쇄하는 방법 또한 찾아냈다. 예를 들어 다음 문장은 어떻게 이해해야 할까?

이 문장은 거짓이거나 무의미하다.

우리가 이 문장을 무의미한 것으로 여긴다면 이것은 참이 될 수밖에 없다.(거짓이거나 무의미한 것 중 하나만 충족하면 참이므로.) 하지만 무의미한 문장은 참이 될 수 없다. 따라서 우리는 다시 한 번 모순에 빠지게 된다.

'거짓말쟁이의 역설'로 불리는 이런 종류의 퍼즐 앞에서 고대부터 지금까지 많은 지성들이 '허걱' 놀라곤 했다. 여기에 내가 만들어낸 새로운 버전(다소 약하지만)이 있다. 배우 마크 러팔로(Mark Ruffalo)가 인터뷰 도중 했던 말에서 힌트를 얻은 것이다.

누구든 술집에서 하는 말은 다 거짓말이다.

마크 러팔로가 이 말을 술집에서 했다고 가정해보자. 만일 그의 주장이 참이라면 그것은 동시에 거짓이 되어야만 한다. 그리고 반대로 우리가 그의 주장을 거짓으로 여긴다면, 그것도 오히려 그의 주장이 참이라는 데 표를 던져주는 꼴이 된다. 그것은 술집에 앉아 있는 사람이 던진 또 하나의 거짓말이기 때문이다!

거짓말쟁이의 역설이 철학 문헌에 처음 등장한 것은 기원전 4세기로, 고대 그리스 철학자인 밀레투스 출신 에우불리데스(Eubulides)의 글 속에서 볼 수 있다. 고대에도 기본 역설의 몇 가지 변형이 있었다.

꽤 흥미로운 것 중 하나가 아래에 소개하는 '악어의 딜레마'이다.

악어가 아이를 훔쳐가서는 아이의 아버지에게 이렇게 말했다. "내가 아이를 너에게 돌려줄지 돌려주지 않을지 맞힌다면 아이를 돌려주마." 그러자 아버지가 대답했다. "넌 아이를 돌려주지 않을 거야!"

먼저 아이의 아버지가 답을 맞혔다고 해보자.('아이를 돌려주지 않을 것이다.') 그러면 악어는 약속대로 아이를 돌려줘야 한다. 하지만 악어가 그렇게 아이를 돌려주면 그건 곧 아버지가 답을 맞히지 못한 것이 된다. 따라서 악어는 아이를 돌려주지 않아도 된다.

이런 역설을 이용해 친구들을 혼란에 빠뜨리고 싶다면, 술집에 가서 '내가 쏠게 딜레마'를 시도해봐도 좋다. 함께 술을 마시다가 피처에 술이 떨어졌을 때 친구들에게 이렇게 말하라. "다음 피처를 내가 쏠지 안 쏠지 맞힌다면 진짜로 내가 쏜다." 당신이 쏘길 바라는 친구들은 아마 이렇게 답할 것이다. "그래, 너는 쏠 거야." 이 경우에는 안타깝지만 틀렸다고 말해준다. 그리고 친구들이 맞히지 못했으니 당신은 쏠 수 없다. 밤이 깊어가고 다시 피처에 술이 떨어졌을 때 한 번 더 시도하자. 이번에는 친구들이 당신의 술수를 알고서 다른 답을 내놓을 것이다. "아니, 너는 쏘지 않을 거야!" 이때의 대답. "땡! 사실 쏘려고 했는데. 근데 어쩌나, 했던 말은 지켜야 하니. 다들 맞히지 못했으니 내가 쏠 수가 없네. 그럼 누가 쏘는 거?" 어떻게 해서든 당신은 피처 값을 내지 않아도 된다. 다만 한 가지 말해두는데, 친구들은 아마 당신의 재기에 감탄하기보다는 짜증과 분노를 폭발

시킬 것이다.

어떻게 생각하나요?

- '거짓말쟁이의 역설'을 해결할 수 있을까? 할 수 있다면 어떤 방법이 있을까?
- 만약 악어가 아이를 돌려주지 않는다면 악어는 자신의 약속을 지킨 것인가, 깨뜨린 것인가, 혹은 지킨 동시에 깨뜨린 것인가?
- 무의미한 진술, 혹은 난센스란 이해할 수 없고 따라서 참도 거짓도 아닌 진술을 말한다. 예를 들어 "백 년마다의 홉은 차갑게 양손잡이로 울린다."라는 진술은 무의미하며 따라서 참도 거짓도 아니다. 그럼 "이 문장은 거짓이다."라는 문장 역시 무의미한 문장인가? 왜 그런가? 그렇지 않다면 그 이유는 무엇인가?

알고 있나요?

- 에우불리데스는 아리스토텔레스와 동시대인으로, 아리스토텔레스를 거세게 비판했다고 알려져 있다.
- '거짓말쟁이의 역설'은 술집에서 친구들을 놀리는 것 이상의 효용이 있다. 즉, 철학자들이 진실에 대한 이론을 다듬는 데 도움이 되어왔다.
- 모든 진술은 참이거나 거짓이어야 한다는 주장을 '이가(二價) 원리'라고 한다. '거짓말쟁이의 역설' 논의에 공헌한 현대 철학자로는 솔 크립키(Saul Kripke), 피터 우드러프(Peter Woodruff), 욘 바와이즈(Jon Barwise), 존 에치멘디(John Etchemendy) 등이 있다.

- '정직하지 못한 맥주들' 때문에, 오랜 세월에 걸쳐 맥주 제조 및 판매와 관련해 수많은 규정이 만들어졌다. 세계에서 가장 오래된 성문법전인 함무라비법전에도 맥주의 공정한 가격 결정에 대한 항목이 있을 정도다. 정직한 맥주를 추구하려 했던 규정 중 가장 유명한 것은 아마 1516년 바이에른의 빌헬름 4세가 제정한 '맥주순수령(Reinheitsgebot)'일 것이다. 이 규정에 따르면 맥주를 만들 때 맥아와 홉, 물 외에는 다른 어떤 것도 넣을 수 없다.(나중에 효모와 밀에 대한 조항들이 추가되었다.) 독일 양조업자들은 오늘날까지도 일반적으로 이 '맥주순수령'을 따르고 있다.

16

페일리의 술통

지적 설계자는 존재할까?

 뉴캐슬 '브라운 에일'

Newcastle *Brown Ale*

이번 이야기는 18세기 영국의 목회자 윌리엄 페일리의 철학을 바탕으로 한 것이다. 자, 풍성한 철학과 뉴캐슬 브라운 에일이라는 훌륭한 맥주를 낳은 영국을 위해 건배! '엄마 젖', '신의 음료', '보틀 오브 독(bottle of dog)'이라는 별명을 지닌 뉴캐슬 브라운 에일은 맥주철학자들의 영원한 인기주이다.

윌리엄 페일리(William Paley, 1743~1805)는 결코 신의 존재를 증명했노라고 주장한 적이 없다. 다만 이 자연계에 대한 '가장 적절한 설명'이 신이라는 것을 보여주는 논변을 제시했을 뿐이다. 합리적인 사람이라면 어떤 현상에 대해 가장 적절한 설명을 믿는 것이 보통이다. 그러므로 합리적인 사람이라면 신을 믿어야 한다는 것이 그의 주장이었다.

페일리의 논변은 본질적으로 다음과 같은 것이다.

> 시골길을 걸어가다가 돌부리를 찼다고 해보자. '이 돌이 왜 여기에 있는 거야?' 하는 의문이 들 수 있을 것이다. 그리고 알 길은 없겠지만 어쨌든 그 돌은 원래부터 거기에 있었을 거라고 하는 것이 자연스러운 대답이 될 것이다. 그런데 이번에는 뉴캐슬 브라운 에일이 들어 있는 술통에 발이 걸렸다고 해보자. 이 경우 술통이 원래부터 거기에 있었을 거라는 생각은 도저히 받아들이기 어렵다. 술통을 보면 누군가가 만들어놓은 거라고 추정하는 것이 당연지사이다. 특정한 계획 혹은 설계에 따라 그것을 만든 창조자가 있었음에 틀림없다.

페일리는 의문이 든다. 술통이 돌과 무엇이 다르기에 지적 설계자를 필요로 하는 걸까? 그 답은 두 가지로 요약되는 것 같다. 복잡함과 목적성이다. 먼저 술통의 복잡함을 생각해보자. 널빤지 조각들을 쇠테로 둘러서 만든 통 자체도 구조가 복잡한 편인데, 거기에 손잡이, 받침대, 수도꼭지 등이 달려 더 복잡해졌다.

이번에는 목적성을 고려해보자. 이전에 맥주나 술통을 접해본 적이 없는 사람이라도 레버를 돌리면 통 안에서 갈색 액체가 흘러나온다는 사실을 머지않아 알아챌 것이다. 이 사실은 곧 이 장치에 어떤 목적이 있다는 것을 분명히 말해준다. 이를테면 이 흥미로운 액체를 저장하고 방출하는 것이 그 목적이 될 수 있을 것이다.

이와 같이 특정한 기능을 수행하기 위해서 다양한 부속들이 서로 복잡하게 맞물려 있다는 사실로 인해 우리는 다음과 같은 결론에 이른다. 즉, 분명히 이 '물건'은 원래부터 여기에 있었던 것이 아니며, 또한 자연력의 우연한 작용으로 생겨난 것일 수도 없다. 가장 적절한 설명(사실상 유일하게 타당한 설명)은 어떤 지적인 존재가 특정한 계획 혹은 설계에 따라 그것을 만들었다고 하는 것이다.

그리고 우리가 만일 술통의 경우 그것을 만든 지적 설계자가 있을 수밖에 없다고 생각한다면, 이 자연계의 배후에도 그것을 만든 지적 설계자가 있다는 가정 또한 분명히 해야 한다고 페일리는 주장했다. 왜냐하면 자연계에는 맥주통보다 훨씬 더 복잡하고 목적성 있는 것들이 많이 있기 때문(물론 더한 쾌락을 주는 것은 별로 없지만)이다. 인간의 심장만 봐도 그렇다. 심장은 적절한 압력으로 피를 펌프질하여 온몸에 피를 돌림으로써 매우 오랜 기간 우리 생명을 유지한다는 더

없이 중요한 목적을 지니고 있다. 만약 심장이 펌프질을 멈추거나, 현격하게 높거나 낮은 압력으로 펌프질을 한다면 우리는 목숨을 잃을 것이다. 그리고 그 복잡함은 또 어떤가. 한번 상상해보자. 당신은 기계공학과 학생이고, 졸업 과제로 다음 두 가지 중 하나를 선택해 만들어 제출해야 한다. 하나는 레버를 꺾으면 맥주가 나오는 술통, 다른 하나는 적절한 압력으로 펌프질하는 인공심장이다. 어느 쪽이 더 만들기 쉽겠는가? 말할 것도 없이 술통이다. 그러니 그 복잡함과 목적성을 고려해봤을 때, 지적 설계자가 훨씬 더 필요한 쪽은 뉴캐슬 술통보다 인간의 심장일 것이다. 인간의 심장뿐 아니라 자연계의 대부분이 마찬가지일 것이다. 올빼미의 눈, 물고기 아가미, 이스트 켄트 골딩스 홉(골딩스 홉은 영국의 유명한 아로마 홉으로, 이스트 켄트 지역에서 생산된다) 열매…….

그럼 지적 설계자가 자연계에 대한 가장 적절한 설명일까? 많은 이가 그렇게 생각한다. 하지만 찰스 다윈이 진화론을 세상에 내놓은 후, 생물학자들은 대부분 '자연력의 우연한 작용'이 자연의 복잡함과 목적성을 더 잘 설명한다고 믿게 되었다. 그들이 보기에는 지적 설계자를 끌어와야 할 하등의 이유가 없는 것이다. 다윈 이론의 본질은 두 가지 주요 메커니즘, '수정된 상속'(후손이 부모와 달라진다)과 '자연선택'(환경에 가장 적합한 후손이 더 오래 살고 더 많은 후손을 낳는다)을 통해 이해할 수 있다.

올빼미의 눈을 예로 들어보면, 새끼 올빼미는 부모뿐 아니라 형제와도 조금씩 다른 눈을 갖고 태어난다. 그래서 어떤 새끼 올빼미는 다른 올빼미보다 더 멀리 보고, 또 어떤 것은 다른 것보다 밤에 더 잘 본다. 그것이 수정된 상속 메커니즘이다. 그리고 만약 더 멀리 보고 밤에 더 잘 보는 시력 덕분에 특정 올빼미가 더 오래 살고, 따라서 더 많은 후손을 낳을 수 있다면, 결국 시력이 더 좋은 올빼미가 유리한 시각 유전자를 미래 세대에 퍼뜨릴 가능성이 커질 것이다. 그것이 자연선택 메커니즘이다. 이 두 가지 메커니즘이 수억 년에 걸쳐 작용함으로써 별개의 환경적소에 있던 몇몇 단순한 유기체들이 오늘날 자연계에서 볼 수 있는 온갖 종류의 복잡한 생명체(목적성 있는 기관을 지닌)로 진화할 수 있었다는 게 다윈 진화론의 골자이다.

솔직히 말하면…

시골길에서 발견하는 것으로 페일리가 예로 든 것은 뉴캐슬 브라운 에일 술통이 아니라 시계다. 하긴, 누가 그 귀한 술을 허허벌판에 두고 가버리겠는가?

어떻게 생각하나요?

- 생명의 복잡함을 잘 설명해주는 이론은 무엇인가? 진화론인가, 지적 설계자론인가?
- 페일리는 복잡함과 목적성이 지적 설계자를 끌어들이는 두 가지 핵심 특징이라고 믿었는데, 이는 옳은가?
- 만약 당신이 진화론을 믿지 않는다면 수정된 상속과 자연선택 메커니즘은 어떤가? 그 메커니즘들은 믿는가? (만약 그 메커니즘들을 인정한다면, 당신은 진화론의 어떤 부분에 동의하지 않는 것인가?)

? 알고 있나요?

- 2005년 CBS 방송국에서 실시한 설문조사에 따르면, 미국인들 대부분은 진화론을 믿지 않는 것으로 나타났다. 51퍼센트는 신이 인간을 지금과 같은 형태로 창조했다고 믿으며, 30퍼센트는 인간이 진화하기는 했지만 그 진화 과정을 신이 안내했다고(즉, 지적 설계를 통해서 진화가 일어났다고) 믿는다고 응답했다.
- 리처드 도킨스(Richard Dawkins)는 저서 『눈먼 시계공(The Blind Watchmaker)』에서 페일리의 주장에 대한 반론을 펼쳐 큰 파장을 일으켰다.
- 뉴캐슬 맥주의 파란 별 로고는 브라운 에일이 출시된 다음 해인 1928년에 처음 사용되었다. 별의 꼭짓점 다섯 개는 뉴캐슬을 창립한 다섯 개 양조업체를 의미한다.
- 뉴캐슬 브라운 에일을 '보틀 오브 독', 즉 '개술'이라고 부르는 것은 영국 남자들이 술 마시러 가면서 아내에게 "개 산책 시키고 오겠다."고 말한 데에서 비롯했다.

장자의 나비

지금 이 순간에도 나는 꿈을 꾸고 있는 걸까?

그레이트 디바이드 '에스프레소 오크 숙성 예티'

Great Divide *Espresso Oak Aged Yeti**

'이게 꿈인지 생시인지?'하고 의심해본 적 없는가?
꿈에서 깨고 싶다면 미국 콜로라도 주의 맥주회사
그레이트 디바이드가 제조한 에스프레소 오크 숙성 예티를 마셔보라.
이 맥주에는 진한 에스프레소가 들어 있어
밤새우는 이들에게 아주 좋다. 혹은 머그잔에 따라서 아침식사 때
와플에 곁들여도 손색 없을 것이다.

*'예티'란 히말라야에 산다고 믿어지지만 목격된 적은 없는 설인(雪人)의 이름이다.(옮긴이)

꿈꿀 때와 깨어 있을 때의 차이를 감지할 수 있는가? 내 인생이 통째로 하나의 꿈이라는 건 과연 있을 수 있는 일일까? 대부분은 그런 질문을 진지하게 받아들이지 않겠지만, 고대 중국의 철학자 장자(莊子, 기원전 369~289?)는 그런 질문에 답하기가 겉보기처럼 쉬운 게 아니라고 생각했다. 장자는 다음과 같이 썼다.

> 언젠가 내가 꿈속에서 나비가 되어, 홉과 맥아가 자라고 있는 밭 위를 이리저리 훨훨 날아다녔다. 모든 면에서 나는 온전히 한 마리의 나비였다. 원하는 것도 나비가 원하는 것, 하고자 하는 것도 나비가 하고자 하는 것. 나는 오로지 나비로서 내가 바라는 바를 좇으며 홉의 향기를 들이마시고 긴 대롱으로 맥아를 핥았을 뿐, 내가 사람이라는 자각은 전혀 하지 못했다. 그러다 갑자기 잠을 깼더니 다시 지금의 나로 돌아와 누워 있었다. 과연 그때 내가 사람으로서 나비가 된 꿈을 꾼 것인지, 지금 내가 나비로서 사람이 된 꿈을 꾸고 있는 것인지 나는 모르겠노라.

장자는 무엇을 믿어야 할지 확신할 수가 없었다. 아마 여러분은 장자의 고민이 잘 이해되지 않을 것이다. 틀림없이 지금 이 순간 정신이 말짱하게 깨어 있으며, 앞에 놓인 맥주도 '진짜' 맥주이지 꿈속의 가짜가 아니라고 확신할 것이다. 하지만 어떻게 그렇게 확신할 수 있는가?

"지금 내가 카페인이 잔뜩 함유된 에스프레소 예티를 마시고 있다는 사실이 바로 내가 깨어 있다는 걸 보증한다."고 주장할 수 있을 것이다. 아, 하지만 문제가 있다. 당신은 지금 에스프레소 예티를 마시는 꿈을 꾸고 있는 것에 불과할 수도 있기 때문이다. 나중에 잠에서 깨어나면 '에스프레소 오크 숙성 예티 임페리얼 스타우트' 따위는 없었다는 걸 깨달을지도 모른다. 그리고 누군가가 맥주에 에스프레소를 섞은 뒤에 히말라야 설인의 이름을 따 '예티'라고 명명했다는 얘기를 진짜로 믿었다는 게 우스워서 풋, 하고 헛웃음을 지을지도 모른다.

또 "지금 이 경험은 꿈이라기엔 너무나 생생하지 않은가?" 하고 반격할 수도 있을 것이다. 예티를 한 모금 들이켜자 온몸에 커피와 초콜릿 맥아 향이 퍼져나가고, 그 아릿한 거품이 혓바닥을 감싸고 도는 걸 느끼고 있노라면 '이 모든 게 어찌 꿈이겠는가. 이건 실제일 수밖에 없다.' 고 상정하는 것도 무리는 아닐 것이다. 하지만 그건 꿈은 그토록 생생할 수 없다는 걸 전제로 했을 때의 얘기다. 과연 꿈은 정말 그토록 생생할 수가 없는 걸까? 장자는 나비가 되었던 꿈이 무척이나 생생했노라고 했다. 우리도 생각해보면, 너무도 생생하고 현실감이 나는 꿈에 완벽하게 기만당했던 경험이 틀림없이 있을 것이다. 그러니 지금 이 순간 당신이 겪고 있는 몇 분간의 경험도 그와 같은 특별히 생생한 꿈 가운데 하나라고 할 수 있다. 그게 아니라는 걸 어떻게 알겠는가?

그다음에는 "지금 이 경험은 꿈이라기엔 너무나 질서정연하고 예측 가능하며, 또 너무 길지 않은가?"라고 주장할 수도 있을 것이다. 그렇다. 때때로 꿈은 뒤죽박죽에 예측할 수 없는 것이긴 하다. 하지만 그래도 가끔씩은 상당히 일상적인 내용도 꾸지 않는가? 그리고 지금 이 꿈(현실일 수도 있지만)을 꾸고 있는 동안 실제 시간이 얼마만큼 흐르고 있는지를 과연 꿈꾸고 있는 이가 제대로 알 수 있을까? 어쩌면 오늘 하루 전체의 일이 단 몇 분간의 꿈속에 펼쳐졌을 수도 있다. 아니면 지금 2~3분간 벌어진 일만 꿈이었고, 그 외의 일은 다 현실이었을 수도 있다.(그 말인즉슨, 당신은 너무나 피곤해서 에스프레소 예티를 마시고도 잠을 쫓을 수 없었다는 거다.)

그 외에 반박할 수 있는 방법으로 볼을 꼬집어보는 것이 있다. 이런 문제에 대처하기 위해 예로부터 내려오는 '민간요법'이라 하겠다. 하지만 이 방법에도 약점이 있어 보인다. 이 방법은 꿈속에서는 아픔을 느낄 수 없다는 것을(혹은 아픔을 느끼면 잠을 깰 수밖에 없다는 것을) 전제로 하고 있기 때문이다. 그러나 사실은 많은 이가 꿈속에서도 육체적 감각(아픔을 포함해서)을 느낀다고 이야기한다. 그러니 볼을 꼬집었는데도 지금 이 경험이 계속된다고 해도, 그것만으로는 지금 깨어 있다는 충분한 근거가 되지 못한다. 지금 당신이 꿈을 꾸고 있는 게 아니라는 걸 친구에게 확인해달라고 할 수도 있겠지만, 그 방법 역시 효과적이지 않다는 건 더 잘 알 수가 있다. 지금 꿈을 꾸고 있는 거라면 그 친구는 '진짜' 그 친구가 아니기 때문이다. 그저 상상의 산물에 불과하다. 그 친구가 뭐라고 얘기하든 믿을 게 못된다. 우선 당신이 정말 깨어 있다는 걸 확고히 해야 하는 것이다.

그렇다면 그냥 기다려보는 건 어떨까. 과연 잠을 깨는지 안 깨는지, 쭉 기다려보는 것이다. 그래서 만약 지금 이 경험이 6시간이고 8시간이고 더 지속된다면, 그때에는 꿈을 꾸고 있는 게 아니라는 걸 확정지을 수 있을까? 글쎄, 만약 장자의 말이 옳다면 그 방법조차 도움이 안 된다. 인생 전체가 꿈일 수도 있기 때문이다. 어쩌면 나비가 되었을 때만이, 또는 술고래[나비를 뜻하는 butterfly와 술집 귀신을 뜻하는 barfly는 발음이 비슷하다]가 되었을 때만이 당신이 진정으로 깨어 있는 유일한 시간일지도 모른다. 아니면 사람으로서의 삶과 나비로서의 삶 둘 다 꿈이고(이를테면 꿈속의 꿈), 당신은 앞으로 몇 년이 지나도 그 꿈에서 깨어나지 못할지도 모른다!

솔직히 말하면...

왜 그랬는지, 장자는 꿈 얘기를 하면서 홉과 맥아 발은 언급하지 않고 빠뜨렸다.

어떻게 생각하나요?

- 지금 이 순간이 꿈일 수도 있다는 게 합리적으로 가능한 일일까?
- 당신은 사람이 된 꿈을 꾸고 있는 히말라야의 설인 '예티'일 수도 있을까?
- 현실과 꿈을 분별할 수 있는 명징한 표지는 없을까?
- 인생 전체가 꿈일 수 있다는 가능성을 제기하는 것이 과연 의미 있는가?

? 알고 있나요?

- 장자는 노자(老子)와 같은 도가(道家) 철학자였다. 46장 '노자의 빈 찻잔'에서 도가 철학의 또 다른 문제를 논의할 것이다.
- 장자는 주(周)나라 재상이 되어달라는 제의를 받았지만, 개인의 자유를 버리기 싫어 거절했다.
- 장자는 고대의 환경론자였다. 사람들에게 자연과 조화를 이루어 살라고 가르치고, 자연을 지배하려 하거나 인위적으로 조종하려 하는 자들을 비판했다.
- 맥주회사 그레이트 디바이드는 미국 맥주 축제에서 그동안 16개의 메달을 땄고 맥주 월드컵에서도 4번이나 수상했다. 레이트비어닷컴(Ratebeer.com)이 선정한 2010년 '전 세계 베스트 맥주회사 순위'에서 8위를 차지했고, 2009년 비어 애드버킷(Beer Advocate) 선정 '지구에 존재했던 맥주 양조장 전체 순위'에서는 7위에 올랐다.

18

데카르트의 회의

절대적으로 확실한 지식은 무엇인가?

 독피시 헤드 '레종 데트르'

Dogfish Head *Raison D'Etre*

'레종 데트르'는 프랑스어로 '존재의 이유'를 뜻한다.
이번 이야기에서 이 맥주를 선택한 이유는
이야기 마지막 부분에서 분명해질 것이다.
그동안 델라웨어 주의 독피시 헤드 양조장에서 만든
짙은 적갈색 에일의 독특한 맛을 즐겨보자.
이 맥주는 벨기에산 사탕무와 초록색 건포도,
그리고 '목적의식'을 가지고 만들어졌다.

우리가 가지고 있는 수백만 가지 믿음 중에서 틀릴 가능성이 전혀 없을 정도로 완벽하게 확실한 것으로는 어떤 것이 있을까? 잠깐 생각하는 시간을 가져보자. 절대적으로 확실한 믿음의 목록을 마음속에 만들어보자.

시간이 부족해 목록을 완성하기 어려웠을 것이다. 그럼 대신 그 목록에 '절대적으로 확실한 믿음'이 과연 몇 가지나 들어갈 수 있을 것인지를 한번 예상해보자. 서너 개? 수십 개? 수백 개? 수천 개? 이 질문을 나는 수 년 동안 숱한 사람들에게 던져보았다. 대부분이 적어도 수백, 수천 개는 들어갈 거라고 답했다. 그들이 말하는 수백, 수천 개의 '완벽하게 확실한' 믿음 목록에는 대개 다음과 같은 사항들이 포함되어 있다.

> 나는 이 방 안에 있다. / 맥주는 젖어 있다. / 지구는 둥글다.
> 나는 맥주를 마시고 있다. / 내 잔은 깨끗하다. / 물은 H_2O이다.
> 나는 남자(또는 여자)이다. / 파리는 프랑스에 있다. / 나는 손이 두 개다.

만약 이러한 사항들이 확실하게 알 수 있는 것들이라고 한다면, 목록은 별 어려움 없이 무한정 확장될 수 있을 것이다. 예를 들어 내가 맥주를 마시고 있다는 것이 절대적으로 확실하다면, 맥주 제조업자가 존재한다는 것과 '독피시 헤드'는 맥주회사 이름치고는 참 생뚱맞다는 것 등 그 연관된 사항들 역시 확실할 것이기 때문이다.

당신이 생각하는 목록에도 비슷한 방식으로 수백, 수천 개 사항이 포함되어 있을 수 있다. 하지만 주의. 절대적으로 확실하다고 '생각'하기는 쉽다. 그러나 그것이 '정말로' 확실한가 하는 것은 전혀 다른 문제이다. 우리 믿음이 잘못되었을 가능성이 절대로 없음을 '안다'는 것은 전혀 다른 문제이다. 철학하는 사람으로서 우리는 단지 '그럴 것 같은' 것이 아니라 '정말로 그런' 것을 알고 싶다. 그러니 묻지 않을 수 없다. '정말로' 확실한가? 그러한 믿음들이 잘못되었을 가능성은 절대로 없는가?

이러한 의문을 품은 프랑스의 위대한 철학자 르네 데카르트(René Descartes, 1596~1650) 역시 절대적으로 확실하게 알 수 있는 것을 몇 가지 상정해보았다. 그리고 자신이 창안해낸 방법론인 그 유명한 '방법적 회의'를 거기에 적용해보았다. 어떤 믿음이 절대적으로 확실하다면, 회의와 의심 앞에서 한 치의 흔들림도 없어야 했던 것이다. 즉, 그 믿음을 잘못된 것으로 만들 수 있는 시나리오도, 그 믿음을 조금이라도 의심할 만한 이유도 있어서는 안 되었던 것이다.

이미 우리는 17장 '장자의 나비'에서 의심의 한 가지 가능성을 살펴본 바 있다. 바로 지금 이 순간 당신이 꿈을 꾸고 있을 수도 있다는 가능성이다. 데카르트 역시 비슷한 고민에 사로잡혔다. 그러나 데카르트는 만약 꿈을 꾸고 있다 하더라도 어떤 믿음들은 그와 상관없이 확실하다는 것을 깨달았다. 깨어 있든 꿈속이든 맥주 3병에 맥주 3병을 더하면 총 6병이 된다. 그리고 둥근 맥주잔을 들고 있다면 그 잔에 모서리는 없다. 그런 식으로 수학과 논리, 기하학 등은 꿈속에서도 한 치의 흔들림이 없었다.

하지만 이러한 믿음들조차도 우리가 전력을 다해 의심하려 한다면 문제가 발생한다. 이를테면 당신이 의도적인 사기극의 피해자일 가능성은 없을까? 데카르트는 이 문제를 '사악한 악령'이라는 최악의 시나리오로 정리했다.

> 그럼 이렇게 가정해보자. (……) 사기꾼 같으면서도 강력한 힘을 가진 어떤 사악한 악령이 있는 힘을 다해 나를 속이고 있다고. 그래서 하늘과 땅, 색과 모양, 소리, 심지어 내가 지금 마시고 있는 맥주에 이르기까지 모든 것이 다 이 악마가 나를 속이고자 만들어낸 환상과 꿈에 지나지 않는다고.

사악한 악령의 속임수를 더 잘 이해하려면 이 악령을 '미친 과학자'로 상상해도 좋다. 그는 당신을 어떤 장치 속에 가둬두고 당신의 뇌에 전기 자극을 가한다. 그래서 당신은 그가 바라는 대로 보고 듣고 느끼고 맛보고 냄새 맡는다. 그는 당신의 정신 속에 가짜 기억과 잘못된 생각을 심을 수도 있고, 맥주병 더하기나 맥주잔 모서리 세기 같은 매우 간단한 계산조차 틀리게 만들 수도 있다. 하지만 그 정도는 약과다. 당신은 뇌가 있는지(또는 신체가 있는지조차) 확신할 수 없다. 그 모든 게 사기극일 수 있기 때문이다. 사악한 악령이 최면이나 텔레파시 같은 형태로 속임수를 쓰는 것은 언제라도 가능한 일이다. 당신은 그 속임수에 넘어가 이 물질세계라는 것을 믿게 된 신체 없는 영혼일 수도 있다.

우리가 만약 그런 사악한 악령의 가능성을 허용한다면(사실 그것을 배제할 방법은 없는 것 같다. 증거가 없다는 것은 곧 그 악령의 천재성을 보여주는 것이기 때문이다), 확실하게 알 수 있는 것은 전혀 존재하지 않는 걸까? 다음 줄을 읽기 전에 잠깐만 이 문제를 생각해보고 넘어가자.

당신 자신의 존재는 어떤가? 당신은 실제로는 존재하지 않는데 속임수에 넘어가 존재한다고 생각하게 되었다는 게 가능한 일일까? 데카르트의 결론은 자신의 존재에 대해서는 잘못 생각할 수가 없다는 것이었다. 왜냐하면 속임수를 당하기 위해서도 우선은 존재해야만 하기 때문이다. 이러한 깨달음에 이르러, 데카르트는 다음과 같이 서양 철학사상 가장 유명한 말을 읊조렸다.

"나는 생각한다. 고로 나는 존재한다."

이것이 데카르트의 바위, 곧 움직일 수 없는 확실한 지점이었다. 이 바위 위에 데카르트는 자신의 철학을 쌓아올렸다.

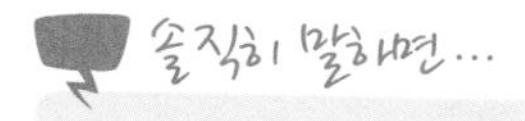

저 유명한 '사악한 악령' 이야기에서 데카르트는 맥주를 마시고 있다는 언급은 하지 않았다.

어떻게 생각하나요?

- 우리가 추구하는 것이 절대적 확실성이라면, 우리가 사악한 악령에게 속고 있다는 가능성은 아주 조금일지라도 허용할 수밖에 없는 걸까?
- 당신은 자신의 존재에 대해서 절대적으로 확신할 수 있는가? 만약 그럴 수 있다면, 존재하는 이 '당신'이라는 것에 대해 당신은 무엇을 알 수 있는가?
- 그 밖의 다른 것에 대해 당신이 절대적으로 확신할 수 있는 것이 있는가? 있다면 그것은 무엇인가?
- 깨어 있든 꿈속이든 맥주 3병에 맥주 3병을 더하면 총 6병이 된다는 데카르트의 가정은 옳은가?

알고 있나요?

- 정오가 될 때까지는 침대에서 나오지 않는 게 데카르트 평생의 습관이었다.(학생일 때도 교사들을 설득해 오전에는 '침대에서 공부하는 것'을 허락받았다.) 그런 데카르트가 50대의 나이에 스웨덴 크리스티나 여왕의 철학교사로 초빙되어 갔을 때에는 새벽 일찍 일어나야 했다. 여왕이 새벽 5시에 수업을 받고 싶어했기 때문이다. 수면 습관이 달라진 데카르트는 결국 몇 달 만에 심한 감기에 걸려 세상을 떠났다.
- 데카르트는 우리가 먼저 신의 존재를 입증하기만 한다면 궁극적으로 많은 것을 완벽한 확신 속에 알 수 있다고 믿었다. 나중에 데카르트는 『제1 철학에 대한 성찰(Meditations on First Philosophy)』에

서 신의 존재를 증명하는 논변을 제시했다고 생각했다. 그러나 대부분의 학자들은 그 논변이 실패작이라고 본다.

- 데카르트 조크를 소개한다. 데카르트가 술집에서 맥주 한 잔을 마시고 있는데, 바텐더가 다가와 한 잔 더 마시겠냐고 물었다. 데카르트가 대답했다. "나는 (그렇게) 생각하지 않는다." 그러자 데카르트의 모습이 사라졌다.
- '독피시 헤드'라는 이름은 메인 주 해안의 돌출된 지형 이름을 딴 것이다. 독피시 헤드 설립자 샘 칼라지오네는 어릴 때 그곳에서 여름을 보내곤 했다. 이 지방에 전해오는 바에 따르면, 그곳에서 바닷가재를 잡으려 덫을 놓으면 항상 바닷가재보다 독피시(돔발상어)가 더 많이 잡혔기 때문에 그곳을 독피시 헤드라 부르게 되었다고 한다.
- 독피시 헤드의 모토는 이것이다. "비주류 애주가를 위한 비주류 에일." 이들은 일반적인 것과는 동떨어진 재료를 사용한 '극단적' 맥주를 전문으로 만든다. 이들이 사용하는 독특한 재료로는 사탕무, 메이플 시럽, 생강 가루, 주니퍼베리, 바닐라 열매, 백리향, 꿀, 올스파이스, 치커리, 살구, 호박, 계피, 커피, 블랙베리, 육두구 등이 있다.

19

신의 명령

신의 말씀은 그대로 이루어지는가?

 슈말츠
'헤브루 오리진 파미그레네이트 에일'
Schmaltz *Hebrew Origin Pomegranate Ale*

어떻게 도덕이 생겨났을까?
신의 명령 하나로 모든 것이 시작되었을까?
아니면 신이 이미 옳고 그른 것에 대하여
귀띔을 해주었나? 도덕의 근원에 대하여
깊이 생각하면서, 샌프란시스코의
슈말츠 맥주회사에서 만든 석류가 들어간
헤브루 오리진이라는 에일을 마시자.
이건 이미 신이 선택한 맥주들 중의 하나이다.

무엇이 어떤 행동은 옳게 만들고 어떤 행동은 나쁘다고 정하는가? 일반적으로 알고 있는 이론대로라면, 옳고 그름을 정하는 건 신의 '의지'나 '명령'이다. 그런 관점에서 볼 때 옳은 행동이란 신이 우리에게 그 행동을 하라고 했기 '때문에', 또는 신이 우리가 그 행동을 하는 것을 더 좋아할 것이기 '때문에' 옳다고 볼 수 있다. 그리고 반대로, 옳지 않은 행동은 신이 그 행동을 금지했거나, 우리가 하지 않기를 더 바라기 때문이다. 도덕성에 대한 이런 이론을 '신명론(Divine Command Theory)'이라고 한다. 이 이론이 옳다면, 프랑스 철학자 장-폴 사르트르(Jean-Paul Sartre, 1905~1980)가 주장한, 신이 존재하지 않는다면 모든 것이 허용될 수 있다는 말은 옳다. 신이 없다면 '옳다'나 '그르다' 자체가 아예 존재하지 않을 것이기 때문이다.

신이 존재하는지 존재하지 않는지에 골몰하는 것이 이 수수께끼의 목적이 아니다. 이 수수께끼를 낸 것은 신명론이 도덕의 기반을 설명하는지를 검토하기 위해서이다. 그러니 논의 전개를 위해서 신이 존재한다고 가정하자. 어떠한 행동에 대해 신이 옳지 않다고 말하면, 그 행동은 옳지 않은 것이 될 수 있는가?

신이 새로운 계명을 작성할 작정이었고 그 계명을 몇몇 예언 브루마스터에게 가져다준다고 가정하자. 돌탁자에는 다음과 같이 쓰여 있다.

> 너는 목요일마다 석류가 들어간 에일만 마셔야 한다.

예언자가 이 법령을 설명한다. 목요일을 제외한 날에는 온갖 종류의 맥주를 마시는 것이 전면적으로 허용되나, 목요일에는 에일만 마셔야 하고 그 에일에는 석류즙이 첨가되어 있어야 한다고 말이다. 어떤 독자들은 여기에서 신이 그런 우스꽝스러운 명령을 내리지 않을 거라며 공격을 해댈지 모르겠다. 그런데 그것이 바로 문제가 되고 있는 점이다. 신이 도덕적이든 부도덕적이든 어떤 명령을 내릴 때 그 명령을 뒷받침할 수 있는 적당한 이유가 있어야 하는가? 아니면 신의 명령은 그 자체로 충분한가? 만약 신의 명령이 그 자체로 충분하다면, 그 명령은 합리적일 필요가 없다.

더 나아가서 더 분별력 있는 명령을 생각해보자. 신이 호프집 고객들에게 바텐더의 팁을 떼먹지 말라고 명령한다고(적어도 그럴 의지가 있다고) 가정해보자. 신이 그런 명령을 내렸다는 사실이 있음에도, 몇몇 호기심 많은 사람들은 분명히 왜 도대체 신이 그런 불편한 명령을 내렸는지 의아해할 것이다. 우리는 그 가능성들을 두 가지 커다란 범주로 나눌 수 있다. 신은 합당한 이유를 갖고 이 명령을 내렸거나, 합당한 이유 없이 이 명령을 내렸다. 이 두 가지 범주가 서로 배타적이어서 이외의 다른 여지가 없다는 것에 주목하라. 신은 합당한 이유를 가지고 있거나, 가지고 있지 않다. 세 번째 대안은 없다.

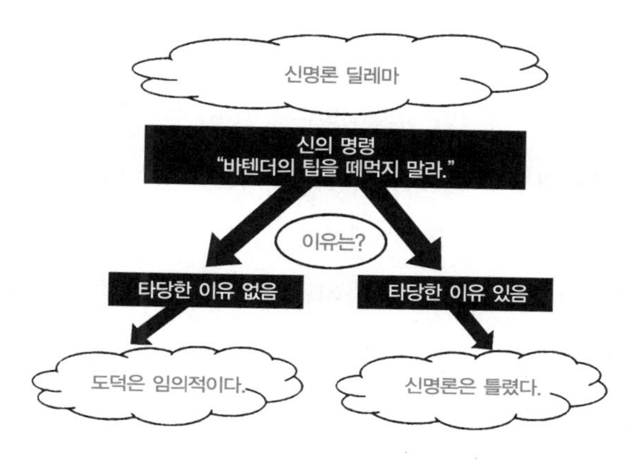

이런 생각은 신명론 딜레마라고 알려진 문제에 봉착하게 한다.

딜레마는 단 두 개의 선택사항이 있고 두 선택이 모두 이롭지 않을 때(이 경우에는 신명론에 이롭지 않다) 생긴다. 신명론을 지지하는 사람은 한쪽을 골라야 한다. 그러면 왼쪽을 택하겠는가, 아니면 오른쪽을 택하겠는가? 비평가들은 어떤 경로를 선택하든지 문제에 봉착할 것이라고 말한다.

대부분의 사람들이 딜레마의 왼쪽 '뿔'을 피하려고 한다. 신의 명령 이면에 타당한 이유가 없다면 그 명령은 완전히 임의적일 것이기 때문이다. 변덕스러운 기분 이상 아무것도 아닌 것이다. 신은 그냥 쉽게 프랑스 푸들을 모두 죽이라거나, 목요일마다 석류 맥주를 마시라고 명령할 수 있다. 그런 경우에 우리는 벌 받을 것이 두려워서 신의 명령을 따를 테지만 그 명령을 경외할 이유는 없을 것이다. 이런 이유 때문에 대부분의 사람들이 이 대안을 매우 탐탁지 않게 생각한다.

그러나 만약 당신이 오른쪽 뿔을 받아들인다면, 도덕이 임의적이지 않아야 한다는 요구는 충족된다. 유일한 문제는 신명론이 틀린 것처럼 보인다는 것이다. 이런 경우에, 어떤 행동은 신이 하지 말라고 명령했기 때문에 잘못된 것이 아니라, 그 행동이 잘못이기 때문에 신이 하지 말라고 명령한 것이다. 신은 신비한 방식으로 일을 하지만, 이런 경우엔 신의 논리를 이해할 수 있다. 신은 당신이 바텐더의 팁을 떼먹는 것이 부당하기 때문에 그런 행동을 하기를 원치 않는 것 같다. 바텐더는 사람들이 둘러앉아 그가 칵테일을 만드는 것을 지켜보는 동안 팁을 받기 위해 열심히 일을 한다. 팁을 떼먹으면 바텐더의 이익을 부당하게 착복하는 것이다. 그래서 절도만큼이나 (신의 눈과 우리의 눈에) 부당하게 비칠 것이니 신이 하지 말라고 말하는 것이다. 그래서 신명론이 궁지에 몰리게 된다.

어떻게 생각하나요?

- 이 딜레마는 신명론이 도덕의 기반이나 도덕의 근원이라는 설명이 지지될 수 없다는 것을 보여주는가, 그러지 않는가? 그 이유는 무엇인가?
- 이것은 단 두 개의 선택사항만이 있는 진정한 딜레마인가? 아니면 간과된 세 번째 대안이 있는가?
- 두 사회가 각각 신을 믿고 있다고 가정하자. 그런데 A 사회는 신명론이 옳다고 믿으며, B 사회는 신명론이 틀렸다고 믿고 있다. 각 사회의 시민들의 도덕적인 삶이 어떤 식으로 다를까?

알고 있나요?

- 딜레마에 처했을 때 한쪽이나 한 가지 선택을 '뿔'이라고 부른다. 딜레마가 매우 크고 날카로운 뿔이 두 개 달린 황소와 비슷하기 때문이다. 당신은 왼쪽으로 갈 수도 있고 오른쪽으로도 갈 수 있다. 그러나 어느 쪽으로 가든 찔리게 될 것이다.
- 신명론은 플라톤이 『에우티프론(Euthyphro)』에서 한 논쟁과 비슷하다. 이 책에서는 신이 어떤 것들을 사랑한다는 이유로 그것들이 신성한지, 또는 그것들이 신성하기 때문에 신이 그것들을 사랑하는지에 대해서 논쟁하고 있다.
- 율법(또는 구약)에 신이 내려준 계명 가운데 일부는 설득력 있는 '합당한 논리'에 의해서 지지를 받지 못하는 것 같다. 율법은 글자 그대로 해석하는 사람들로 하여금 딜레마의 왼쪽 뿔을 부여잡게 만드는 경향이 있다. 예를 들어 레위기 19장 19절을 보면 신이 "너희는 내 규례를 지킬지어다. 네 육축을 다른 종류와 교합시키지 말며, 네 밭에 두 종자를 섞어 뿌리지 말며, 두 재료로 직조한 옷을 입지 말지며(다른 말로 하면, 너희는 여러 가지 섬유들이 섞여 있는 옷을 입지 못한다)"라고 명령한다.
- 유대교와 기독교의 전통을 보면, 신은 석류를 좋아했던 것 같다. 아가서 7장 12절에 "우리가 일찍 일어나서 포도원으로 가서 포도움이 돋았는지, 꽃술이 퍼졌는지, 석류꽃이 피었는지 보자. 거기서 내가 나의 사랑을 네게 주리라."라고 쓰여 있다. 그리고 신명기 8장 8절에 "젖과 꿀이 흐르는 땅"은 "밀과 보리의 소산지요, 포도와 무화과와 석류와 감람나무와 꿀의 소산지라."라고 더 자세하게

설명되어 있다.

- 슈말츠 맥주회사는 미국에서 규모가 가장 작으면서 가장 영향력이 있고 가장 많은 상을 휩쓴 유대인의 회사이다. 그들의 헤브루 상표에는 제네시스 에일(Genesis Ale), 메시아 볼드(Messiah Bold), 레주비네이터 데이트 인퓨즈드 도펠복(Rejuvenator Date Infused Doppelbock), 주벨레이션 바 미츠바(Jewbelation Bar Mitzvah) 등이 있다.

20

밀과 주정뱅이

지적 쾌락은 육체적 쾌락보다 나은 것일까?

 새뮤얼 스미스 '오트밀 스타우트'

Samuel Smith *Oatmeal Stout*

쾌락의 추구를 다루는 이야기가 한 번 더 나왔다.
그렇다면 이번에는 새뮤얼 스미스의 오트밀 스타우트다.
왜? 설명은 필요 없다. 그저 그것이 유발하는
믿을 수 없는 쾌감을 맛보기만 하면 된다.
하지만 그 진한 목넘김과 달콤한 맛에 해롱대지는 말자.
도수는 5퍼센트밖에 되지 않기 때문에,
이거 한잔 하고도 얼마든지
'더 고차원적인 쾌락'을 추구할 수 있을 터이다.

존 스튜어트 밀(John Stuart Mill, 1806~1873)은 쾌락이나 행복만이 유일하게 진정으로 좋은 것이며, 인간이 무언가를 바랄 때는 모든 것을 행복의 한 부분으로서, 또는 수단으로서 추구한다고 했다. 밀을 비판하는 이들은 그런 쾌락주의적 관점이 인간의 가치를 떨어뜨린다고 주장하며, '돼지 반론'으로 밀의 주장을 반박했다. 돼지 반론이란 이런 것이다.

만약 쾌락이 유일하게 좋은 것이라면, 우리는 모두 돼지처럼 사는 편이 나을 것이다. 돼지는 쾌락만을 추구할 뿐 다른 것은 별로 중요하게 여기지 않는다. 햇볕을 쬐고, 진흙탕에서 구르고, 닥치는 대로 먹고, 닥치는 대로 섹스해보라. 돼지 같은 삶으로선 완벽하다. 하지만 그런 논리는 인간의 가치를 떨어뜨리는 것이다. 우리는 돼지보다 나은 인간이며 그렇게 살아서는 안 된다. 인간의 삶에는 쾌락 이상의 무언가가 있다.

이와 유사한 다음과 같은 주장도 있다.

만약 쾌락이 유일하게 좋은 것이라면, 우리는 모두 주정뱅이처럼 사는 편이 나을 것이다. 행복한 주정뱅이(화가 난 주정뱅이는 제외하겠다)는 쾌락만을 추구할 뿐 다른 것은 별로 중요하게 여기지 않는다. 맥주를 마시고, 술집에서 시간 때우고, 맛있는 음식을 먹고, 가끔씩 공짜 안주도 받고, 주정뱅이로서의 삶은 그 자신에게 완벽해 보인다. 만약 우리가 돈을 무제한으로 쓸 수 있다면(그리고 숙취나 간 질환 같은 불행한 부작용을 피할 수도 있다면), 우리는 모두 주정뱅이가 되는 편이 현명한 일일 것이다. 하지만 그런 논리는 인간의 가치를 떨어뜨리는 것이다. 우리는 주정뱅이보다 나은 인간이며 그렇게 살아서는 안 된다. 인간의 삶에는 술 취하는 쾌락 이상의 무언가가 있다.

밀은 우리가 주정뱅이나 돼지(또는 술 취한 돼지)처럼 살아서는 안 된다는 데 동의했다. 하지만 쾌락주의자인 밀은 그 이유가 삶에는 쾌락 이상의 무언가가 있기 때문이라고 말할 수는 없었다. 대신 그는 이렇게 주장했다. 즉, 우리는 주정뱅이나 돼지가 누릴 수 없는 쾌락을 누릴 능력이 있기 때문에, 우리의 생활 방식은 다른 길을 따라야 한다는 것이었다. 우리는 철학을 할 수 있고, 시를 즐길 수 있고, 재미있는 대화를 나눌 수 있으며, 재능을 개발할 수 있다. 간단히 말해 주정뱅이나 돼지에게는 불가능한 어떤 '지적 쾌락'이 우리에게는 가능하다는 것이다.

쾌락에는 지적인 것과 육체적인 것, 두 가지 유형이 있다는 생각 자체는 새로운 것이 아니었다. 밀의 철학적 선배 제러미 벤담(Jeremy Bentham, 1748~1832) 역시 이 어느 정도 분명한 논점을 인정했다. 하지만 벤담은 더 많은 '양'의 쾌락을 제공하는 쪽(지적인 것이든 육체적인 것이든)을 선택해야 한다는 입장을 취했다. 중요한 것은 쾌락의 양이지 그 유형이 아니라는 것이다. 하지만 밀은 여기에 동의하지 않고, '공리주의'라는 도로에 새로운 길을 텄다. 밀은 지적 쾌락이 그 자체로 육체적 쾌락보다 낫다고 주장했다. 지적 쾌락은 '질적으로' 더 나은 것이며, 쾌락의 양은 비교적 덜 중요하다는 게 밀의 입장이었다.

밀은 지적 쾌락이 질적으로 더 우수하다는 자신의 주장을 뒷받침하기 위해 '분별력 있는 판단자들' 기준을 끌어들였다. 만약 분별력 있는 판단자들(쾌락의 두 가지 유형을 다 철저하게 잘 알고 있는 이들) 모두가 더 선호하는(그래야 한다는 의무감을 배제한 채) 것이라면 그 쾌락을 질적으로 더 높은 것이라 말하는 것이 정당화된다면서, 분별력 있는 판단자들 모두가 혹은 거의 모두가 지적 쾌락을 더 선호한다고 밀은 주장했다. 그것도 단순히 선호하는 게 아니라 월등한 격차를 보일 정도로 더 선호하기 때문에, 육체적 쾌락을 아무리 많이 얻을 수 있다 해도 지적 쾌락과 바꾸지는 않으리라는 것이었다.

그래서 밀은 우리에게 어떤 거래를 제시한다. 이를테면 램프의 요정이 당신을 돼지로 변신시킬 수 있다고 가정해보자. 최고급 꿀꿀이죽, 섹스, 진흙탕, 일광욕 등 돼지적 쾌락이 완벽하게 보장되어 있다. 그럼 당신은 이 돼지적 쾌락으로 충만한 삶을 얻기 위해 지적 쾌락을 포기할 용의가 있는가? 그런 거래를 받아들일 사람은 거의 없을 것이다. 그런데 이 경우에는 돼지에 대한 우리의 편견이 작용할 수도 있으니 다른 예를 들어 다시 생각해보자. 램프의 요정이 당신을 구제불능의 주정뱅이로 변신시킬 거라고 가정하자. 대신 숙취나간 질환 등에는 끄떡없는 주정뱅이이다. 게다가 공짜로 먹고 자며 시내 모든 술집에서 공짜 술을 얻어먹게 된다. 그런 거래를 받아들이겠는가? 이번에도 밀은 그런 거래를 받아들일 사람은 거의 없을 거라고 생각한다. 밀의 결론은 이렇다.

> 만족하는 돼지보다는 만족하지 못하는 인간이 되는 편이 더 낫다. 만족하는 주정뱅이보다는 만족하지 못하는 소크라테스가 되는 편이 더 낫다. 만약 주정뱅이나 돼지가 이 의견에 동의하지 않는다면, 그것은 그들이 문제의 한쪽 면만 보기 때문이다. 우리는 양쪽 면을 다 본다.

밀은 이런 식의 사고실험이 지적 쾌락의 우월성을 분명하게 보여준다고 믿었다. 이런 쾌락은 훨씬 더 나은 것이기 때문에, 분별력 있는 판단자라면 최대한 많은 양의 육체적 쾌락을 준다 해도 바꾸지 않으리라는 것이었다. 하지만 밀은 정말로 자신의 논점을 증명한 걸까? 밀이 한쪽 측면만 비교했음을 주목하자. 그러니 다른 측면에서 비교해보자. 램프의 요정이 지적 쾌락이 완벽하게 보장된 삶을 살 수 있도록 당신을 변신시켜줄 거라고 상상해보자. 당신은 알베르트 아인슈타인과 버트런드 러셀을 합친 것보다 더 똑똑해질 것이다. 하지만 문제는 이거다. 더 이상 육체적 쾌락을 경험할 수가 없게 된다. 당신에게 엄청난 지적 능력이 부여되는 대신 당신의 뇌는 신체에서 분리된 후 배양액 통으로 들어가 그 속에서 생명을 유지할 것이다. 당신은 컴퓨터 인터페이스를 통해서 다른 사람과 이야기하거나 글을 쓰거나 방정식을 풀거나 할 수는 있지만, 다시는 맥주를 맛볼 수가 없고, 아름다운 일몰을 구경할 수도 없고, 섹스를 할 수도, 맛있는 음식을 먹을 수도 없다. 당신은 이 지적 쾌락으로 충만한 삶을 위해 육체적 쾌락을 포기하겠는가? 나는 그러고 싶지 않다. 그렇다면 우리의 궁금증은 아직도 풀리지 않았다. 지적 쾌락은 육체적 쾌락보다 정말로 더 나은 것인가?

솔직히 말하면…

밀의 『공리주의(Utilitarianism)』 원문에는 "만족하는 바보('주정뱅이'가 아니라)보다는 만족하지 못하는 소크라테스가 되는 편이 더 낫다."고 적혀 있다.

어떻게 생각하나요?

- 램프의 요정에게 소원을 빌 만한 것이 있는가? 있다면 돼지, 주정뱅이, 천재 중 어느 쪽을 선택하겠는가?
- 소원을 빌 만한 것이 없다면, 지적 쾌락과 육체적 쾌락의 중요성을 비교하는 데 대해서 어떻게 생각한다는 것인가?
- '돼지 반론'은 쾌락만이 유일하게 좋은 것은 아니라는 사실을 성공적으로 보여주는가?

알고 있나요?

- 존 스튜어트 밀은 아버지에게 직접 교육을 받았다. 밀은 3세에 그리스어를, 7세에 라틴어를 공부했으며, 20세가 되기 전에 이미 50편에 가까운 기사 및 리뷰를 썼다.

- 영국 요크셔 주에 있는 새뮤얼 스미스 태드캐스터 맥주회사는 1758년에 창립했다. 그해에 25미터 깊이의 우물을 팠으며 지금도 그 물을 에일 및 스타우트 제조에 사용하고 있다.
- 새뮤얼 스미스 맥주의 발효 과정에 사용되는 효모는 영국에서 가장 오래도록 변하지 않은 품종 중 하나이다. 100년이 넘는 세월 동안 계속해서 쓰이고 있다.

기게스 신화

맥주 한 통 누가 다 마신 거야? 우린 모두 이기적일 뿐인가?

 **미토스 '그릭 라거'** Mythos *Greek Lager*

수많은 신과 여신, 반신반인(半神半人), 풍요로운 미토스['신화'라는 뜻의 그리스어]의 나라 그리스에 또 한 가지 풍요로운 것이 있으니 바로 맛있는 맥주. 미토스 맥주회사가 만든 그릭 라거는 신들의 음료 '넥타르'로 불리며 인간의 눈에는 보이지 않는다고 한다.
친구들과 함께 3,000cc 피처를 시켜 테이블에 올려놓고 보라.
눈앞에서 순식간에 사라져버릴 것이니!

친구들끼리 3,000cc 피처를 시켜놓고 먹고 있는데 그중 한 녀석이 혼자 빠른 속도로 잔을 마구 비워버리면 좀 열받지 않는가? 이건 뭐 상식도 예절도 없는 건가? 어쨌든 모든 사람이 그렇게 이기적인 건 아니니 다행인지도……. 아니, 혹시 모두가 다 이기적인 건 아닐까? 지금까지 그렇게 생각해본 적 없던 이도 플라톤(Plato, 기원전 약 428~348)의 『국가(Republic)』에 나오는 이야기 한 편을 읽고 나면 생각을 바꿀지도 모른다. '기게스 신화(Myth of Gyges)'로 알려진 이 이야기는 플라톤의 견해가 아니라 플라톤의 형 글라우콘의 견해를 담고 있다. 글라우콘은 이 이야기를 통해 정의와 이기심에 대한 우리의 일반적인 믿음에 이의를 제기하고자 한다.

글라우콘의 이야기는 이렇다. 옛날에 기게스라는 양치기가 왕의 양떼를 돌보며 살고 있었다. 하루는 산허리에 있는데 강력한 지진이 일어나더니 땅에 거대한 틈이 쩍 벌어졌다. 그 틈을 들여다보니 청동 말이 하나 보이고 그 옆구리에는 작은 문이 달려 있었다. 궁금해 땅속으로 내려가 청동 말의 작은 문을 열고 들여다봤더니 그 속에 인간 해골이 누워 있고 뼈만 남은 그 손가락에는 굉장히 진귀해 보이는 반지가 끼워져 있었다. 기게스는 그 반지를 가지고 땅 위로 올라왔다. 며칠 후 기게스는 양떼 현황을 보고하는 양치기 회합에 가서 무료하게 앉아 손에 낀 그 반지를 만지작거렸다. 그런데 놀라운 일이 벌어졌다. 반지의 장식을 반 바퀴 돌렸더니 그의 몸이 보이지 않게 된 것이다. 가만히 앉아 살펴보니 주위 사람들이 마치 기게스가 이 자리에 없다는 듯이 그에 대한 이야기를 하고 있었다. 기게스가 반지 장식을 반대로 돌렸더니 몸이 다시 보였다. 반지의 능력을 알아차린 기게스는 심부름꾼을 자청해 왕궁으로 가서, 반지를 이용해 왕비를 유혹하고 왕을 살해한 뒤 왕위를 빼앗았다.

이 이야기에서 글라우콘이 끌어내는 결론은 우리 누구나 기게스와 별반 다르지 않다는 것이다. 만약 그런 반지가 두 개 있어 하나는 정의로운 자에게 주고 하나는 정의롭지 못한 자에게 주더라도, 두 사람 다 비슷한 행동을 할 것이라는 게 글라우콘의 의견이다.

> 둘 다 그 반지를 이용해 부당한 이득을 취하려 할 것입니다. 아무 두려움 없이 갖고 싶은 건 모조리 다 가질 것입니다. 매일 밤마다 술집에서 공짜 술을 훔쳐 먹고, 자기가 싫어하는 사람 술잔에 침을 뱉고, 그보다 훨씬 더한 악행을 일일이 열거하기 힘들 만큼 숱하게 행할 것입니다.

글라우콘의 말이 옳을까? 나쁜 짓을 해도 아무 뒤탈이 없다는 걸 안다면 모든 이가 불의의 길을 택할까? 이에 대해 수많은 대학생을 상대로 설문을 해봤더니 대부분이 그러한 견해에 동의했다. "여러분 중 자기가 그 반지를 얻어도 그걸 이용해 부당한 이득을 취하는 일이 결코 없을 것이라고 가슴에 손을 얹고 말할 수 있는 사람?" 이 질문에 그렇다고 대답하는 학생이 한두 명을 넘기는 경우는 거의 없다.(그리고 다른 학생들은 보통 그 한두 명의 대답도 믿지 않는다.) 즉, 내 학생들 가운데 상당수가 '심리학적 이기주의자(psychological egoists)'로, 사람은 언제나 이기적인 동기로 행동한다고 생각하는 것이다. 개인적으로 나는 좀 더 낙관적인 견해를 가지고 있다. 비록 가끔씩은 이기적 열망에 굴복할 때도 있겠지만, 많은 사람이 진정으로 정의를 고민하며 살아가고 있다고 생각한다. 그러나 심리학적 이기주의자의 견해가 잘못되었다고 입증하는 것은 불가능하다. 어떠한 사례에 대해서도 그들은 그 아래에 이기적인 동기가 숨어 있다고 반박할 것이기 때문이다. 이를테면 테레사 수녀의 삶에 대해서조차도 "자기만족을 위해서" 혹은 "사후의 보상을 받기 위해서"라고 말하는 식이다. 결국 어느 쪽이 옳은지 증명할 방법은 없다. 자기 행동의 동기가 무엇인지도 확신할 수가 없는데, 하물며 다른 이의 동기를 어찌 알겠는가. 그러니 우리는 가장 합리적이라 생각되는 견해를 각자 선택할 수밖에 없다. 정의란 우리의 이기심을 감추기 위한 허울에 지나지 않는 걸까, 아니면 어떤 사람들이 그러듯 목숨을 바쳐 지켜야 할 만큼 가치 있는 것일까?

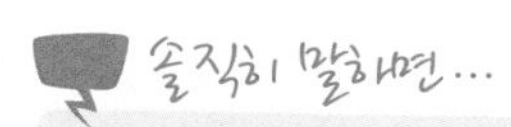

『국가』에서 인용한 글라우콘의 말은 원문을 '조금' 각색한 것이다.

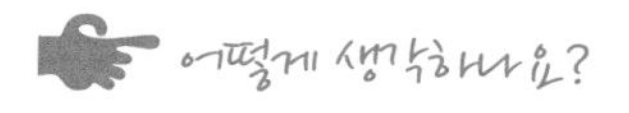

- 당신이 만약 투명인간이 되는 반지를 얻는다면, 그걸 이용해 부당

한 이득을 취하기도 할 것인가?

- 사람들이 가끔은 정의 그 자체를 위해서 정의를 지키려 할 때도 있다고 생각하는가?
- 어떤 사람이 타인을 도우면서 기쁨을 얻는다면, 그것도 이기적인 것으로 간주해야 하는가?
- 정의 그 자체를 위해서, 즉 아무런 물질적 보상도 없이 단지 정의로운 일이기 때문에 정의로운 일을 할 이유가 있는가? 있다면 그 이유는 무엇인가?

? 알고 있나요?

- 플라톤은 소크라테스의 제자였으며 아리스토텔레스의 스승이었다.
- 플라톤의 본명은 아리스토클레스(Aristocles)였다. '플라톤(Plato)'은 '넓다'를 뜻하는 별명이었다. 이러한 별명이 붙은 것은 플라톤의 어깨 혹은 이마가 넓었기 때문이라고 학자들은 생각하고 있다.
- 소크라테스와 플라톤 모두, 정의를 행하는 것이 불의를 행하는 것보다 '언제나' 이익이 된다고 믿었다. 이 점에 대해서는 34장 '소크라테스의 덕'에서 더 상세히 논의할 것이다.
- 그리스의 미토스 맥주회사에서 만드는 맥주로는 미토스 라거 외에도 그리스식 라거인 '골든(Golden)'과 독일식 맥주 '카이저(Kaiser)', '헤닝거(Henninger)' 등이 있다.

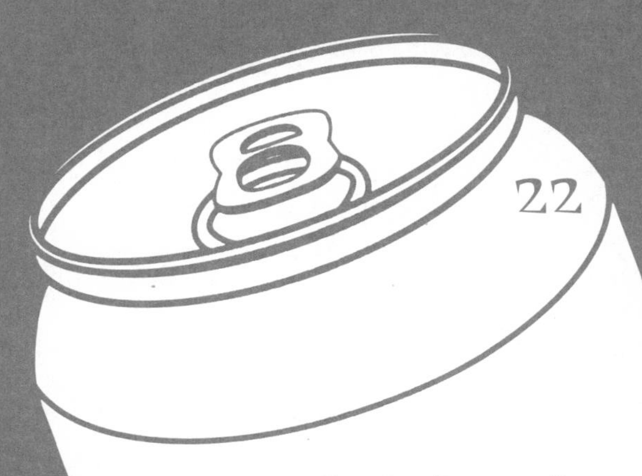

22

라플라스의 슈퍼과학자

다음에 어떤 맥주를 주문할지 맞힐 수 있을까?

'날 놀래보시지' Surprise Me

'날 놀래보시지'는 새로운 수제 맥주의 이름이 아니다.
난 지금 도전장을 내밀고 있다. 나를 놀라게 해보라.
당신 스스로도 놀라게 만들어보라.
이번에 맥주를 주문할 때
완전히 예상 밖의 선택을 해보라.
그렇게 할 수 있다고 생각하는가?
이 수수께끼 때문에 당신이 무슨 대답을 할지
한 번 더 생각하게 된다는 것 정도는
예상할 수 있으니 주의해야 할 것이다.

미래를 예측하는 것이 가능한가? 여러 가지 방식으로 이미 우리는 미래를 예측하고 있다. 종이 한 장을 들고 성냥불을 갖다 대면 종이가 탈 것이란 건 알고 있다. 태양이 내일 아침 6시 17분에 뜰 것이고, 섭씨 0도에서 물은 얼지만 맥주는 얼지 않을 것이라고 정확하게 예측할 수 있다. 우리는 점점 더 많은 것을 예측할 수 있지만 인생은 여전히 놀라움으로 가득 차 있다. 어떤 것들은 그냥 원래부터 예측하기가 불가능한 것 같다.

수세기에 걸쳐서 많은 철학자들이 인생이란 앞을 알 수 없는 것이라는 말에 속아 넘어가서는 안 된다고 충고했다. 그들의 주장에 따르면 우리가 세상에 벌어지는 일들을 보고 놀라는 건 단지 우리가 아직 그 원인들을 이해하지 못했기 때문인 것이다. 세상의 일들은 완전히 이해하고 나면, 언제 밀물과 썰물이 오가는지 알 수 있는 것처럼 예상하기 쉬울 것이다. 프랑스의 철학자이자 과학자, 수학자이기도 했던 피에르 시몽 라플라스(Pierre Simone Laplace, 1749~1827)가 그런 견지를 갖고 있었다. 라플라스는 『확률에 대한 철학적 시론(Philosophical Essay on Probabilities)』에서, 모든 물질의 상태를 정확하게 알고 있는 적합한 사람이 있다면 이 세상에서 어떤 일이 일어나든 모두 예언할 수 있다고 주장했다.

과학의 주목적 가운데 하나가 앞으로 벌어질 일들을 예상하는 것이므로, 모든 것을 완벽하게 예상할 수 있는 사람을 가정하여 '슈퍼과학자'라고 부르자. 슈퍼과학자가 되려면 무엇이 필요한가? 라플라스는 세 가지가 필요하다고 주장한다.

1 무한대로 계산할 수 있어야 한다.
2 물리학 법칙에 대하여 완벽하게 알고 있어야 한다.
3 한 시점에서 모든 물질의 상태를 완벽하게 알고 있어야 한다.

당연히 진짜 슈퍼과학자는 이제까지 있었던 적도 없고, 앞으로도 존재하지 않을 것이다. 그러나 라플라스가 하고자 했던 말은 세계의 역사가 물리학의 법칙에 따라 진행되고 있을 뿐이라는 것이다. 한 특정한 순간에 모든 물질의 상태에 대하여 안다면, 그다음에 필요한 계산 능력을 가지고 물리학의 법칙을 그 물질의 상태에 적용하여 다음의 상태를 추론할 수 있다. 그런 다음 그다음의 상태를 추론하고, 그다음의 다음 상태를 추론하고, 계속 이런 식으로 하면 영원까지 나아갈 수 있다.

라플라스의 논지는 약간 충격적이다. 일반적으로 우리는 자신이 어떤 행동을 할지조차 예상할 수 없다고 생각하기 쉽다. 우리는 인간의 행동이란 바위나 당구공, 앰버 에일이 움직이는 것과 달리, 자신의 '자유의지'에 따라 달라진다고 가정하기 쉽다. 당신이 술집으로 들어설 때 어떤 맥주든지 자유롭게 고를 수 있는 것처럼 보이고,

당신이 어떤 맥주를 선택하느냐는 물리학의 법칙에 따라 불가피하게 결정되는 문제가 아닌 것 같다. 그러나 라플라스는 우리에게 그런 가정에 이의를 제기하라고 한다. 어쨌든 우리도 물리적인 세계에서 살고 있는 물리적인 창조물들이다. 라플라스가 살던 시대에도 우리의 뇌에서 생화학적 신호들이 만들어져 중추신경계를 통하여 팔과 다리와 몸통 등으로 보내져 인간의 몸이 움직인다는 것이 분명하게 밝혀졌었다. 신체의 움직임은 물리적인 과정이고 따라서 물리학 법칙의 지배를 받는다. 인간의 몸이라고 세상의 다른 모든 것들을 지배하는 법칙에서 예외가 될 수는 없다.

물론, 우리는 생각을 하고 소망과 동기도 갖고 있지만, 상당히 많은 생물학 연구들은 이런 정신적 현상들이 뇌의 활동, 즉 다양한 신경망에서 신경물질들이 발사되어 생겨난 것이거나 뇌의 활동 자체라고 시사하고 있는 것 같다. 그리고 정신적 현상들 역시 물리적 과정들처럼 물리학의 법칙에 종속되어 있다.

예를 들어 샌프란시스코대학교의 벤저민 리벳(Benjamin Libet, 1916~2007) 교수가 설계한 실험 하나를 생각해보자. 리벳 교수는 실험 참가자들에게 EEG 장치를 연결하여 그들의 뇌의 활동을 모니터하였다. 그런 다음 그는 실험 참가자들에게 시계를 보고 있다가 손가락을 움직이는 것과 같은 간단한 움직임을 하기로 '결정'할 때 그 정확한 순간이 언제인지 보고하라고 요청하였다. 리벳 교수는 손가락을 움직이겠다는 의식적인 소망이나 '선택'이 뇌의 운동 영역에서 중요한 신경 활동이 일어난 후 약 500밀리 초 정도 지나서 나타난다는 것을 알아냈다. 즉, 그들의 의식적인 결정은 뇌가 이미 행동을 수

행하기로 준비하기 시작한 후에 일어난 것 같았다. 많은 연구자들이 이와 비슷한 종류의 실험을 진행하였고, 그 연구들은 실제로 우리의 의식적인 선택이 행동을 유발하는 것이 절대로 아니며 의식적인 선택이란 이미 일어난 일을 '보고'할 뿐이라는 사실을 보여주었다.

리벳 교수의 실험이 그런 극적인 결론의 타당성을 보장하는 것도 아니고, 우리의 의식적인 결정이 행동의 원인이라고 하더라도, 우리는 여전히 우리가 행동을 할 때 어떻게, 언제, 왜 그런 결정을 했는지에 대한 이유가 더 있는지 의심해보아야 한다. 예를 들어 당신이 저녁 8시 22분에 새뮤얼 애덤스 올드 페지윅 에일(Samuel Adams Old Fezziwig Ale) 한 잔을 주문해서 나를 놀라게 하려고 마음먹었다면, 라플라스는 그 특별한 맥주를 선택한 원인이 반드시 있다고 주장할 것이다. 그 일은 물리학 법칙의 범위 밖에서 일어났을 수는 없다. 분명히 당신의 뇌에서 이미 일어난 상태에서 비롯한 결과이다. 당신이 22장 첫머리의 '날 놀래보시지'를 읽었을 때 그 페이지에 인쇄되어 있는 잉크를 보고 뇌에서 일어난 반응도 같은 것이었다. 이런 경우, 결국 당신이 어떤 맥주를 선택할지는 행성의 움직임처럼, 또는 대량 생산된 맥주의 맛처럼 예상 가능하다. 그리고 진짜 슈퍼과학자는 당신이 아직 태어나기도 전에 당신이 어떤 맥주를 선택할지 알았을 것이다.

어떻게 생각하나요?

- 슈퍼과학자는 당신의 행동은 물론이고 세상의 모든 것들을 예상할 수 있는가?

- 인간의 행동이 전적으로 물리학 법칙에 따라 결정될까? 그 이유는? 인간이 물리학 법칙에 따라 행동하지 않는다면 그 이유는?
- '자유의지'라는 말이 당신에게 어떤 의미가 있는가? 사람들에게 자유의지가 있다고 믿는가?
- 라플라스의 입장은 '인과적 결정론(causal determinism)'이다. 인과적 결정론은 ① 모든 사건에는 원인이 있다, ② 이전의 원인들은 각 사건을 아주 세세한 부분까지 결정한다(각 사건은 정해져 있는 대로 정확하게 전개된다)는 관점이다. 인과적 결정론이 옳다고 생각하는가? 옳은 이유는? 혹은 옳지 않은 이유는 무엇인가?

? 알고 있나요?

- 피에르 시몽 라플라스는 프랑스 과학아카데미의 회원으로서 미터법과 표준화된 무게, 표준화된 단위를 창안하는 데 많은 도움을 주었다.
- 라플라스의 '인과적 결정론' 입장에 돌바흐(Paul d'Holbach, 1723~1789) 남작과 로버트 블래치포드(Robert Blatchford, 1851~1943) 같은 철학자들이 뜻을 같이하였지만, 장-폴 사르트르와 피터 반 인와겐(Peter van Inwagen, 1942~) 같은 철학자들은 인과적 결정론을 강력하게 거부했다.
- 사람들과 행성들이 있는 거대한 세계는 완전히 결정론적인 것처럼 보이지만, 양자 수준에서 일어나는 사건들은 그저 확률에 근거해서 일어나는 것 같다.

23

가우닐로의 완벽한 에일

정말로 완벽하다면 당연히 존재해야 하지 않을까?

쉬메 블뢰 '그랑드 레제르브'

Chimay Bleue *Grande Réserve*

이번에는 두 명의 위대한 기독교 신학자, 성 안셀무스와 베네딕트회의 수도사 가우닐로의 생각을 탐구할 것이다. 그러니 당연히 탁월한 수도원 양조장에서 나온 맥주가 제격이다. 벨기에 쉬메 양조장은 이런 훌륭한 전통을 이어가고 있는 최고의 양조장이다. 이 양조장은 1862년 스쿠르몽(scourmont) 수도원의 트라피스트회 수도승들이 지었으며, 현재 세계에서 '가장 완벽한' 에일을 양조하고 있다.

신의 존재 문제에서, 성 안셀무스(St. Anselm, 1033~1109)의 유명한 존재론적 논의는 철학 역사상 가장 혼돈하게 만드는 논의 축에 속한다. 이 논의의 핵심은 우리 마음속에 있는 신에 대한 개념을 이해하기만 하면 신이 (실제로) 존재한다는 것을 알 수 있다는 것이다. 겉으로 보기에 너무 터무니없는 말 같다. 신이 존재하는지 존재하지 않는지 아직 모르는데, 단지 신에 대하여 알고 있다는 것만으로 어떻게 신이 존재한다는 결론에 이르는가? 안셀무스는 다음과 같이 추론했다.

1 신은, 정의에 의하면, 우리가 상상할 수 있는 존재 중에서 가장 위대한 존재이다.
2 어떤 존재가 단지 상상 속이 아닌 현실에서도 존재한다면 더 위대하다.
3 우리는 신이 상상 속에서만 존재하는 것이 아니라 현실에서 존재한다고 상상할 수 있다.
4 그러므로, 상상할 수 있는 가장 위대한 존재(신)는 상상 속에만 있는 것이 아니라 현실에서 존재해야 한다.

안셀무스는 이 문제를 놓고 맥주 한 통(그것도 되도록이면 쉬메 한 통)

을 마시며 무신론자와 이야기할 수 있다고 생각했다. 그 무신론자는 신이 정말로 존재하지 않는다고 말할 수 있으려면 우선, 최소한 신에 대한 개념을 상상할 수 있다고 인정해야 한다. 즉, 그는 다음과 같이 말해야 한다. "맞아요, 나는 당신이 무슨 말을 하고 있는지 알고 있습니다. 상상할 수 있는 가장 위대한 존재 말이지요. 물론. 그렇지만 상상할 수 있는 가장 위대한 존재는 정말로 존재하지 않습니다. 산타클로스하고 똑같은 겁니다. 산타클로스는 아이들의 상상 속에서만 존재하잖아요. 실제 세상에 있지 않잖아요."

"아하!" 이제 안셀무스가 반박할 차례이다. "당신이 상상할 수 있는 가장 위대한 존재에 대하여 실제로 생각하고 있지 않다는 점이 바로 문제입니다. 나는 상상 속에서 그리고 현실에서 존재하는 신에 대하여 생각하고 있습니다. 당신은 오로지 상상 속에서만 존재하는 신에 대하여 생각하고 있습니다. 그래서 나의 신은 당신의 신보다 낫습니다. 따라서 신에 대한 정의에 의하면, 당신은 신에 대하여 전혀 생각하고 있지 않은 것입니다. 신이 진정으로 '상상할 수 있는 가장 위대한 존재'가 되려면, 신은 존재해야 합니다!"

안셀무스의 논의를 처음 들을 때 사람들은 대개 뭔가 께름칙한 이야기가 이어지고 있다고 확신한다. 그 논의가 옳을 수 없다고 주장한다. 그러나 그 논의가 틀린 것이라면 정확하게 어디가 잘못된 것인가?

안셀무스와 같은 시대에 살았던 베네딕트회 수도사 가우닐로(Gaunilo)는 그 답을 알고 있다고 생각했다. 가우닐로는 안셀무스든 다른 어떤 사람이든 "상상할 수 있는 가장 위대한 존재"에 대하여 상상할 수 있다고 생각한 것이 실수였다고 주장했다. 그러자 안셀무스는 우리는 물론 그 누구도 이해할 수 없는 영광으로 둘러싸인 신을 상상할 수 없지만, 이 논의는 그 문제를 이야기하고 있는 것이 아니라고 대답했다. 신이 어떤 특성을 가지고 있어야 하는지 우리가 이해하고 있다는 것으로 충분하다. (그리고 당신이 신이 가지고 있는 가장 중요한 특성조차 이해하지 못한다면 어떻게 자신을 신자라고 말할 수 있겠는가?) 예를 들어, 우리는 상상할 수 있는 가장 위대한 존재는 전능하다는 것을 확신할 수 있다. 만약 신이 전능하지 않다면, 우리는 아직도 더 위대한 존재를 상상할 수 있기 때문이다. 우리는 신이 전지하다는 것도 알 수 있다. 신이 전지하지 않다면, 역시 우리는 더 많이 알고 있는 존재를 상상할 수 있기 때문이다. 그리고 우리는 신이 반드시 존재해야 한다는 것도 알 수 있다. 신이 존재하지 않는다면, 우리는 또 더 완전한 존재를 상상할 수 있기 때문이다.

그러자 가우닐로는 전혀 흔들리지 않고 두 번째 비판을 가했다. 이번에는 '귀류법(reductio ad absurdum)'이라고 알려진 방법을 사용한다. 가우닐로는 안셀무스의 추리 과정이 본질적으로 명백하게 터무니없는 결론에 이르게 한다는 것을 보여주려고 했다. 그런 결론 중의 하나로 완벽한 에일 한 잔이 존재한다는 논리를 예로 들어보자. 가우닐로는 다음과 같이 추론했다.

> 아주 잠시 동안 절대적으로 완벽한 에일 한 잔이 있다고 상상해보자. 물론 그 에일은 믿을 수 없을 정도로 맛이 좋고 청량감이 있다. 이 세상 그 어떤 에일도 이에 비교할 수가 없다. 그리고 에일은 차게 마시는 것이 좋기 때문에, 이 맥주 한 잔은 언제나 완벽한 온도를 유지하고 있다. 당

신이 그 맥주 한 잔을 어디로 가져가든지, 그 한 잔을 얼마나 천천히 마시든지 상관없다. 그리고 그 한 잔이 상상 속에서만이 아니라 현실에서 존재한다면 언제나 더 낫다는 점을 고려해볼 때, 그 에일 한 잔은 (절대적으로 완벽하기 때문에) 실제로 존재할 수밖에 없다!

아무도 그런 불완전한 주장으로 완벽한 에일이 존재한다고 상상할 수 없을 거라고 가우닐로는 설파했다. 그런데 안셀무스의 존재론적인 논증이 바로 그와 같은 논리를 전개하고 있다고 그는 주장했다.

맥주를 예로 든 가우닐로의 항변이 상당히 군침이 도는 것일지 모르지만, 안셀무스는 그 항변을 믿지 않았다. 안셀무스는 신의 존재가 신의 필수적인 특성이라고 반박했다. 500cc의 액체가 맥주 한 잔의 필수 요소인 것과 마찬가지이다. 신은 상상할 수 있는 가장 위대한 존재이기 위해서 반드시 존재해야 한다. 맥주 한 잔이 한 잔이 되기 위해서 반드시 500cc의 액체가 되어야 하는 것과 똑같다. 그와 반대로, 에일의 존재는 (완벽한 에일이든 아니든 간에) 에일에는 우연적인 특성일 뿐이라고 주장한다. 존재해야 하는 에일이란 없다. 어떤 에일이든 존재할 수도 있고 존재하지 않을 수도 있다. 맥주 한 잔에 쉬메 블뢰가 채워져 있을 수도 있고 아닐 수도 있는 것과 마찬가지이다.

솔직히 말하면…

가우닐로는 안셀무스에게 보내는 답장에서 완벽한 에일이 아닌 완벽한 섬을 예로 들어 설명했다.(하지만, 그는 완벽한 에일을 마시면 얼마나 멋질까라는 생각을 당연히 했을 것이다.)

어떻게 생각하나요?

- 안셀무스의 존재론적 논증은 신의 존재를 증명하는가?
- 안셀무스의 신에 대한 논리와 가우닐로의 완벽한 에일에 대한 논리 사이에 중요한 차이가 있는가?
- 신의 존재는 신의 필수적인 특성인가 아니면 우연적인 특성인가?
- 에일의 존재는 완벽한 에일의 필수적인 특성인가 아니면 우연적인 특성인가?

알고 있나요?

- '존재론'은 존재에 대한 연구 및 이론과 관련이 있다. 안셀무스의 논증은 존재론적이라고 일컬어진다. 왜냐하면 신에 대한 생각 자체가 있다는 것으로부터 신의 존재를 증명하려는 시도를 하기 때문이다.
- 임마누엘 칸트는 안셀무스의 논증에서 문제는 '존재'가 사물의 속성이 아니라는 것에 있다고 주장했다. 즉, 어떤 사물이 존재한다고 상상할 수 있다면 '시원하다', '황금빛이다', '맛있다' 같은 속성들을 대상에 적용할 수 있다. 그러나 존재 자체는 사물이 가지고 있는 특성이 아니다. 존재는 무언가를 일단 하나의 사물이 되게 만들어주는 것이다.
- 트라피스트 수사들은 베네딕트 수도회에서 나온 개혁파였다. 베네딕투스 회칙을 엄격하게 해석하여 지킨 시토 수도회라고도 알려져 있다시피, 트라피스트들은 침묵을 지키는 것으로 유명하고 (그들은 필요할 때만 말을 한다), 그들이 만든 에일은 아주 환상적이

라고 정평이 났다.

- 성 아놀드(St. Arnold)는 양조장의 수호성인이다. 그는 일생을 농부들에게 물 마시는 것이 위험하다는 것을 가르치는 데 바쳤고(유럽 중세의 암흑시대에는 수질이 워낙 좋지 않았다), 물 대신 맥주를 마셔야 한다고 제안했다. 그는 또한 '바닥이 안 보이는 머그잔'의 기적을 베풀었다고 알려져 있다. 사람들은 그가 맥주 한 잔만으로 지치고 목마른 군중을 만족시켰다고 말한다.
- 완벽한 에일에 대한 이야기를 나눌 것이라면, 나는 베스트플레테른 12(Westvleteren 12) 이야기를 꺼내고 싶다. 이 맥주는 맥주들 가운데 성배와도 같다. 이 맥주는 레이트비어닷컴(Ratebeer.com) 선정 '2010년 최고의 맥주 100'에서 최고의 자리에 올랐다.(그리고 수 년 동안 연속으로 3위 안에 들었다.) 그렇다면 왜 이 맥주를 수수께끼의 해답으로 선택하지 않았을까? 이 맥주를 구하기는 너무 어렵기 때문이다. 이 제품들 중에 극소수만이 벨기에의 밖에서 팔리고 있다. 베스트플레테른 12를 찾으셨다면 저에게 한 병만 보내주세요.

24

도덕적 진리에 관한 문제

도덕적 생각이 언제나 옳을까?

 워새치 '폴리가미 포터'

Wasatch *Polygamy Porter*

아내가 두 명이라면 잘못일까? 당신은 분명히 맥주를
한 종류만 마시겠다고 제한을 두지 않을 것이다.
그런데 유부남이라면 누구나 말하듯이, 맥주와 좋은 관계를
유지하는 것이 아내와 좋은 관계를 유지하는 것보다 훨씬 쉽다.
아내가 한 명이든 여러 명이든 그건 상관없다.
유타 주 최고의 수출품인 폴리가미 포터를 즐기면서
이 문제를 곰곰이 생각해보길 바란다.

사람들은 언제나 도덕적인 의미가 담긴 주장을 한다. "노예제도는 나쁘다.", "검열은 부당하다.", "맥주 양조업자들은 맥주에 인공적으로 탄산을 주입하지 말아야 한다." 등등의 말을 쉽게 한다. 그러나 그런 말을 할 때 정확하게 무슨 말을 하고 있는 건지 곰곰이 생각해 본 적이 있는가? 분명히 우리는 자신의 도덕적 견해를 표명하고 있지만, 과연 우리는 옳은 말을 하고 있는가? 그리고 만약 그 말이 옳다면 왜 옳을까?

일부 철학자들은 도덕적인 주장이 참이냐 거짓이냐는 오직 각자의 신념에 달려 있다고 주장했다. 그들은 도덕성이란 주관적이기 때문에, 도덕적인 주장이 옳은지는 그 주장을 하는 개인의 신념 및 가치관과 관련된 문제라고 주장한다. 이런 견해에 따르면, 당신이 일부다처제가 잘못이라고 생각한다면, '당신에게는' 잘못된 것이다. 그러나 당신의 이웃이 일부다처제가 괜찮다고 생각한다면, '그 사람에게는' 잘못된 것이 아니다. 모두 각자의 개인적 기준에 따라 도덕적 판단을 내린다. 그리고 각자에게 있어서 자신의 기준보다 더 옳거나 더 높은 기준이 없기 때문에, 두 사람 다 옳다.

두 번째로 많이 알려져 있는 입장으로는 도덕성이 문화에 따라 상대적이라는 주장이 있다. 어떤 문화에서 특정 행동을 옳다고 간주하면 그 행동은 옳은 것이라고 주장할 수 있다. 그리고 그 문화 내에서 다수가 어떤 행동을 나쁘다고 여기면 그 행동은 나쁜 것이 되어버린다. 여기에서 '도덕적으로 옳다'는 말과 '도덕적으로 나쁘다'는 말이 '문화적으로 승인을 받았다'와 '문화의 승인을 받지 못했다'와 대충 비슷하게 취급된다. 문화 상대주의자는 문화적 합의보다 더 높은 기준이 없다고 생각한다. 따라서 대부분의 서양 문화들이 일부다처제에 반대하기 때문에 일부다처제는 '서양인들에게' 나쁜 것이다. 그러나 일부다처제가 받아들여지는 사우디아라비아에서는 일부다처제가 '사우디아라비아 국민들에게' 나쁘지 않다. 이런 견해에 의하면, 개인적인 신념은 그다지 중요하지 않다. 만약 당신이 뉴욕에서 살고 있다면, 당신이 일부다처제에 대하여 어떻게 느끼든지 아무 상관이 없다. 미국의 문화는 일부다처제가 나쁘다고 주장하고 있으니까, 일부다처제는 나쁜 것이 된다.

세 번째 입장은 도덕적인 주장이 객관적이라는 것이다. 즉, 어떤 행동이 정말로 옳은지 그른지는 행동 자체의 본질에 달려 있다고 말할 수 있다. 이런 입장에서 보면, 어떤 행동이 도덕적인지의 여부는 당신이나 다른 누군가가 그 행동에 대하여 무슨 생각을 하는지와 아무 상관이 없다. 도덕적 객관주의자의 관점에 따르면, 문제에는 우리의 의견과 전혀 상관없이 존재하는 객관적인 사실이 있으므로, 도덕 철학자로서 우리가 할 일은 그 문제의 객관적인 사실을 밝혀내는 것이다.

당신은 도덕적 주장들이 이 세 범주에 모두 부합한다고 생각하고 싶을지도 모른다. 즉, 어떤 것들은 주관적이고, 어떤 것들은 문화에 따라 상대적이고, 또 어떤 것들은 객관적이라고 생각할 수 있다. 그러나 만약 그것이 사실이라면, 왜 어떤 것들은 문화 상대적이거나 객관적인데 어떤 것들은 주관적인가? 또한 다른 영역에서의 진위 주장은 이렇게 '여러 범주'에 걸쳐 있지 않다는 사실이 이상하지 않은가? 예를 들어 수학, 기하학, 과학적인 주장(예를 들어 "2 더하기 3은 5이다." 또는 "지구는 태양 주위로 공전한다." 같은 문제)을 다루는 경우에 우리는 그런 주장들이 전반적으로 객관적이라고 생각하기 쉽다. 이와 유사하게 당신이 음식의 맛을 판단하는 문제에 대하여 주관론자라면(예를 들어 "이것은 맛이 있다." 또는 "이건 맛이 형편없다."고 하면서), 당신은 아마도 그런 주장들이 모두 주관적이라고 생각할 것이다. 피자가 맛이 있고 없고는 주관적인 문제지만 브로콜리의 경우는 객관적인 문제라는 식으로 생각하지는 않을 것이다. 맛이 있고 없음에 대한 모든 평가들은 같은 지위에 있는 것 같다. 그러므로 도덕적인 주장이 이 세 가지 범주 모두에 해당된다는 입장을 갖고 있는 사람은 누구나 그것이 왜 그런지에 대한 설명이 필요할 것이다.

궁극적으로 도덕적 진리에 대한 논쟁은 기준의 문제로 수렴된다. 가장 높고 가장 중요한 기준의 역할을 하는 개인의 신념과 가치관이 그 기준이 될까? 아니면 개인이 속해 있는 문화에서 전반적으로 받아들여지는 신념과 가치관이 최고인가? 아니면 개인적 신념이나 문화적 신념과 전혀 별개로 객관적인 기준이란 것이 있어서 그에 따라 우리가 옳고 그름을 분별해야 하는가?

이런 질문들에 우리가 어떤 식으로 대답하느냐는 우리의 도덕적인 삶에 상당한 영향을 준다. 도덕성이 주관적이라고 생각한다면, 이 세상 그 누구의 도덕적인 태도도 다른 사람들의 도덕적인 태도보다 더 나을 것이 없다는 것을 받아들여야 한다. 아돌프 히틀러의 관점도 궁극적으로 보면 당신의 관점보다 더 낫지도 않고 못하지도 않다고 여겨져야만 한다. 만약 히틀러가 집단 학살을 선호하고 당신은 그에 반대한다면, 당신은 자신의 신념과 가치관에 따라 옳은 것을 하고 있을지 모르지만, 히틀러 역시 자신의 입장에 따라 옳은 일을 하고 있는 것이고, 두 사람의 관점을 평가할 만한 더 높은 기준도 없다.

만약 이와 반대로 당신이 도덕성을 문화에 따라 상대적인 것이라고 본다면, 당신은 당신의 문화가 절대로 틀릴 리가 없다는 생각을 받아들여야 할 것이다. 시민권 보장과 같은 문제를 생각해보자. 마틴 루터 킹 주니어(Dr. Martin Luther King Jr. 1929~1968, 성직자, 시민운동가)의 시민권 운동이 당시 대다수 미국인의 관점과 상반되었으므로, 그가 옳지 않은 도덕적 견해를 가지고 있었다고 결론을 내려야 할 것이다. 그 문화 내 대다수의 의견이 어떤 행동을 옳거나 혹은 그른 것으로 만들기 때문에, 인종차별이 지금은 잘못이라고 할지라도, 그 당시에는 옳은 것이었다.

이러저러한 이유들 때문에 많은 철학자들이 주관론과 문화적 상대론이 소화하기 좀 어려운 신조라고 생각한다. 반면 도덕적 객관론의 입장을 취한다면 히틀러가 잘못된 도덕적 관점을 가지고 있었다거나, 인종차별에 도덕적으로 결함이 있다는 주장을 언제나 할 수 있다. 그런데 문제는 그런 관점에 필요한 '객관적 진실'에 대하여 설명해야 한다는 것이다. 도덕적 주장은 객관적 진실의 틀에는 들어맞지 않는 것 같다. 객관적 진실은 예를 들어 "지구는 둥글다.", "2 더하기 2는 4이다.", "필스너(pilsner) 맥주가 포터(porter) 맥주보다 순하다." 등과 같이 간단한 경험적 사실들을 설명하는 것들이 대부분이기 때문이다. "집단 학살이 나쁘다."거나 "인종차별이 부당하다."고 말하는 것은 경험적인 사실 이상을 표현하고 있다. 그 말들은 가치판단을 내리고 있다. 그러면 비객관론자들이 가치관이란 사실과 달리, 옳거나 틀리다고 말할 수 있는 성질의 것이 아니라고 열심히 설득하려 들 것이다.

어떻게 생각하나요?

- 도덕적 주장이 객관적이라고 생각하는가, 주관적이라고 생각하는가? 아니면 문화에 따라 상대적이라고 생각하는가? 당신의 견해는 어떤 논리를 바탕으로 하고 있는가?
- 도덕적 주장이 객관적이라고 생각하다면, 어떤 근거로(또는 어떤 종류의 기준에 의해서) 옳고 그름을 분별하는가?
- 히틀러의 도덕관은 다른 사람의 도덕관보다 더 낫지도 못하지도 않았나? 당신의 답변에 어떤 식으로 변론하겠는가?
- 다음에 나오는 (도덕과 관계없는)말에 대하여 생각해보라. "더블 IPA가 맛있다." "신은 존재한다." "입에 음식을 가득 넣고 이야기하는 것은 예의에 어긋난다." "토성에는 띠가 있지만 화성에는 띠가 없다." 이런 말들이 객관적인가, 주관적인가, 아니면 문화에 따라 상대적인가?(각각의 주장에 대하여 생각하라.)

? 알고 있나요?

- 마틴 루터 킹 주니어는 객관적으로 옳은 도덕이 존재한다고 생각했다. 그는 인종차별이 객관적으로 나쁘고, 시민권을 위해 싸우는 것이 정의라고 주장했다. 대다수의 사람들이 그 문제에 대하여 어떤 견해를 가지고 있는지는 상관이 없었다.
- 객관적인 도덕적 진리가 있다는 생각을 거부한 철학자들로는 고대 그리스의 프로타고라스, 프리드리히 니체, 장-폴 사르트르 등이 있다.
- 객관적인 도덕적 진리에 가장 중요한 영향을 주었던 해석은 공리주의와 칸트 철학이다. 공리주의는 제러미 벤담(Jeremy Bentham, 1748~1832, 영국의 철학자, 법학자, 양적 공리주의의 시조)과 존 스튜어트 밀(John Stuart Mill, 1806~1873, 영국의 철학자, 경제학자, 질적 공리주의를 발전시킴)이 발전시킨 사조로, 옳고 그름은 행위의 결과에 따라 결정되어야 한다고 주장한다. 행위가 유쾌한 결과를 가져오는지 고통을 가져오는지 지켜봐야 하는 것이다. 임마누엘 칸트가 발전시킨 칸트 철학은 행위의 결과보다는 행위의 이면에 어떤 원칙을 갖고 있는지에 초점을 두어야 한다고 주장한다.
- 워새치 폴리가미 포터의 광고 문구에는 "왜 겨우 한 병만?"과 "집에 몇 병 가져가 아내들한테도 좀 주지."라는 말이 있다.

25

육체에 영혼을 갖다 붙이는 법

맥주 맛을 보는 기관을 어디에다 붙이지?

로그 '데드 가이 에일' Rogue *Dead Guy Ale*

죽은 친구들은 에일을 마시는가? 만약 그것이 사실이라면, 단순히 해골과 뼈다귀만 있지 않고 뭔가 더 가지고 있는 시체가 되기를 바라는 편이 좋을 것이다. 로그 상표에 있는 해골처럼 말이다. 사후에 삶이 있다면, 당신은 '내면의 감별기'를 가지고 저승으로 가고 싶을 것이다. 뼈다귀만 가지고선 로그 맥주회사의 데드 가이 에일의 독특한 맛을 만들어내는 네 가지 다양한 맥아와 두 가지 홉의 진가를 알아볼 수 없기 때문이다.

해리스 여론조사소(Harris Poll)의 2003년 통계에 따르면, 84퍼센트의 미국인들이 자신에게 영혼이 있어서 육체적인 사망 이후에도 영혼이 계속 존재할 것이라고 믿는다고 한다. 영혼이 이토록 많은 사람들의 관심을 받고 있음에도, 형체도 없이 영원히 사는 영혼이 있는가에 대한 생각은 오랫동안 철학자들 사이에서 논란의 대상이 되었다.

영혼의 존재를 변호한 철학자 중 유명한 사람을 꼽으라면 단연코 르네 데카르트(René Descartes, 1596~1650)가 최고이다. 대부분의 사람들처럼, 데카르트는 어린 시절부터 불멸의 영혼이 있다고 믿어야 한다고 배웠다. 그러나 어른이 되고 나자 데카르트는 영혼의 존재는 철학적 논리에 의해 탄탄하게 뒷받침된다는 생각에 이르게 되었다. 사물을 바라보는 데카르트의 철학적 관점은 대부분 그에게 매우 다른 두 가지 특성이 있는 것 같다는 관찰을 바탕으로 한다. 한편으로 그에게는 몸이 있어서 그 몸은 크기, 모양, 위치, 기타 등등에 대해서 설명될 수 있었다. 다른 한편으로 그는 생각, 감각, 정서, 기타 등등을 가지고 있는 의식적인 존재였다. 자신의 이런 의식적인 면들은 우리가 물질에 부여하는 속성들을 전혀 가지고 있지 않은 것 같았다. 예를 들어 데카르트가 '이것은 정말 특출한 앰버 에일이다.'라고 생각하고 있을 때, 그 생각은 정확하게 어디에 자리하고 있는가? 그 생각의 크기는 어느 정도인가? 무게는 얼마나 나가는가? 또는 데카르트가 질 좋은 IPA 맥주의 쌉쌀한 맛을 느꼈을 때, 그 쓴맛의 감각은 정확하게 어디에 있었는가? 생각과 감각, 정서, 의식의 모든 내용들에는 위치도 크기도 모양도 질량도 색도 없는 것 같다. 그래서 데카르트는 그런 점이 물질이 아닌 실체, 즉 그가 '영혼'이나 '마음'이라고 부른 무형의 실체의 성질이라고 결론을 내렸다.

다른 많은 사람들과 마찬가지로 데카르트도 몸과 영혼이 서로 지속적으로 영향을 주고받는다고 생각했다. 영혼 안에서 벌어지는 무형의 사건(팔을 움직이려는 의지)은 유형의 사건(맥주잔을 팔로 들어 올리는 일)을 일으킨다. 그리고 이와 유사하게 몸 안에서 벌어지는 유형의 사건(혀끝에 닿는 데드 가이 에일 한 방울)이 마음이나 영혼 안에서 무형의 사건(환희의 느낌)을 일으킨다. 그러나 무형과 유형의 실체 사이의 상호작용은 데카르트에게나, 또 그때까지 그런 관점을 고수하고 있던 모든 사람들에게나 상당히 골치 아픈 문제로 다가왔다. 어떻게 무형의 것이 유형의 물질 안에서 변화를 일으킬 수 있을까? 그리고 어떻게 유형의 것이 무형의 것 안에서 변화를 일으킬 수 있을까?

하나의 유형의 물체를 다른 유형의 물체로 만드는 건 이해하기 쉽다. 예를 들어, 우리는 어떻게 한 물체를 사용하여 다른 물체를 밀거나 당길 수 있는지 보고 느낄 수 있고, 그런 현상을 힘이나 운동량, 기타 등등의 용어로 기술할 수 있다. 그러나 어떻게 크기, 모양, 운동이 없다고 생각되는 '생각'이나 '의지' 같은 무형의 것이 당신 팔과 같은 물질 한 덩이를 움직일 수 있을까? 무형의 것은 밀거나 끌어서 생기는 것도 아니고, 물리적인 어떤 힘을 발휘해서 생겨나는 것도 아닌 것은 확실하다.

어떤 사람들은 무형의 것을 그저 하나의 신비라고 치부해놓고 흡족해한다. 오직 신만이 해답을 알고 있는 우주의 커다란 수수께끼 중의 하나라고 하면서 말이다. 그러나 철학자들은 '모든 것'을 설명하고 싶어 못 참는 것으로 악명이 높다. 무형의 영혼이 있어서 몸을 움직인다고 주장하면서, 그런데 영혼이 어떻게 몸을 움직이는지에 대해선 아직 간파하지 못했다고 주장한다면, 최소한 그 이론에는 약점이 있는 것이고, 최악의 경우 그 이론은 모조리 잘못된 것이다. 그래서 데카르트는 몸과 영혼 사이의 상호작용이 어떤 기제를 통하여 일어나는지 설명하는 것이 중요하다고 느꼈다.

데카르트는 결국 송과선[pineal gland, 척추동물의 뇌 속에 있는 솔방울 모양의 내분비 기관으로, 솔방울샘이라고도 한다]에 초점을 맞추어 해결책에 이르렀다. 그는 영혼과 몸이 서로 영향을 주고받는 특정 위치가 틀림없이 있다고 주장했다. 그리고 그 위치를 '영혼의 자리'라고 불렀다. 그는 송과선이 뇌의 중앙에 있기 때문에 영혼의 자리로 가장 유력하다고 생각했다. 대부분의 기관이 눈이나 귀, 뇌의 양 반구처럼 쌍으로 이루어져 있지만, 송과선은 단일한 기관이었다. 그리고 데카르트는 송과선이 인간에게만 있다고 잘못 생각했는데, 이것도 그가 송과선에 관심을 둔 이유였다.

데카르트가 세운 가설은 다음과 같다. 몸의 감각으로부터 들어오는 정보가 감각 기관에서 송과선으로 보내지고, 송과선에서 마음이나 영혼이 주변 세상에 대하여 알게 된다. 그러면 마음은 송과선에 변화가 일어나게 하고 그렇게 생겨난 변화는 동맥을 통하여 뇌로 보내진다. 그다음 뇌에서 자극들이 나와서 몸의 각 부분에 전달되면 몸은 영혼이 원하는 대로, 또는 변덕스러운 기분에 따라 움직인다.

오늘날 우리는 데카르트의 생물학적 이해가 잘못되었다는 것을 알고 있지만, 17세기 생물학의 많은 가설들이 그러했다. 데카르트의 입장에서 흥미로운 점은 마음과 몸의 상호작용에 관한 철학적 수수께끼를 푸는 기본적인 방법이다. 그러나 이 수수께끼 역시 하나도 풀지 못한 것 같다. 생물학적 문제가 아무리 다 해결되었다고 하더라도, 정작 우리가 알고 싶었던 것은 어떻게 무형의 실체가 유형의 실체를 변화시키는지였기 때문이다. 데카르트의 대답은 정말이지 이 문제를 해결하는 데 아무 소용이 없다. 우리는 어떻게 송과선이 몸에 영향을 줄 수 있는지를 상상하지만(멜라토닌 같은 화학물질이 방출되는 것처럼), 그래도 여전히 무형의 영혼이 어떻게 송과선에 영향을 줄 수 있는지는 전혀 모르기 때문이다. 그리고 어떻게 무형의 마음이나 영혼이 분비샘 같은 작은 물질을 달라지게 하는지를 이해하는 것이 어떻게 분비샘이 팔과 같은 커다란 부분을 움직이게 하는지를 이해하는 것보다 쉽지도 않다. 데카르트의 '영혼의 자리' 가설은 비물질적인 것이 물질적인 것에 어떻게 영향을 줄 수 있는지에 대하여 아무런 설명도 해주지 못했다. 그래서 몸과 마음의 상호작용에 관한 문제는 답보 상태에 있다.

어떻게 생각하나요?

- 인간에게 무형의 영혼이 있을까?
- 만약 영혼이 있다면, 영혼이 몸과 인과적으로 서로 영향을 주고받을까?
- 영혼과 몸이 서로 상호작용을 하는 특정 위치, 즉 '영혼의 자리'가 있다고 가정하는 것이 유용할까?
- 데카르트는 마음과 영혼이 본질적으로 같은 것이라고 보았다. 이 생각에 동의하는가? 만약 동의하지 않는다면, 마음과 영혼 사이에는 어떤 차이가 있다고 생각하는가?

알고 있나요?

- 많은 철학자들과 과학자들은 유물론을 옹호하면서 몸과 마음의 상호작용에 관한 문제를 회피했다. 유물론은 마음을 본질적으로 육체적이라고 간주한다. 유물론자들은 마음이 뇌의 기능 자체이거나 뇌의 기능에 의해 생겨난 것이라고 주장한다.
- 1643년 데카르트는 보헤미아의 엘리자베스 공주와 철학적인 내용이 가득한 편지를 주고받기 시작하였다. 엘리자베스 공주는 자유의지, 감정, 도덕에 대한 질문을 제기했는데, 이는 데카르트가 이전에 그렇게까지 자세하게 다루지 않았던 문제들이었다. 이 편지는 결국 데카르트에게 영감을 불어넣었고, 그는 『영혼의 열정(The Passions of the Soul)』을 써서 1649년에 출간했다.
- 고대 이집트인들은 맥주를 만든 최초의 사람들이었고, 경외하는 마음으로 맥주를 소중하게 다루었다. 부유한 이집트인들은 무덤

안에 작은 맥주 복제품을 넣어두기까지 했다. 듣자하니 그들은 사후에 반드시 집에서 만든 맥주를 즐길 수 있기를 바랐다고 한다.

- 데드 가이 에일의 로고는 미국 오리건 주 포틀랜드에 있는 식당인 카사 우 베차(Casa U Betcha)에서 '시체들의 날'을 기념할 때 전용 탭 스티커로 처음 만든 것이다. 데드 가이 에일의 디자인은 매우 인기를 끌어서 로그 맥주회사는 결국 마이어복(Maierbock) 에일에도 그 디자인을 사용하기로 결정했다.

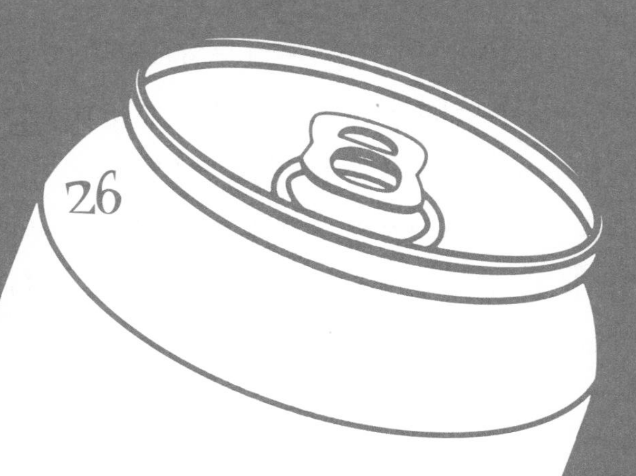

26

플라톤의 형상

완벽한 세계에 다가가고 있는가?

하이 앤 마이티 '퓨리티 오브 에센스 라거'
High & Mighty *Purity of Essence Lager*

무엇이 맥주를 맥주답게 만드는지 생각해본 적이 있는가?
맥주에 '본질(essence)'이 있는가?
라거든, 에일이든, 초콜릿 스타우트든 상관없이
모든 맥주가 공통적으로 가지고 있는
'맥주다움'이라고 부를 수 있는 것이 있는가?
그리고 만약 맥주에 인공적인 맛과 색,
탄산이 들어가 있다면 그래도 그것을
맥주라고 할 수 있을까? 하이 앤 마이티 맥주회사의
퓨리티 오브 에센스는 맥주다움의 본질을
바라보게 한다. 독일의 맥주순수령에 따라
오로지 양질의 맥아와 노블 홉, 효모와
물만을 사용하여 미국의 독특한
수제 양조 방식으로 엄격하게 만든다.

원을 본 적이 있는가? 원처럼 보이는 것을 본 적이 있는지 묻는 것이 아니라 '진짜' 원을 본 적이 있는지를 묻고 있는 것이다. 대답을 하기 전에 특별한 예를 살펴보는 것이 도움이 될 것이다.

아래 그림을 살펴보라. 이것이 원인가? 아니라고 대답하길 바란다. 이 도형은 원처럼 생겼지만, 진짜 원은 아니다. 그 이유를 알아보기 위해 원에 대한 기본적 사실들을 다루는 기하학 지식을 다시 떠올려보자.

- 원은 같은 평면 위에서 볼 때, 한 중심에서 같은 거리에 있는 점들의 집합이다.
- 원의 면적은 반지름의 제곱에 파이를 곱한 것이다.(πr^2)
- 원의 둘레는 지름에 파이를 곱한 것이다.(πd)

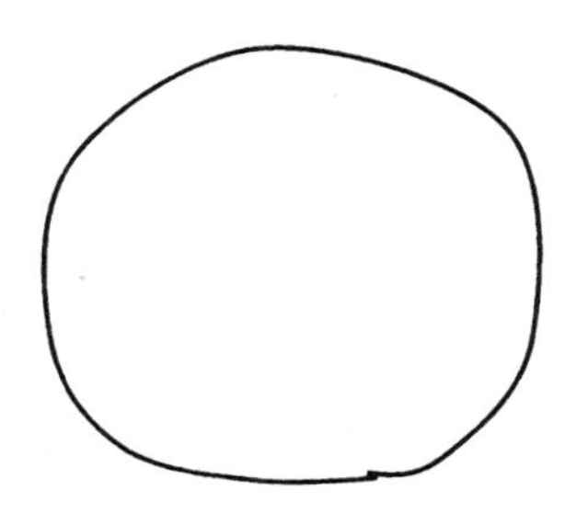

앞의 그림으로는 이 세 가지 계산을 할 수 없다. 원의 둘레에 있는 모든 점들이 중심에서 같은 거리에 있는 것이 아니므로, 그 면적이 정확하게 πr^2이 나오지 않을 것이며 원의 둘레도 πd가 되지 않을 것이다.

맥주잔의 테두리는 어떠한가? 그 테두리가 진짜 원인가? 맥주잔의 테두리가 분명히 원에 더 가깝지만, 잔의 테두리로 만들어진 '선'은 어느 정도의 두께를 가지고 있다. 그래서 그 선 위에 있는 모든 점들은 중심에서 같은 거리에 있지 않다. 바깥 가장자리를 따라 있는 점들은 안쪽 가장자리를 따라 있는 점들보다 중심에서 더 멀리 있다. 그래서 원의 가장 기본적인 요건조차 만족시키지 못한다.

그러면, 이제까지 진짜 원을 본 적이 있는가? 나는 정말로 잘 모르겠다. 누군가 진짜 원을 그리려고 해서 그 원에 있는 모든 점이 중심에서 같은 거리만큼 떨어져 있게 하려면, 전혀 두께가 없는 곡선을 그려야 할 것이다.(그렇기 때문에 위대한 기하학자 유클리드가 선을 '폭이 없는 길이'라고 정의했다.) 그렇지만 두께가 없는 선을 그리는 것은 당연히 불가능하다. 그래서 가장자리가 진짜 원인 맥주잔도 없고, 이 세상 그 어디에도 진짜 원을 본 사람은 없다!

플라톤은 이 논지를 기원전 4세기에 주장했다. 이 관점을 좀 직설적으로 말하자면, 플라톤은 진짜 원은 완벽하게 둥글어야 하는데 완벽하게 둥근 것은 물질계에서 있을 수가 없다고 주장했다. 만약 플라톤이 옳다면, 당신은 진짜 원이라는 것이 도대체 존재하는지 의아하게 생각하기 시작할 수 있다. 그렇지만 진짜 원은 존재해야 한다. 왜냐하면 우리는 원에 관한 많은 사실들이 참이라는 것을 알고 있기 때문이다. 예를 들어 우리는 원이 중심으로부터 같은 거리만큼 떨어져 있는 점들의 집합이라는 것을 알고 있다. 우리는 원들의 크기가 다양할 수 있지만, 원에 각이 하나도 없다는 것 등은 알고 있다. 그리고 원들에 대하여 몇 가지 것들을 증명할 수 있다. 말하자면, 원의 면적은 언제나 πr^2이고, 원의 둘레는 언제나 πd라는 것 등이다.

그러나 진짜 원들이 물질계에 존재하지 않는다면, 도대체 어디에 존재하는가? 글쎄, 우선 원들은 생각 속에 존재한다. 원은 '이데아(Idea)' 또는 '형상(Form)'이다. 원은 지적 능력으로 파악되는 것이지, 오감으로 느낄 수 있는 것이 아니다. 아무도 진짜 원을 볼 수 없지만, 마음속에서 원을 이해할 수는 있다. 그리고 형상들은 마음속에서만 존재하는 것은 아니다. 왜냐하면 형상들이 마음속에서만 존재한다면, 사람들이 원에 대하여 생각하고 있을 때만 원들이 존재할 것이고 그때만 면적이 πr^2일 것이기 때문이다. 플라톤은 원이라는 형상은 '언제나' 존재한다고 주장했다. 사람들이 원의 면적이 πr^2이라는 생각을 '발명'한 것이 아니다. '발견'했을 뿐이다. 원의 면적이 πr^2이라는 것은 우리가 깨닫기 한참 이전에도 참이었다. 그 공식은 언제나 참이었다. 그러므로 원이라는 형상은 '무형적'이면서 동시에 우리와 '독립적'인 영역에 있어야 한다고 플라톤은 주장했다.

그리고 만약 원이라는 형상이 있다면, 당연히 사각형이라는 형상, 삼각형이라는 형상, 기타 등등의 것들이 계속 있어야 한다. 각각은 완벽하고, 형태가 없고, 영원한 이데아로서 무형의 영역에 존재한다. 그리고 기하학적 모양에서도 전혀 특별한 것이 없다. 플라톤에 따르면, 물리적인 세계에서 우리가 보는 거의 모든 것들이 형체가 없는 이상적인 형상을 불완전하게 복사해놓은 것들에 불과하다. 우리가 완벽한 원을 볼 수 없는 것처럼, 완벽한 아름다움도, 완벽한 정의도, 완벽한 맥주도(몇 가지는 상당히 완벽에 가깝지만) 볼 수 없다. 그러나 이것들도 형체가 없는 형상들의 영역에 완벽하게, 영원히 존재한다.

한번 생각해보라. 당신이 완벽한 아름다움, 완벽한 정의, 또는 완벽한 맥주를 본 적이 없다면 그런 것들에 대한 개념을 어디서 얻었는가? 플라톤은 당신의 마음이 순수한 형상들이 들어 있는 작은 통에 '다가가' 그 개념들을 얻었다고 주장한다. 즉, 당신의 마음은 자신도 모르는 새에 형상들이 있는 무형의 영역으로 들어갔다. 이제 신들이 완벽한 맥주의 형상을 어디에 숨겨두었는지를 발견하기만 한다면, 우리는 정말로 대단한 일을 이루는 것이다!

어떻게 생각하나요?

- 무형의 형상이 존재한다는 플라톤의 의견에 동의하는가?
- 플라톤의 주장에 동의한다면, 그 형상들이 영원히 무형의 영역에서 존재한다는 것에도 동의하는가? 동의하지 않는다면 원에 관한 영원한 진실을 어떻게 설명하겠는가?
- 당신은 맥주의 진정한 본질을 포착해낸 '맥주의 형상' 같은 것이 있다고 생각하는가? 그리고 그렇게 생각한다면 에일의 형상, 필스너의 형상, IPA의 형상도 있어야 하지 않을까? 우리는 이것을 어디까지 적용할 수 있을까? 하이 앤드 마이티의 퓨리티 오브 에센스 라거는 어떤가?

알고 있나요?

- 형상에 대한 이론을 정립하고자 했던 플라톤의 포부는 여러 가지 점에서 생각이 발전해가면서 변화했다. 어떤 대화에서는 형상을 수학적이고 기하학적인 독립체로 치부하였다. 다른 때에는 형상에 아름다움과 정의 같은 추상적인 개념들을 포함시켰다. 그가 더 야심만만했던 때에는 형상에 말이나 나무 같은 자연적인 것들을 포함하여, 결국 탁자나 의자 같은 인공물까지 관련시켰다.
- 플라톤은 우리가 완벽함(완벽한 아름다움, 완벽한 정의, 완벽한 에일 등등)에 대한 개념을 가지고 있다는 사실을 생각했다. 우리는 그것들을 현세에서 우연히 접해보거나 경험해본 적은 없지만, 우리가 물질들이 생겨나기 이전에 물질들의 형상들에 대하여 알았던 것이 틀림없다고 주장한다.
- 플라톤은 시인이 되려고 마음을 먹고 있었지만, 소크라테스가 그에게 시보다는 철학이 더 가치 있는 일이라고 설득하였다.
- 하이 앤드 마이티 맥주회사는 양조업에 종교적으로 접근한다. 직원들은 그냥 양조업자들이 아니라, 맥주 전도사들이다. 그들은 자신들이 '양조학의 목사, 효모균류의 사제, 고발효를 따르는 기쁨에 찬 신도'라고 말한다.

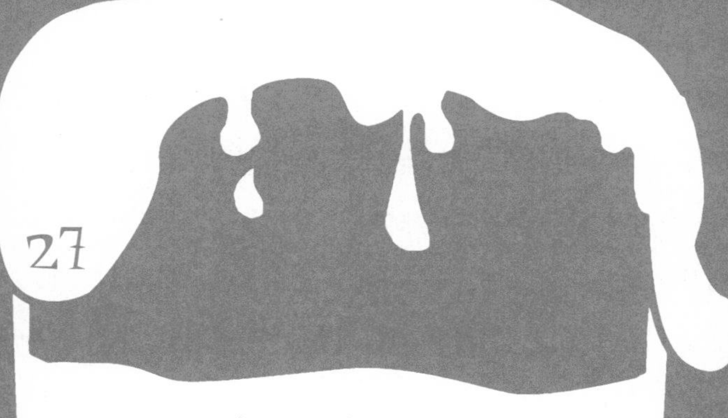

27

니르바나의 세계

깨달을 준비가 되었는가?

라싸 '비어 오브 티베트'
Lhasa *Beer of Tibet*

깨달음과 가장 관계 깊은 곳은
티베트이니, 라싸 맥주를 한 잔 따라보자.
티베트 라싸의 해발 3,650미터 고원에서
빚은 이 맥주는 아마 우리가 접해본
가장 '높은' 맥주일 것이다. 그 독특한 풍미는
이것이 티베트 고원 자생의 보리를 쓰는
유일한 맥주라는 사실에서 비롯한다.

사람들은 '니르바나(nirvana)'란 말이 구체적으로 무얼 뜻하는지 잘 모르는 것 같다.(커트 코베인이 이끌었던 록밴드 '너바나' 말고 말이다.) 어떤 이들은 니르바나가 불교신자들의 천국 같은 거라고 생각한다. 또 어떤 이들은 니르바나를 '깨달음'과 동일시하는데, 틀렸다고 할 수는 없지만 이 역시 상당히 모호한 개념이다. 붓다가 남긴 말에 근거해보면, 니르바나는 '깨달음'에 가까운, 혹은 깨달음에 관련된 굉장히 구체적인 개념이라 할 수 있다. 니르바나를 말 그대로 풀면 '꺼뜨리다' 혹은 '소멸시키다'이다. 무엇을 소멸시키는가? 붓다의 말에 따르면 그것은 욕망을 꺼뜨리는 것이요, 집착을 꺼뜨리는 것이며, 망상을 꺼뜨리는 것이다. 긍정적으로 말하자면 해방이요, 평화며, 평정이다. 인간의 고통에서 완전히 벗어나는 것이다.

니르바나는 불교철학의 궁극적인 목표이다. 붓다도 자신의 가르침은 니르바나와 관련된 네 가지밖에 없다고 말했을 정도이다. 고통이 존재한다는 것이 그 첫째 가르침이며, 고통의 원인이 무엇인가 하는 것이 둘째 가르침이다. 고통이 극복될 수 있다고 하는 것이 셋째 가르침이며, 고통을 극복할 수 있는 길, 즉 니르바나에 이르는 길을 제시하는 것이 넷째 가르침이다. 이 가르침 속에 나타난 붓다의 사상을 간명하게 보여주는 것이 '사성제(四聖諦)'이다.

1 삶은 고통스럽다.

2 고통은 집착에서 생긴다.

3 고통은 극복될 수 있다.

4 그 길은 중도(中道)이다.

첫 번째 '고성제(苦聖諦)'는 종종 잘못 이해된다. 사람들은 이를 삶은 무조건 안 좋은 것, 혹은 좋은 것보다 나쁜 것이 더 많은 것 등의 염세주의적 세계관으로 받아들인다. 사실 붓다가 지적하는 바는 좀 더 미묘하다. 삶이 '항상' 고통스럽다기보다는, 우리가 알고 있는 삶이란 고통과 뒤얽혀 있다는 것이다. 지금은 고통스럽지 않더라도 언젠가 고통이 따르리라는 것은 누구도 부정할 수 없다. 이런 식으로 이해한다면 염세주의라는 논란은 불식된다. 이와 달리 두 번째 '집성제(集聖諦)'는 말 그대로, '모든' 고통이 집착에서 생긴다는 뜻으로 받아들여야 한다. 고통이 극복될 수 있다는 세 번째 '멸성제(滅聖諦)'는 곧 집착이 극복될 수 있다는 의미이다. 원인을 제거하면 자연히 그 결과도 제거될 것이기 때문이다. 네 번째 '도성제(道聖諦)'는 그 목표에 이르는 길을 '중도'라 천명한다. 자기탐닉(방종)이나 자기부정(고행)을 통해서 고통을 잠깐 없앨 수는 있을지라도 영구히 종식시킬 수는 없다.[중도에 대해서는 붓다의 '팔정도(八正道)'에 훨씬 더 상세하게 설명되어 있다.]

니르바나에 대한 붓다의 가르침을 둘러싸고 철학적 질문 세 가지가 제기된다. 첫째, 모든 고통이 집착에서 생긴다는 것은 정말인가? 둘째, 만약 그것이 정말이라면 모든 집착을 극복하는 것이 인간으로서 가능한가? 셋째, 만약 그것이 가능하다 해도 모든 집착을 버리는 것이 바람직한 일인가?

붓다가 생각하는 '집착'이란 물리적 혹은 정신적으로 무언가를 놓지 않으려는 것을 말한다. 쾌락이 생기는 곳에 집착도 생긴다. 우리는 사람에게 집착하고 장소에 집착하고 어떤 맥주에 집착한다. 또한 우리는 우리 자신을 둘러싼 어떤 것들, 이를테면 외모, 젊음, 지성, 생명 그 자체 등에 극단적으로 집착하기도 한다. 하지만 집착이 생기는 곳에는 반드시 고통도 생긴다. 왜냐하면 세상에 진정으로 붙잡을 수 있는 것은 아무것도 없기 때문이다. 영원한 것은 없다. 모든 것은 우리 손에서 빠져나간다.

집착이 고통을 낳는다는 것은 알기 쉽다.(맥주를 엎질렀던 때를 생각해보라. 짧은 순간이지만 고통스럽다.) 하지만 집착이 모든 고통의 근원일 수 있을까? 신체적 고통은 그 예외인 것처럼 보인다. 예를 들어 당신이 라싸를 한 잔 마시고 있는데 친구들이 몰래 고추기름을 섞어 놓았다고 해보자. 그걸 마신 당신의 입과 목구멍은 마치 불에 덴 것처럼 화끈거릴 것이다. 이 경우 표면상 고통을 유발하는 것은 집착이 아니라 분명히 고추기름인 것 같다. 그런 맹목적인 신체적 고통이 집착의 산물이라 할 수 있을까? 이렇게 질문해보자. 입이 화끈거리는 그 순간 당신은 무언가에 집착하고 있는 것인가? 그럼 붓다는 당신이 어떤 종류의 감각에 집착하고 있는 거라고 주장할 것이다. (고추기름을 섞지 않은)라싸의 유쾌한 감각에 집착하고 있거나, 화끈거리지 않는 입과 목구멍의 평상시 감각에 집착하고 있는 거라고. 당신은 그러한 감각을 붙들어놓고 싶은데, 갑자기 그것이 사라지고 대신 당신이 혐오하는 감각으로 대체된 거라고. 만약 당신이 감각에 대한 욕망을 완전히 접어버리고, 집착 없이 모든 감각을 받아들이기로 한다면 어떨까? 고추기름으로 인한 감각은 계속되겠지만, 그것을 여전히 고통으로 여길까?

어떤 이들은 쾌락에 집착하지 않고, 고통을 기피하지 않는 것은 불가능하다고 주장한다. 그건 단지 인간의 본성일 뿐이라는 것이다. 그러나 수행에 매진해온 현대의 많은 불교 승려가 평화와 평정으로 엄청난 육체적 고통을 견뎌내는 능력을 삶을 통해 생생하게 보여주고 있다.

철학적으로 가장 흥미로운 것은 세 번째 질문일 것이다. 만약 모든 집착을 극복하는 게 가능하다면, 우리는 그런 삶을 선택해야 하는가? 우리의 집착을 전부 버리는 것이 정말로 바람직한 것인가? 어떤 이들은 그런 삶을 "목욕물 버리려다 아기까지 버리는" 것에 비유한다. 즉, 이런 것이다. "고통 없는 삶을 살 수도 있다. 어떤 것에 대해서든 마음을 접어버리면 된다. 하지만 누가 그러고 싶겠는가? 한 번도 사랑하지 않는 것보다는 사랑하고 잃는 것이 더 낫지 않은가."

이 문제를 논하는 데 사랑은 좋은 단서가 된다. 집착 없이 진정으로 사랑하는 것이 가능한가? 가능하지 않다면, 우리 중 집착 없는 삶을 선택할 사람은 거의 없을 것이다. 일반적으로 사랑과 집착은 함께 간다. 사랑에 빠지면 상대가 결코 떠나지 않기를, 그리고 영원히 함께하기를 바라는 욕구가 따라온다. 하지만 진정한 사랑이란 꼭

그래야만 하는 걸까? 그런 집착 없이도 그만큼 깊이 사랑할 수는 없는 걸까?

다음 예를 살펴보자. 어느 할머니의 장례식에 두 손녀가 있다. 큰손녀는 완전히 정신이 나갔다. 할머니를 잃었다는 사실을 견딜 수 없고 너무나도 고통스럽다. 반대로 작은손녀는 이 순간을 예전부터 준비해왔던 터다. 어쨌든 할머니는 97세였고 지난 한 해 동안 건강이 급격히 악화되었다. "할머니를 보낼 준비가 되었다."고 말하는 작은손녀는 훨씬 더 평화로워 보인다. 자, 이 정보를 바탕으로 생각해보자. 과연 큰손녀가 할머니를 더 사랑했다고 결론 내릴 수 있을까? 아니면 큰손녀는 할머니에게 더 '집착'했을 뿐이며, 사랑과 집착은 전혀 다른 거라고 결론 내릴 수 있을까?

이 문제를 곰곰이 씹어보는 동안 붓다의 철학을 실천에 옮겨볼 수도 있다. 맥주를 즐기되(또는 사랑하되), 집착은 하지 않는 것이다. 잊지 말라, 세상 만물과 마찬가지로 맥주도 영원하지 않다. 언젠가 당신의 잔도 빌 것이다. 잔의 가득함에 집착하면 틀림없이 고통스러울 지니.

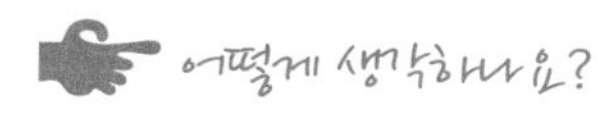

- 집착할 수는 있되 고통을 일으키지는 않는 것이 있는가?
- 붓다의 입장은 집착은 아무런 가치가 없으며 따라서 버려야 한다는 것이었다. 이에 동의하는가? 만약 동의하지 않는다면, 집착이 당신 인생에 어떤 가치를 부여하는가?
- 어떤 것에 집착하지 않고 깊은 애정을 쏟아붓는 것이 가능한가?

- 만약 당신이 니르바나에 도달하는 것을 목표로 삼는다면, 그 목표를 달성하기 위해 어떤 단계를 밟아나갈 것인가? 붓다의 '팔정도'를 참고하여 생각해보자.

? 알고 있나요?

- 붓다는 니르바나에 도달하고자 하는 집착 또한 실제로 니르바나에 도달하는 데 장애가 된다고 주장했다. 집착은 '전부' 소멸되어야 한다.
- 고통을 극복하는 길로 붓다가 제시한 '중도'는 다음과 같이 '팔정도'라는 원리 속에 상세하게 정리되어 있다. ① 바른 시각 ② 바른 의지 ③ 바른 말 ④ 바른 행동 ⑤ 바른 생활 ⑥ 바른 노력 ⑦ 바른 생각 ⑧ 바른 집중.
- 유머 작가 잭 핸디는 이렇게 말했다. 만약 맥주를 마시는 도중에 커다란 깨달음을 얻는다면, 아마 맥주가 코로 튀어나올 거라고.
- '라싸 맥주'는 좋은 맥주를 만들 뿐 아니라 좋은 업(業)을 쌓기 위해서도 노력한다. 이들은 티베트 인들의 건강, 교육, 복지 및 고대 문화유산 보존을 위해 수익의 10퍼센트를 기부한다.

28

악에 관한 문제

신이 존재한다면 왜 나쁜 맥주를 그대로 놔두는가?

 빅토리 '홉데빌 IPA'

Victory *Hop Devil IPA*

왜 좋은 맥주들이 변질되는가? 도대체 왜 나쁜 맥주들이 존재하는가? 우리를 끝없이 사랑하는 신이 존재한다고 가정하면 정말 황당한 일이라, 이런 수수께끼는 영원히 거듭 제기되고 있다. 몇몇 사람들은 그 문제를 악마에게 갖다 붙여서 세상에 있는 모든 악이 악마 탓이라고 말한다. 그렇지만 홉데빌은 선을 이루는 힘이다. 펜실베이니아 주의 빅토리 맥주회사에서 생산하는 홉데빌 IPA는 세상 모든 곳에 있는 맥주 애주가들의 삶에 기쁨과 아름다움을 가져다준다.

도대체 세상엔 왜 온갖 나쁜 것들이 있는 것인가? 지진, 기근, 집단학살, 조류독감, 이상한 냄새가 나는 맥주 등등 나열하자면 한도 끝도 없다. 세상은 오만 가지 방면에서 엉망진창이라고 말해도 무방하다. 세상이 본질적으로 제 스스로 나쁘다는 것이 특별히 놀랍지도 않다. 그러나 그런 세상의 풍경에 신을 대입해놓으면 모순이 생긴다. 가장 선하고 전지전능한 신이 세상을 창조했다는 것을 가정하는 순간, 형편없는 작품들은 철학적인 문제가 되어버린다. 사실, 그런 해악들은 전지전능한 신에 대한 믿음에 대항하는 가장 설득력 있는 논거를 제시한다.

신은 무한히 자비롭고, 모든 것을 알고 있으며, 무엇이든 할 수 있다는 가정하에 모순이 생겨난다. 이 세 특성은 모두 매우 중요하다. 만약 신에게 무한한 사랑이 없다면, 우리는 악이 존재하는 이유를 신에게 심술궂은 구석이 있어서 창조물들을 무관심하게 내버려두거나, 학대하며 즐거워하기 때문이라고 설명할 수 있다. 그런데 신이 완벽하게 선하다면 왜 신은 우리가 그토록 고통을 받게 내버려두는가? 신이 그냥 온갖 질병, 재난, 나쁜 맥주에 대하여 몰랐을 뿐이라고 가정한다면 그 문제를 설명할 수도 있다. 그러나 신은 전지하기 때문에 그런 설명은 불가능하다. 또는, 신이 이 모든 참혹한 지경에 대하여 알고 있고 우리를 그런 곤란에서 구제해주고 싶지만, 그저 어쩌지 못할 뿐이라고 가정해볼 수 있다. 어쩌면 신은 그냥 우주나 이런저런 것들을 창조하느라 너무 지쳤을지 모른다. 그러나 신은 전능하기 때문에 이렇게 설명할 수도 없다. 이제 신이 우리가 고통받는 것을 알고 있고, 우리를 어려움에서 벗어나게 해줄 수 있는 능력도 있지만, 그러기를 거부하고 있다고 가정하는 수밖에 더는 여지가 없다. 그러면 어떻게 신이 완벽하게 선하다고 볼 수 있을까? (그렇게 착하지도 않고 동정심이 많지도 않은)당신 친구들조차도 버스가 당신에게 돌진해 부딪치기 일보 직전의 순간이면(또는 당신이 나쁜 맥주를 막 주문하려는 순간이면) 당신에게 경고를 할 것이다. 그런데 어떻게 신은 우리가 머리를 쳐들고 살아갈 수 없게 만드는가?

철학자들과 신학자들은 수많은 방법으로 이 모순을 해결하려고 노력했다. 그중 가장 많이 알려진 방법은 ① 사탄을 통한 설명 방식, ② 자유의지를 통한 설명 방식, ③ '불필요한 악이란 없다'는 설명 방식 등이다.

사탄을 이용하는 답은 세 가지 가운데 가장 설득력이 약하다. 악을 사탄의 탓으로 돌려 신으로 하여금 그 책임에서 벗어나게 한다는 것이 그 해답의 기본적인 발상이다. 세상이 엉망진창이 된 게 신의 잘못이 아니라 모두 사탄의 잘못이라는 것이다. 당연히 이 논리는 신통치 않다. 신의 전능함과 상충하기 때문이다. 신이 모든 것을 창조했다면 신은 사탄의 존재 자체에 책임이 있다. 그리고 신이 전능하다면 사탄을 포도알처럼 톡 터뜨려버릴 수 있을 텐데, 왜 신은 사탄과 고약한 냄새가 나는 맥주를 없애버리지 않는가? 그 모순이 여전히 남는다.

자유의지를 이용해도 앞에서 제기한 문제들과 비슷한 난관에 부딪친다. 자유의지를 이용하는 답은 모든 해악을 인간과 인간의 자유의지 탓으로 돌려서 신의 책임을 벗기려고 한다. 그러나 우리는 어디에서 자유의지를 받았는가? 당연히 신으로부터 받았다! 그리고 모든 것을 다 안다고 하면서, 신은 우리가 악을 만들어내리라는 것을 전혀 몰랐던가? 신이 우리의 자유의지를 없애서 그 많은 문제들을 해결하겠다고 생각할 필요까지도 없을 것이다. 신은 그냥 우리를 약간 더 마음이 따뜻하고, 약간 덜 이기적이고, 약간 더 똑똑하게 만들 수 있었다. 자유의지를 이용하는 답이 지닌 두 번째 문제는 세상에 있는 모든 악이 인간의 선택 때문이라고만 말할 수 없다는 것이다. 대부분의 질병, 자연재해, 희한한 사건들을 생각해보라. 그것들은 우리가 선택해서 벌어진 일들이 아니다. 그렇지만 분명히 전능한 신이 그런 재해들을 막아줄 수 있었다.

'불필요한 악이란 없다'는 해법은 그 모순을 해결하는 데 가장 좋은 방법이 될 것이다. 그 해법은 세상의 모든 나쁜 것들이 존재하는 데에는 그 나름의 이유가 있다고 주장한다. 신은 악의 존재가 더 위대한 선을 가져오는 데 필요하다는 이유만으로 악을 허락한다. 이런 관점에 따라서, 신은 우리가 자유의지를 가지고 온갖 끔찍한 일들을 할 것이라는 사실을 알면서도 우리에게 자유의지를 주었다. 왜냐하면 사람들에게 좋은 것과 나쁜 것 중에서 자유로운 선택을 하게 하는 편이 자동적으로 옳은 일을 하는 로봇만 잔뜩 창조하는 것보다 낫기 때문이다. 그리고 이와 유사하게, 만약 신이 사탄을 만들어서 사탄에게 우리를 유혹하게 허락한다면, 그 이유는 그렇게 하는 것이 반드시 낫기 때문이다. 우리에게 유혹에 저항할 기회를 주기 때문인 것 같다. 유혹을 이긴다는 건 신의 눈으로 보기에 영광스러운 일이다. 그런데 우리는 세상에 있는 모든 끔찍한 것들을 '필요하다'고 간주하고 정말로 받아들일 수 있을까? 그 끔찍한 것들이 더 나은 선에 기여한다는 생각이 정말로 이치에 맞는가? 현시대 종교철학자 윌리엄 로우(William Rowe, 1931~)는 신에게 다음과 같은 문제를 제기한다.

어떤 먼 숲에서 번개가 죽은 나무를 내리쳐서 산불이 났다고 가정하자. 불길 속에 새끼 사슴이 갇혀 아주 심하게 불에 타서, 죽음으로 고통이 마감될 때까지 며칠 동안 몹시 괴로워해야 했다. 우리가 알 수 있는 한에선, 사슴의 고통은 무의미하다. (……) 전지전능한 존재는 사슴이 무의미한 고통을 당하지 않게 할 수 있었는가? 그 대답은 분명하다. 일신론자라도 주장할 것이다. 전지전능한 신은 손쉽게 그 새끼 사슴이 끔찍한 화상을 입지 않게 할 수 있었다. 아니면 화재를 당하게 되더라도, 새끼 사슴을 며칠 동안 공포 상태에 놔두지 않고 빨리 죽게 해서 극심한 고통을 덜어줄 수도 있었다.

로우는 사람의 경우보다 새끼 사슴의 경우를 고려한다. 사람은 종종 어려움을 이용하여 배우고 성장할 수 있기 때문이다. 그래서 그들의 고통은 거의 틀림없이 어떤 위대한 선을 가져오는 데 기여하는 것 같다. 그러나 새끼 사슴의 경우도 그러하리라고 기대할 수는 없다. 새끼 사슴의 고통은 완전히 무의미하고 불필요한 것 같다. 만약 조용히 죽어가는 사슴의 고통을 아무도 모른다면 어떻게 사슴의 고통이 어떤 위대한 선을 만들어내는 데 기여할 수 있는가? 따라서 그 모순은 여전히 남는다. 우리가 고통당하는 사슴과 냄새 나는 맥주가 있는 세상에서 사는 한 어떻게 우리는 전지전능하고 온전히 선한 신이 있다고 이해할 수 있는가?

어떻게 생각하나요?

- 제시된 세 가지 해답 중에서 악에 관한 문제를 해결할 수 있는 답이 있다고 생각하는가? 만약 없다고 생각한다면, 간과하고 지나쳤던 더 나은 해법이 있는가?
- 사슴의 고통이 어떤 위대한 선을 불러오는 데 기여할 수 있는가? 만약 그렇다면, 사슴의 죽음에서 어떤 선이 생겨날 수 있는가?
- 잠깐만 당신이 신이라고 하자. 세상에서 무엇을 바꾸겠는가? 신이 존재한다면, 신이 당신이 바라는 변화를 가져오지 않는 이유가 무엇이라고 생각하는가?

알고 있나요?

- 윌리엄 로우는 새끼 사슴의 예를 제시했을 때 '악마의 변호사' 역할을 하고 있었다. 그는 실제로는 기독교 철학자이다.
- '악에 관한 문제'라는 제목은 이 모순에 대하여 약간 부적절한 표현이다. '악'이라는 단어는 악의적인 의도를 의미한다. 자연재해, 화상을 입은 사슴, 나쁜 맥주 같은 것들은 엄밀하게 보면 사악한

것이 아니다. 그렇기는 하지만 그런 것들은 우리가 가장 선하고 전지전능한 신에게 바라는 것과는 모순되는 것 같기 때문에 분명히 중요한 문제들이다. 이 문제를 '나쁜 것들에 관한 문제'라고 말하는 것이 더 정확할 것이다. 그런데 그런 제목은 눈길을 사로잡지 못한다.

- 독일 철학자 고트프리트 라이프니츠(Gottfried Leibniz, 1646~1716)는 '불필요한 악마는 없다'는 해결책을 지지한 것으로 유명하다. 볼테르는 소설 『캉디드(Candide)』에서 라이프니츠의 입장을 조롱했다. 주인공 캉디드는 라이프니츠의 철학을 신봉하여, 거듭되는 재난을 겪으면서도 내내 "이 세상만큼 좋은 세상은 없지."라고 말하면서 돌아다닌다.
- 맥주에서 '고약한 냄새'가 나지 않게 하려면 갈색 유리병을 사용하는 것이 가장 좋다. 맥주는 자외선과 가시광선에 노출되면 지린내가 나기 시작한다. 빛을 받으면 리보플라빈(riboflavin)이 홉에서 추출된 성분으로 맥주의 쓴맛을 만드는 이소휴물론(isohumulon)과 반응하여 이를 분해시킨다. 이런 화학 반응은 스컹크가 자기 보호를 위해 고약한 냄새를 내뿜는 것과 비슷한 과정이다. 투명한 녹색 병들은 이런 바람직하지 못한 현상을 방지하는 데 아무런 도움이 되지 않는다. 밀러 하이 라이프(Miller High Life) 같은 맥주들은 이소휴물론이 없는 홉 추출물을 사용하여 이런 문제를 방지한다.
- 홉데빌은 1998년 《몰트 애드버킷 매거진(Malt Advocate Magazine)》에서 올해의 맥주로 선정되었고, 2008년에는 호주 맥주 시상식에서 은메달을 수상했다.

29

시간의 수수께끼

시간은 존재하는가?
그럼, '행복한 시간'은 어떻게 되는 거지?

라트라페 '쿼드루펠' La Trappe *Quadrupel*

시간은 물리적 세계에서 '4차원'이라고 알려져 있다.
'쿼드루펠'은 일반적으로 애비 에일(Abbey ale)에서 4차원으로 간주된다.
쿼드루펠은 보통 에일이나 싱글 에일보다 맛이 네 배나 강하고
알코올 도수도 네 배나 된다. 벨기에 스타일 애비 에일을
사랑하는 사람들은 쿼드루펠을 단연 최고의 맥주로 친다.
라트라페 쿼드루펠을 좋은 친구들과 함께 나눠 마시길.
그러면 시간이 멈춰 있다는 것을 알게 되리라.

시간의 존재를 당연하게 생각한다고? 전혀 놀랄 일도 아니다. 우리는 시간에 대하여 항상 생각하지만, 시간이 무엇인지 잠깐 동안이라도 생각해보는 일은 거의 없다. 당신이 정말 시간이 무엇인지 이해하고자 한다면, 시간은 정말 알쏭달쏭한 것이 되어버린다. 라트라페 쿼드루펠을 마시는 동안 시간의 본질에 대하여 곰곰이 생각해보라. 그러면 시간이 도대체 존재하는지 궁금해지기 시작할 것이다.

우리는 일반적으로 시간에 과거, 현재, 미래라는 세 가지 측면이 있는 것처럼 말한다. 그러나 거의 모든 사람들이 알고 있듯, 과거는 지나갔다. 즉, 과거는 더 이상 존재하지 않는다. 이와 유사하게 미래도 존재하지 않는다. 미래는 아직 다가오지 않았기 때문이다. 진정 존재하는 것은 지금 현재뿐인 것 같다. 바로 지금 이 순간! 그렇지만 '순간'이란 무엇인가? 분명히 순간은 기간이 없을 것이다. 순간은 시간이 걸리지 않아야 한다. 순간이 어느 정도의 시간이 걸린다면 우리는 그 순간을 나누어 더 작은 순간들로 나눌 수 있고, 그 순간들 중에 한 순간만이 '바로 이 순간'이 될 수 있기 때문이다. 그러면 순간은 존재하지 않는 두 독립체, 과거와 미래 사이에서 무한대로 작게 나뉘는 선에 불과해 보이기 시작한다.

이런저런 이론적인 어려운 문제들 때문에 많은 철학자들이 시간에 대한 일반적 개념을 근본부터 철저하게 다시 생각해봐야 한다는 제안을 하기에 이르렀다. 예를 들어, 아리스토텔레스는 시간이란 운동의 측정단위일 뿐이라고 결론 내렸다. 임마누엘 칸트는 시간이 세계의 일부가 아니며, 우리의 정신적 표상의 한 단면이라고 주장했다. 말하자면, 시간은 '머릿속'에 있는 것이다. 그러나 시간에 대한 현재의 개념에 가장 큰 영향을 준 사람은 단연코 저명한 물리학자 알베르트 아인슈타인(Albert Einstein, 1879~1955)일 것이다.

아인슈타인은 우리가 공간에 대하여 상상하는 방법과 비슷한 방식으로 시간에 대하여 생각해야 한다고 주장했다. 우리는 공간을 모든 방향으로 '펼쳐져' 있는 것으로 간주한다. 우리는 공간을 한꺼번에 경험할 수는 없어도, 모든 공간적 위치들이 '밖에' 존재하고 있다고 생각한다. 우리가 지금 그 위치들을 지각하고 있는지, 지각하지 않는지는 상관하지 않는다. 예를 들어, 나는 달의 뒷면을 바로 지금 볼 수 없지만, 나는 달의 뒷면이 틀림없이 존재하고, 내가 달에 간다면 달의 뒷면을 보게 될 것이라고 믿어 의심치 않는다. 아인슈타인은 우리가 시간을 그와 비슷한 방식으로 생각해야 한다고 제안했다. 시간의 모든 시점들이 널리 펼쳐져 있어서 과거, 현재, 미래가 모두 존재한다고 상상해보라. 모두 똑같이 실재이다. 이런 설명을 일반적으로 '무시제적 시간이론(tenseless theory of time)'이라 일컫는다. 그러나 지금 시점에서 우리는 과거와 미래를 경험할 수 없다. 우리가 보는 것은 모두 당장 코앞에 바로 놓여 있는 이 순간뿐이다. 그러나 그 말은 오직 이 순간만이 존재한다는 뜻을 담고 있는 건 아니다. 당신이 현재 어떤 공간을 경험하고 있다고 그 장소만이 유일하게 존재한다는 뜻이 아닌 것이나 마찬가지다. 무시제적 시간이론에 따르면 과거와 미래 역시 존재한다. 그리고 당신이 과거와 미래에 가고자 한다면, 과거와 미래를 경험할 것이다. 실제로 당신은 지금 당장, 시시각각 미래로 들어가고 있다. 당신이 지금부터 한 시간 후에 무슨 일이 일어날지 궁금하다면 그냥 참고 기다려라. 바로 알게 될 것이다.

현실의 이런 모습을 더 충분히 파악하려면 시간과 공간을 별도로 나누어 이야기하는 것을 그만두고 둘을 하나로 묶어 단일한 독립체로 바라보아야 한다. 공간이 우리 앞에 펼쳐져 있다고 생각하지 말라. 그리고 시간 역시 비슷한 모양으로 우리 앞에 펼쳐져 있다고 생각하지 말라. 대신 현실이 단일한 시공연속체로 만들어져 있다고 상상하라. 존재하는 사물은 어느 것이나 '시공'에서 한 지점을 차지하고 있다. 예를 들어 당신은 시공간 내에서 한 특정 위치에서 이 책을 읽고 있다.(예를 들어, 저녁 8시 22분 캘리포니아 1번 해안도로와 맥아더 대로 사이에 있는 크로 술집에 있다.) 그와 마찬가지로, 두 시간 전에 당신은 시공연속체에서 한 지점을 차지하고 있었다.(예를 들어, 저녁 6시 22분 뉴포트 대로에 있는 고트 힐 술집에 있었다.) 그리고 당신은 다음 일요일 오후 시공연속체에서 다른 위치를 차지하게 될 것이다.

이 이론에서 기이한 점은(또는 이 이론이 맞는 경우 현실에서 기이한 점은) 미래에 대한 사실들이 과거나 현재에 대한 사실들과 하나도 다를 것이 없다는 것이다. 그 사실들은 시공간 내에서 자신의 고유한 위치에서만 존재할 뿐이다. 그리고 그 사실들이 존재하기 때문에 우리는 그 사실들을 절대로 바꿀 수가 없다. 예를 들어, 당신이 다음 일요일 오후 브릭스 브루스 술집에서 쿼드루펠 한 잔을 즐기고 있을 것이 시공연속체에 대한 하나의 사실이라는 것을 가정하자. 그것이 사실이라면, 당신이 그 사실을 피하기 위해 할 수 있는 일은 하나도 없다. 당신이 갑자기 다음 일요일 오후에 결혼하겠다고 계획을 세운다면, 미안하지만, 그런 일은 일어나지 않을 것이다. 브릭스에서 나무 의자에 앉아 있는 것이 다음 일요일 오후의 시공간 내에서 당신의 위치이므로(그 이전부터 다음 일요일 오후의 위치는 '언제나' 거기였다), 당신이 그 사실을 바꾸기 위해 할 수 있는 일은 아무것도 없다. 따라서 과거, 현재, 미래는 이미 쓰여 있는 책과 같은 것이라고 여겨도 된다. 당신은 그 책의 이야기가 어떻게 끝날지를 마음대로 바꿀 수 없다. 당신이 하는 일은 그 이야기의 마지막을 만들어가는 데 도움이 되었던 선택들과 사건들을 경험하는 것이 전부이다.

사람들은 대부분 이 시간 이론을 마음 편하게 받아들이지 못한다. 시간을 직관적으로 이해하면 과거는 '정해져' 있지만, 미래는 아직 '열려 있다'고 생각된다. 우리는 일반적으로 앞으로 펼쳐질 미래는 여러 가지가 가능할 수 있고, 이 미래들 중에 어떤 것이 실제가 될 것인지는 우리가 현재 어떤 길을 선택하느냐에 달려 있다고 가정한다. 그러나 단일 시공연속체는 이런 가정을 허용하지 않는다. 저마다 앞에 한 가지 길만이 놓여 있다. 태어나면서 죽을 때까지 일련의 위치가 정해져 있고 시공간에 이미 펼쳐져 있다. 그런 전망을 어떻게 평가해야 할까? 어떤 사람들은 그런 생각을 하면 너무 우울해진다고 말한다. 그들은 무시제의 시간이 '그냥 이론'이기를 바란다. 만약 그 이론이 사실이라면 우리 삶의 의미와 목적을 앗아가버릴 것이기 때문이다. 어떤 사람들은 미래가 '정해져' 있다는 사실이 정말로 중요하지 않다고 주장한다. 우리가 미래의 사건들을 바꿀 수 없을지라도, 어쨌든 대개는 우리가 선택한 것들이 미래의 사건들의 원인이 되기 때문이다. 결론적으로, 당신이 일요일 오후 브릭스 브루스 술집에 있다면, 누군가 당신 머리에 총을 겨누고 데려갔기 때문에 당신이 거기에 있을 확률은 거의 희박하다. 당신은 거기에 있고 싶어서 거기에 있을 가능성이 가장 크고, 적어도 어떤 사정이든 상황이 그렇게 되어서 거기에 있을 것이다.

솔직히 말하면...

쿼드루펠이 싱글 에일보다 맛이 네 배나 강하고 네 배의 알코올을 함유하고 있는 건 아니다. 맛에 대해서 얘기하자면 정확하게 측정하기 어렵고, 네 배는 분명히 과장이 섞였다. 알코올 도수는 다양하지만 흔히 마시는 싱글 에일 또는 블론드 애비 에일(blonde abbey ale)의 도수는 약 6퍼센트인 반면, 쿼드루펠은 10~12퍼센트 정도 된다. 그러나 버드 라이트(Bud Light, 4.2퍼센트)에 비하면 쿼드루펠에 들어 있는 알코올은 거의 세 배에 이른다.

어떻게 생각하나요?

- 시제가 없는 시간이 삶의 의미와 목적을 앗아갈까? 왜 그럴까? 아니라면 그 이유는 무엇인가?
- 시간이 한 순간에서 다음 순간으로 '날아간다'고 생각하는가? 아니면 시간에 대한 우리의 경험만이 변화하고 있는 것일까?

- 당신의 미래가 '정해져' 있다면, 그런 생각으로 의욕이 떨어지는가? 의욕이 떨어지지 않는다면 그 이유는 무엇인가?

? 알고 있나요?

- 단일 시공연속체의 개념을 가져온 건 아이슈타인의 특수상대성이론이었다. 그러나 시간과 공간이 통합된 전체의 두 가지 측면이라고 보는 아이디어는 원래 아이슈타인의 스승 헤르만 민코프스키(Hermann Minkowski, 1864~1909)가 1908년에 쓴 에세이에 처음으로 등장했다. 시간에 대한 이런 생각은 아이슈타인의 일반상대성이론에도 이용되었다.
- 무시제적 시간이론에 따르면 모든 관찰자들의 입장에서 '지금'이라고 이름 붙일 수 있는 단일한 순간은 없다. 물리학자 폴 데이비스(Paul Davies, 1946~)는 다음과 같은 글을 썼다. "'화성에서 지금 무슨 일이 일어나고 있지?' 같은 질문은 화성에서의 특정한 순간을 이야기하고자 하는 것이다. 그러나 (……) 로켓을 타고 지구를 스치듯 지나가는 우주인이 동시에 같은 질문을 하면 그는 화성에서의 다른 순간을 언급하고 있는 것이다. 사실, 화성에서 가능한 '지금'의 범위는 계속 운동을 하면서 지구 가까이에 있는 관찰자에게는 실제로 몇 분으로 늘어난다."
- 애비 에일 스타일에는 강도가 약한 순으로 두벨(dubbel), 트리펠(tripel), 쿼드루펠(quadrupel)이 있다.
- 라트라페 브랜드의 맥주는 네덜란드에 있는 데 코닝스후번(De Koningshoeven) 양조장에서 만든다. 트라피스트 양조장으로는 유

일하게 벨기에가 아닌 곳에 있다. 여기에서는 여덟 가지 맥주를 생산한다. 블론드, 두벨, 트리펠, 쿼드루펠, 비테 트라피스트(witte trappist), 복비어(bockbier), 이지도르(isid'or), 리얼 트라피스트(real trappist)가 그것이다.

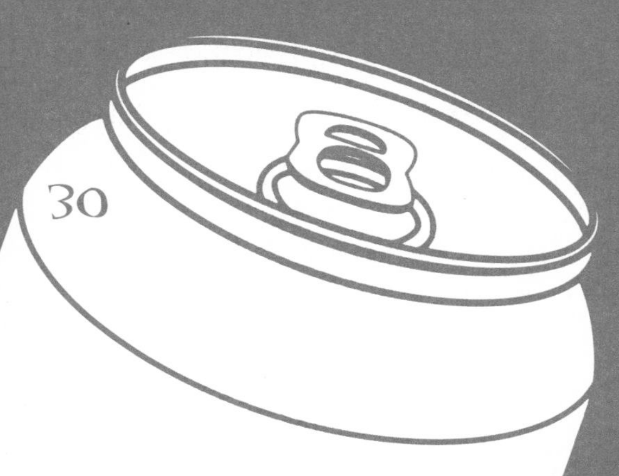

30

시간여행의 모순

시간여행이 가능한가? 만약 가능하다면 내가 세계 최초로 맥주를 양조할 수 있을까?

크로넨부르 '1664'

Kronenbourg *1664*

크로넨부르 1664는 맛좋은 프랑스 라거로, 프랑스에서 가장 많이 마시는 맥주이다. 크로넨부르 1664는 크로넨부르 양조장이 1664년에 세워졌기 때문에 붙여진 이름이다. 1664년은 아이작 뉴턴 경과 고트프리트 라이프니츠가 미적분학을 개발한 때이기도 하다. 만약 시간여행이 가능하다면, 당신이 그때로 돌아가 미적분학이 나오지 못하게 방해할 수 있을 거라고 생각하는가? 그렇게 할 수 있다면 당신은 온 세계 고등학생들의 구세주가 될 것이다!

29장 '시간의 수수께끼'에서 본 것처럼, 아인슈타인의 말이 옳다면 시간과 공간은 단일 시공연속체 안에 펼쳐져 있다. 커다란 담요가 펼쳐져 있는 것 같아서, 과거와 미래가 '그곳에서' 존재한다. 지금의 시공간적 위치에서 그 과거와 미래를 볼 수 없지만 말이다. 그러나 과거와 미래가 정말 거기에 있다면, 당연히 그곳으로 여행할 수 있게 될 것이다.

시간여행은 세상의 일급비밀 중의 하나이다. 그렇게 많은 사람들이 아직도 시간여행이 순수 공상과학이라고 생각한다는 것이 난 너무나도 놀랍다. 하지만 시간여행은 증명된 실제이다. 좀 어렵지 않은 일, 즉 미래로 시간여행을 떠나는 것부터 시작해보자. 우선, 당신은 미래로의 시간여행이 지금 이 순간 가능하다는 것을 증명하고 있다. 당신은 매 순간, 미래로 가고 있다. 좋다. 그게 무슨 대수겠는가. 당신은 그것을 알고 있었고 그 일이 그렇게 특별히 신나는 일이라고도 생각하지 않는다. 미래로의 시간여행을 의미 있게 이뤄내려면, 한 미래의 시점에 다른 사람들이 도착하기 전에 한 사람이나 물체가 미리 도착해야 할 것이다. 바로 이것을 과학자들은 이루어놓았다.

아인슈타인의 특수상대성이론에 따르면, 어떤 물체에 대한 시간은 그 물체의 움직임과 관련되어 있다. 물체가 빠르게 움직일수록, 시간은 그 물체에 대하여 느리게 흘러간다. 이것을 '시간 지연(time dilation)'이라고 부른다. 아인슈타인이 시간 지연을 예견했고 그 이후로 과학자들은 그것을 증명했다. 과학자들은 제트기 안에 아주 민감한 원자시계를 장착한 다음 그 제트기가 최고 속도로 지구를 돌 수 있도록 쏘아 올렸다. 제트기가 지구로 내려오면, 제트기 안의 시계가 지구 위의 시계보다 시간이 덜 지났다는 것을 알 수 있다. 지구에서 (상대적으로)정지해 있는 시계에 비하여 보니, 그 여행은 몇 마이크로 초 더 빨리 진행되었다. 제트기 안의 시계는 지구 위의 우리보다 몇 마이크로 초 먼저 미래로 갔다.

지금 당신이 무슨 생각을 하고 있을지 짐작이 간다. "단 몇 마이크로 초. 이걸 시간여행이라고?" 그러나 이 시계들이 나타내는 시간의 차이가 매우 작은 건 단지 속도 차이가 크지 않았기 때문이었다. 우리가 그 시계들을 광속에 가까운 속도로 지구 궤도에 올려 보낼 수 있다면 그 시계들은 우리보다 며칠, 몇 주, 아니 몇 년도 더 먼저 미래로 갈 수 있다. 얼마나 더 먼 미래로 가느냐는 그 시계들이 얼마나 오랫동안 궤도에서 운동하느냐에 달려 있다. 그리고 중요한 점은 시간 지연이 시계에만 영향을 주는 것이 아니라, 운동하고 있는 물체에도 영향을 준다는 것이다. 그래서 어떤 사람이 매우 빠른 속도로 이동하는 우주선 안에 있다면, 그 안에서의 시간은 지구에서의 시간보다 훨씬 느리게 흘러서, 우주선 안의 시계들이 우리보다 먼저 미래로 가게 될 것이다.

이 설명을 받아들이기가 어렵다면 예를 하나 들어보자. 40세의 아버지와 20세의 아들이 있다고 가정하자. 아버지는 아들보다 늙었다는 것에 짜증이 나서 초고속 로켓에 뛰어올라타 10년 동안 우주비행을 한다. 운동하고 있는 아버지의 시간은 지구에 있는 시간보다 느리게 가기 때문에, 아버지가 여행을 한 10년 동안 지구에 있는 아들에게 40년이란 시간이 흘렀다. 그래서 아버지가 돌아왔을 때 아버지는 50세, 아들이 60세가 되어 있다. 아버지는 미래 시간여행을 통하여 아들의 미래로 간 것이다.

미래로 가는 시간여행도 이상하게 보이지만, 과거로 가는 시간여행은 더더욱 말도 안 된다. 과거로 가는 시간여행은 아직 이루어내지 못했지만, 많은 물리학자들은 그것이 정말 가능하다고 생각한다. 7장 '루크레티우스의 창'에서 중력이 보이지 않는 인력(引力)이 아니라고 한 것을 기억할 것이다. 중력은 인력이 아니라 시공연속체의 휨이다. 태양처럼 엄청나게 육중한 물체들은 시공간을 휘어놓기 때문에 운동하는 물체는 그 무거운 물체들 주위를 돌게 될 것이다. 그러나 한 물체가 블랙홀이나 웜홀, 우주끈(cosmic string)처럼 상상할 수 없을 만큼 무겁다면, 시공간이 급격하게 휘어서 접힐 수가 있다. 이런 일이 일어날 때, 그 구부러진 시공간 궤도를 이용하면 당신이 출발했던 시공간의 지점에 로켓을 착륙시키는 일이 가능할 수도 있다.

과거로 가는 시간여행이 무시제적 시간 내에서는 논리적으로 가능하지만, 많은(극복하기 불가능할지도 모르는) 물리학적 난점들이 있다. 예를 들어, 적당하게 구부러진 시공간 단면이 발견된다면 거기에 이를 수 있는 과학기술을 갖추어야 할 것이다. 적당한 후보가 될 수도 없겠지만, 가장 가까운 블랙홀이 1만 광년 이상 멀리 떨어져 있다. 그리고 블랙홀과 우주끈이 존재할 수도 있다고 제안하는 과학적 증거는 있지만, 그 가운데 발견된 것은 아직까지 하나도 없다. 그러나 철학자들은 절대로 물리학적 난점들에 빠져 옴짝달싹 못 하는 사람들이 아니다. 우리는 사고실험을 통하여 시간여행이 가능하다고 생각할 수 있기만 하면 이미 충분히 행복하다. 그리고 무시제적 시간의 본질에 대하여 생각하면, 적어도 과거로 가는 시간여행에 적용되는 몇 가지 법칙들을 이해할 수 있다. 우리가 그 시간여행을 떠날 수 없더라도 말이다.

무시제적 우주 내에서 시간여행의 법칙

1 당신은 과거에 기여를 할 수는 있지만 과거를 바꿀 수는 없다.

과거는 시공간 단면에서 '저기 밖에' 있기 때문에, 당신이 과거에서 하려고 하는 건 무엇이든 모두 당신이 이미 해버린 일들이다. 그러므로 당신은 과거로 돌아가 히틀러를 죽일 수는 없다. 모두가 알다시피 당신이 히틀러를 살해하지 않았기 때문이다. 그러나 당신이 1913년 뮌헨의 호프브로이하우스에 나타나 히틀러의 맥주에 침을 뱉는 것은 가능할지 모른다. 그러나 미래의 당신이 1913년으로 돌아가 그렇게 하는 경우에만 가능한 일이다.

2 당신은 미래에 기여를 할 수는 있지만 미래를 바꿀 수는 없다.

미래 역시 시공간 단면에서 '저기 밖에' 있기 때문에, 그 시공간에는 예를 들어, 아버지가 아들의 미래로 가기 위해 로켓에 올라타는 지점도 정해져 있다. 따라서 아버지가 2072년에 착륙하여 무엇을 하든지 모두 그가 2072년에 '항상' 해놓은 일로 되어 있다. 그의 시간여행 나들이는 미래를 전혀 '바꿀 수 없을' 것이다.

3 당신의 몸은 동시에 두 장소에 존재할 수 있다.

우리가 알고 있는 바로는, 미래의 당신은 과거로 시간여행을 하여 역사상 바로 오늘에 도착했을지도 모른다. 그리고 바로 지금 이 순간 런던의 한 술집에서 한잔 하고 있다.

4 같은 시공간에서 당신 인생의 다른 두 지점이 존재할 수 있다.

예를 들어, 당신이 다섯 살짜리 당신을 만나러 과거로 갈 수 있다. 그래서 놀이터에 다섯 살의 당신과 45세의 당신이 있다. 한 시공간 위치에 두 몸이 있는 것이다. 물론 당신이 다섯 살 때 시간여행을 하고 있는 45세의 당신을 놀이터에서 '만났다면' 가능한 일이다. 그런 일이 있었을지 누가 알겠는가? 그런 일이 있었는데도 당신이 기억하지 못할 수도 있다. 다섯 살 때 당신은 그 낯선 어른이 실제로 미래의 자신이라는 것을 전혀 몰랐을 테니까 말이다.

5 당신은 과거로 가서 어린 당신 자신을 죽일 수 없다.

당신은 어린 당신을 죽일 수 없다. 당신이 히틀러를 살해할 수 없는 것과 같은 이치이다. 당신이 그렇게 하지 않았기 때문이다. 이런 설명은 어린 당신을 죽이는 것이 가능했다면 일어나는 부적합한 논리를 피하게 해준다. 당신이 어려서 죽는다면 더 나이가 들어서 어른이 될 수 있는 기회가 없어지고, 과거로의 여행을 할 수 없기 때문이다!

6 시작이 없는 이상한 인과관계가 생겨날 수 있다.

크로넨부르 양조장을 설립한 양조기술자 제로니무스 하트(Geronimus Hatt)가 현재의 쿠르디스탄 지역에 기원전 9000년경으로 시간여행을 갔다고 가정하자. 중동의 뜨거운 태양 아래에서 몇 주를 보내고 나자 맥주를 마시고 싶은 마음이 간절했지만, 안타깝게도 아직 맥주가 발명되지 않았다. 그래서 제로니무스는 초창기 농부들로부터 재료들을 모아서 1회분의 에일을 양조한다. 이것이 인간의 역사상 가장 처음 양조된 맥주가 된다. 그러나 우리는 그가 맥주를 '발명했다'고 말해선 안 된다. 제로니무스는 자신의 조상들에게서 물려받은 양조법에 따라 만들었을 뿐이기 때문이다. 여하튼 그는 이 '최초의 맥주'를 원주민들에게 나누어준다. 맥주는 사람들의 마음을 사로잡아 유행이 되었고, 맥주 양조기법이 전 세계로 퍼져나간다. 그러면 누가 최초의 맥주 발명가인가? 대답은 어느 누구도 아니라는 것이다.

어떻게 생각하나요?

- 맥주의 진정한 발명가가 없다는 시나리오는 과거로 가는 시간여행이 앞뒤가 안 맞고 불가능하다는 의미를 나타내는가? 아니면 이 결과를 이해할 수 없더라도, 물리학적으로 맞는 말이라고 생각해야 하는가?
- 시제가 없는 시간여행에 따르면, 당신은 (원칙적으로) 1913년 뮌헨

으로 시간여행을 갈 수 있다. 당신은 총을 하나 살 수 있고, 히틀러에게 바로 다가갈 수 있을지 모른다. 그러나 당신은 그를 죽이는 것이 불가능하다. 당신이 히틀러 살해에 성공할 수 없다는 것이 믿을 만한가? 당신이 성공할 수 없다는 것은 이론 자체가 설득력이 없다는 것을 보여주는가? 왜 그런가? 아니라고 생각한다면 그 이유는 무엇인가?

? 알고 있나요?

- 시간 지연에 대한 가장 인상적인 증거는 입자가속기에서 나온다. 과학자들은 뮤온이라는 중간자들을 광속에 가까운 속도로 돌려, 각 입자들의 시간을 2,400퍼센트 이상 느리게 가게 했다. 이런 현상은 입자들의 감쇠율에서도 볼 수 있다. 이런 조건 아래 그 뮤온들의 수명은 보통 때보다 수십 배나 연장될 수 있다.
- 러시아 우주비행사 세르게이 크리칼레프(Sergei Krikalev, 1958~)가 다른 사람들보다 더 먼 미래로 여행을 했다. 시속 2만 7천 킬로미터로 803일을 보냄으로써, 그는 우리보다 1/48초만큼 미래로 갔다.
- 웜홀이란 시공간면에서 떨어져 있는 두 점을 잇는 통로라는 가설적 개념이다. 우주끈 역시 가설적 개념이다. 빅뱅의 결과로 엄청난 중력을 가지게 되었을 것이라 여겨지는 우주끈은 시공간에 난 길고 가는 '흠집'이다.(우주끈은 물리학에 나오는 '초끈'이나 '끈 이론'과는 무관하다.)
- 중력은 시공연속체를 뒤틀어놓기 때문에, 지구의 중력도 시간 지연을 만들어낼 수 있다고 생각한다. 중력은 시간을 느리게 가게

한다. 그러므로 엠파이어스테이트 빌딩같이 높은 건축물의 맨 꼭대기에 있는 시계는 지구 표면의 시계보다 느리게 갈 것이다.

- 크로넨부르 1664는 프랑스 산악지대인 알자스에서 나는 향기로운 홉이 들어간 독특한 혼합 홉을 사용한다.

31

히틀러의 헤페바이젠

히틀러의 잔에 독을 넣을까?

 호프브로이 '헤페바이젠'

Hofbräu *Hefeweizen*

만약 당신이 과거로 시간여행을 떠나 20세기 초 독일 비어홀에 앉아서 히틀러와 얼굴을 마주보고 있다면, 그가 호프브로이하우스에서 헤페바이젠을 마시는 모습을 볼 수 있는 좋은 기회다. 히틀러가 국가사회주의 프로그램의 25개조 강령을 발표했던 곳이 바로 뮌헨 호프브로이하우스 비어홀이다. 히틀러를 경멸하는 것은 괜찮다. 그러나 제발 맥주에다 화풀이하지 말아주길 당부한다.

시간여행에 관한 수수께끼를 하나 더 내보겠다. 그런데 이번에는 무시제적 시간에 대한 것도, 시간여행에 관한 법칙들도 모두 잊어야 한다. 이번 사고실험의 목적을 위하여 시간에 시제가 없는 것이 아니며, 그래서 과거를 바꾸는 것이 가능하다고 가정해보자.

당신이 방금 시간을 거슬러 1913년 뮌헨으로 이동했다고 가정해보자. 당연히 독일에서 가장 유명한 비어홀에 가보기로 한다. 그래서 당신은 호프브로이하우스에 내려가 헤페바이젠 한 잔을 시키고 옆에 있는 사람들과 이야기를 나눈다. 그날 늦은 저녁, 인생이 꼬여서, 당신하고 맥주를 마시고 이야기를 하고 있는 청년이 다름 아닌 아돌프 히틀러라는 젊은 미술학도라는 것을 알게 된다. 그때까지는 그가 비열한 짓을 하나도 저지르지 않았다. 누구를 죽인 적도 없고, 사람들을 죽이라고 누구에게 명령한 적도 없다. 증오를 내보이고 있지도 않다. 실제로 상당히 괜찮은 사람처럼 보인다.(물론, 겉으로 봐서야 아무것도 알 수는 없지만.) 그러나 당신은 미래를 알고 있기 때문에 머릿속에는 한 가지 생각으로 가득 차 있다. "이 녀석은 재수 없는 히틀러야!" 당신이 이 상황을 처음 대하고 받은 충격에서 벗어나 정신을 차리고 나자, 당신의 생각은 셔츠 주머니 안으로 이동한다. 셔츠 주머니 안쪽에는 청산가리 캡슐이 들어 있다. 그것은 타임머신이 사자 굴이나 제프리 다머(미국의 연쇄살인범)의 지하실 한가운데에 당신을 떨어뜨려놓는다든가 하는 아주 끔찍한 일을 겪게 되는 경우를 대비해서 가지고 다니는 것이다. 그러면 자연히 이런 질문이 제기된다. 당신은 히틀러를 죽여야 하는가?

당신이 히틀러를 죽이지 않는 것이 낫다고 결정하는 이유가 여러 가지 있다. 개인적으로 중요한 한 가지 이유는 당신이 역사를 급격하게 변화시키면, 당신의 부모님들이 서로 만나지 못할 것이고, 당신이 태어나지 못하게 된다는 문제가 생긴다는 것이다. 그런 걱정이 타당한지는 공간과 시간의 본질에 달려 있을 것이다.(이에 대하여 더 알고 싶으면 29장 '시간의 수수께끼'를 보라.) 그러나 논의를 전개해나가기 위해서 시간여행이 그렇게 만들 수 있다고 가정하자. 과거를 변화시키면 미래는 바뀔 것이다. 이 이유 때문에 당신이 히틀러를 죽이기를 단념해야 할까?(호프브로이하우스에 나타났다는 것만으로 당신이 이미 미래에 영향을 주어서 당신이 태어날 수 없게 될 가능성이 아주 높아진다는 문제는 일단 옆으로 밀어두자.) 많은 사람들이 히틀러의 체제를 막아보려고 자신의 목숨을 희생했다. 당신이 그들을 존경하다면 당신도 같은 일을 해야 하지 않을까? 단지 당신이 태어나지 못할지도 모른다는 이유 때문에 수백만 명의 무고한 사람들이 죽게 내버려두는 것은 좀 비겁한 일이 아닐까?

이 문제를 좀 다른 각도에서 들여다보자. 고려해야 할 중요한 문제들이 아주 많기 때문이다. 히틀러가 (현재는) 아무 잘못을 저지르지 않았다는 사실은 어떻게 해야 하는가? 그와 이런저런 이야기를 나누다가 그가 화가로 성공하고 싶은 열망으로 가득 차 있다는 말을 듣게 된다. 지도자가 되겠다는 생각은 그의 마음에 아예 없는 것 같다. 그러니 그가 (아직) 죽을 만한 짓을 하지 않았다면 그를 죽이는 것이 나쁜 일이지 않을까?

그런 종류의 질문에 접근하는 방법에는 일반적으로 두 가지가 있다. 하나는 결과주의적 접근법을 취하는 것이다. 결과주의(consequentialism)는 어떤 행동의 도덕성은 그 행동의 결과에 의해서 판단된다는 견해이다. 행동의 결과를 주시하면 당연히 목적이 수단을 정당화한다. 히틀러를 죽이면 당신은 공공의 선을 달성한다. 수백만 명의 무고한 생명을 구하는 것이다. 이런 논리에 따른다면 히틀러를 살해하는 것은 옳은 일일 것이다. 당신이 호프브로이하우스 전체를 날려버리고, 그 안에 있는 사람들까지 모두 죽게 하고, 그 죽은 사람들 중에 나중에 히틀러를 반대하는 사람들이 섞여 있더라도 말이다. 결과주의의 대안은 간단하게 비결과주의(non-consequentialism)라고 부르자. 비결과주의는 어떤 행동의 도덕성과 그 행동의 결과는 별개라고 본다. 예를 들어 노예제도, 납치, 무고한 사람들을 죽이는 것 같은 행동들은 '원칙에 따라' 나쁘다고 판단된다. 그런 행동들을 해서는 안 된다. 그 행동들이 어떤 좋은 결과를 가져오든 아니든 그건 상관없는 문제이다.

우리 대부분은 비결과주의의 성향이 강하다. 예를 들어, 우리는 노예제도가 어떤 좋은 결과를 가져오는지와 관계없이 나쁘다고 생각한다. 노예제도가 얼마나 많은 경제적 풍요를 가져오는지, 얼마나 많은 사람들이 노예제도로 행복해질 수 있는지는 전혀 중요하지 않다. 노예를 소유하는 것은 사람들을 사물로 취급하는 것이고, 그들의 인권을 무시하는 것이며, 그들에게 자유와 행복을 누릴 수 없게 방해하는 것이다. 이것은 원칙적으로 잘못된 것이라고 비결과주의자들은 주장한다.

히틀러의 경우에 대한 문제는 히틀러가 사느냐 죽느냐의 문제가 상당히 극단적인 결과를 가져온다. 그리고 장기적인 관점에서 보면 비결과주의적 성향에 압박이 가해진다. 히틀러를 살려두는 쪽을 선택하면 수백만 명의 무고한 사람들이 죽게 만드는 쪽을 선택하는 것이라고 생각할 수밖에 없다. "죄를 짓지 않은 한 사람을 죽여선 안 된다."와 같은 도덕적인 원칙을 지키는 것이 그런 막대한 희생을 치를 만큼의 가치가 있는가? 내가 만난 사람들은 대부분 "아니오."라고 말한다. 그러나 여기 문제가 있다. 당신이 수백만 명의 목숨을 구하려고 무고한 한 사람(혹은 비어홀 안에 있는 무고한 사람들 모두)을 기꺼이 죽이겠다고 한다면, 5만 명의 사람들을 살리기 위해서도 같은 일을 하겠는가? 만약 그렇게 하겠다면, 2천 명을 살리는 경우라면 어떻게 하겠는가? 그러면 어디에서 그 문제가 끝나겠는가? 여기에서 맞닥뜨리게 되는 문제를 보니 옛날에 하던 우스갯소리가 하나 생각난다.

남자 백만 달러를 주면 나하고 잘래?

여자 음, 백만 달러라……. 그렇게 하지.

남자 20달러는 어때?

여자 당장 꺼져! 날 도대체 어떤 여자로 보는 거야?

남자 오, 벌써 정해진 일 아닌가? 이제 남은 일은 최종 가격을 협상하는 것뿐이야.

우리는 여기에서 같은 문제에 부딪힌다. 사람의 수가 가끔 무고한 사람을 죽이는 것을 정당화할 수 있다면, 어디에다 선을 그어야 할까? 그리고 목적이 수단을 정당화한다는 결론을 피할 수 있는가?

솔직히 말하면…

만약 '무시제적' 시간이론이 진실이라면(29장 '시간의 수수께끼'를 보라) 1913년으로 여행을 떠날 수 있을지라도 히틀러를 죽이는 것이 불가능할 것이다. 만약 시간에 시제가 없다면, 당신이 1913년 히틀러가 있는 지점에 가고자 하기만 하면 1913년으로 갈 수 있다. 그리고 당신은 1913년에 '이미 해놓은' 일만을 할 것이다. 그 일에 히틀러를 죽이는 일이 들어 있지 않은 것은 분명하다.

어떻게 생각하나요?

- 기회가 있다면 히틀러를 죽이겠는가?
- 우리는 히틀러의 미래를 이미 보았으므로 어린 히틀러, 24세의 미술학도를 죄인이라고 보아야 하나, 아니면 무고하다고 보아야 하나?
- 당신은 결과주의자인가, 비결과주의자인가? 아니면 특정한 도덕적 딜레마에 따라 당신의 답이 달라지는가?
- 살해하는 것 이외에 다른 가능한 선택 사항이 있는가? 그가 화가

가 될 수 있도록 후원하고, 그가 정치와 혐오스러운 이데올로기에는 발을 들여놓지 못하게 하기 위해 히틀러와 친해지는 것에 대해 어떻게 생각하는가?

- 당신이 히틀러가 성공하지 못하게 방해를 한다면, 분명히 수백만 명의 목숨을 구할 것이다. 하지만 그 때문에 당신은 수백만 명의 삶에 영향을 줄 것이고 결과적으로 당신이 알고 있는 거의 모든 사람들이 태어나지 못할 것이다. 그들의 부모님들이 서로 만나지 못한다든지 기타 등등의 이유들 때문에 말이다. 그러면 당신이 1913년에 있을 때 이미 존재하고 있는 그 사람들에 대하여 더 많은 의무감을 느껴야 할까, 아니면 당신 시대에 살고 있는 사람들에게 더 많은 의무감을 느껴야 할까?

? 알고 있나요?

- 공리주의(Utilitarianism)는 도덕에 관한 결과주의 이론을 대표한다. 칸트 철학(Kantianism), 계약주의(Contractualism), 덕이론(Virtue Theory) 들은 비결과주의 이론을 대표한다.
- 이런 종류의 질문을 연구하는 영화들이 많이 있다. 이 수수께끼는 〈마지막 만찬(The Last Supper, 1995)〉에서 영감을 얻었다. 이 작품은 별로 알려지진 않았지만 탁월한 블랙코미디 영화로, '히틀러에 대한 문제'를 제기하고 결과주의 도덕관이 미치는 파문을 깊이 파고든다. 좋은 영화를 하나 더 들자면 톰 크루즈가 나오는 〈마이너리티 리포트(Minority Report, 2007)〉가 있다. 필립 딕(Philip K. Dick)의 소설을 원작으로 한 그 영화는 예지력을 갖고 미래를 볼 수 있는 사

람들이 사는 미래의 세계를 제시한다. 그들이 미래를 미리 보면 경찰은 '앞으로 범죄를 저지를 사람'이 일을 내기 전에 연행해갈 수 있다. 이런 관행이 워싱턴DC의 폭력 범죄를 급격하게 감소시키지만, 정의에 대한 중요한 문제들을 제기하기도 한다. 스티븐 킹(Stephen King)의 소설이 원작인 〈데드존(The Dead Zone, 1983)〉도 상당히 재미있다. 이 이야기에서 크리스토퍼 월켄이 분한 인물은 한 정치가의 끔찍한 미래를 들여다본다.

- 뮌헨의 호프브로이하우스는 히틀러가 출세하기 훨씬 전부터 히틀러에게 중요한 장소였다. 그가 젊은 화가였을 때 이 비어홀을 수채화로 그렸다.
- 옛날에는 군주의 허락이 있어야만 바이스비어(weissbier, 밀맥주)를 만들 수 있었다. 호프브로이하우스는 거의 200년 동안 바이에른 주에서 바이스비어에 대한 독점권을 누리고 있었다.

32

화두

한 잔의 글라스가 부딪치면 어떤 소리가 나느냐?

샷포로 '프리미엄 라거'

Sapporo *Premium Lager*

'샷포로'는 일본 맥주 중에서 내가 가장 좋아하는 맥주이다. 스시를 한 접시 그득히 먹을 때 곁들일 맥주로 샷포로만한 것이 없다. 선불교의 정신 나간 소리 같은 화두를 묵상할 때에도 샷포로는 훌륭하다. 이 잔은 반쯤 비었는가, 반쯤 차 있는가? 나도 이 화두를 붙들고 있다가 결국 해결책을 찾아냈다. 그 잔에 샷포로를 더 부어 가득 채워버리면 된다.

한 손으로 손뼉을 치면 어떤 소리가 나는가? 이런 질문 들어본 적이 있을 것이다. 그리고 그것을 그저 농담으로 치부했을 것이다. 하지만 선종 승려들에게 그것은 진지하기 이를 데 없는 질문이다. '화두(話頭)'라 일컫는 이런 질문은 노승이 가끔씩 수행승에게 참선 수행의 실마리로 던지는 것이다. 수행승은 그 질문을 놓고 며칠(어떤 때는 몇 달 혹은 몇 년) 동안 명상을 하면서 노승에게 정기적으로 '답' 하나를 제시하고, 그러면 노승은 대부분의 경우 그 답이 틀렸다며 퇴짜를 놓는다.

선의 화두에는 수천 가지가 있다. 유명한 화두 몇 가지를 소개하자면 다음과 같다.

- 네 선조가 태어나기 전에 네 얼굴 모습은 어떠했느냐?
- 소 한 마리가 창밖으로 지나간다. 그 머리와 뿔 두 개, 다리 네 개가 다 지나간다. 그런데 꼬리는 왜 지나가지 않았느냐?
- 수산성념(首山省念, 926~993, 중국의 승려) 선사가 죽비를 보이며 말했다. "이것을 죽비라 부르면 범하는 것이고, 죽비라 부르지 않으면 등지는 것이다. 자, 이것을 어떻게 불렀으면 좋겠느냐?"

모든 화두 속에 공통으로 흐르는 것은 이것들이 전적으로, 그리고 철저하게 비논리적이라는 것이다. 이것들은 그 자체로는 말이 안 된다. 하지만 바로 그 점이 중요하다. 화두는 수행승이 관습적인 사고방식(논리적 사고를 포함하여)의 틀을 깨고 자유로워지도록 돕기 위해 주어지는 것이다.

또 다른 유명한 화두로 '무(無)' 화두가 있다.

- 한 승려가 조주종심(趙州從諗, 778~897, 중국의 승려)에게 물었다. "개에도 불성(佛性)이 있습니까?" 조주가 답했다. "무(無)!"

조주종심의 대답은 역설적이다. 불교의 가르침에 따르면 '모든 것'에 불성이 있기 때문이다. 심지어 잡초와 돌멩이 속에도 불성이 있다. 그런데 조주종심은 개에 불성이 없다고 주장한다. 어째서일까?

13세기에 무문혜개(無門慧開, 1183~1260) 선사는 '무'를 화두로 6년 동안 수행해 마침내 깨달음을 얻었다. 그는 '무'를 화두로 수행하는 승려들에게 다음과 같은 가르침을 전했다.

너 자신 전부를, 360개의 뼈와 관절 및 8만 4천 개의 땀구멍까지 모조리 '무'에 집중하라. 너의 몸 전체가 견고한 의심덩어리가 되게 하라. 밤낮없이 쉬지 않고 그것을 파헤쳐라. 그러나 그것을 '공허' 혹은 '존재'나 '비존재'로 여기지 말라. 그것은 네가 꿀꺽 삼켰으되 뜨거워 토해내려 하나 토해낼 수 없는 빨갛게 달궈진 쇠공과 같은 것이다. 너는 네가 품고 있는 모든 헛된 생각과 감정을 소멸시켜야 한다. 그런 노력을 일정 기간 계속하고 나면 '무'에 도달할 것이며, 그때가 되면 안과 밖은 자연히 하나가 되리라. 그때 너는 꿈에서 깨어난 벙어리와 같으리라. 너는 너 자신을 알게 될 것이며 오직 혼자 힘으로 그렇게 되리라. 그러면 한순간 '무'가 하늘을 깨뜨려 열고 진동시킬 것이며 땅을 흔들어놓으리라.

무문혜개의 가르침도 화두 그 자체만큼이나 기이하기 그지없지만, 그래도 그는 화두를 '푼다'는 것이 단지 지적인 작업이 아니라 그보다 훨씬 더 큰 노력을 요하는 것임을 분명히 말하고 있다. 화두 수행을 철저하게 추구해나간다면, 그것은 땅을 부수고 삶을 바꾸는 체험이 되며 그 수행자는 궁극적으로 '득도'라 일컫는, 의식이 깬 상태 혹은 깨달은 상태에 이르게 된다.

득도를 체험한 이들은 한결같이 그것을 말로는 제대로 설명할 수 없다고 하지만, 최소한 그 방향만이라도 짚어내고자 하는 시도는 많이 있었다. 유명한 선종학자 스즈키 다이세츠(鈴木大拙, 1870~1966)는 그것을 "현실을 통째로 파악하는 것"에 비유했다. "정신이 이성이라는 한계에서 벗어나는 순간"에 그러한 일이 발생한다는 것이다. 그 상태에서는 모든 구분과 차이가 사라진다. 아는 자와 앎의 대상이 된 것 사이의 차이도 사라진다. 수백 년 세월 동안 많은 이가 득도를 체험했다고 주장했다. 별다른 뚜렷한 원인 없이 자연스럽게 도를 깨쳤다고 하는 이도 있었고, 종소리나 북소리를 들으며 혹은 다른 외부 자극에 의해 득도했다고 하는 이도 있었고, 화두를 명상하며 수행하던 중에 득도했다고 하는 이도 있었다.

서구에 가장 잘 알려진 화두는 바로 저 악명 높은 물음, "한 손으로 손뼉을 치면 어떤 소리가 나는가?"이다. 이 질문을 받으면 많은 이들이 손가락으로 같은 손 손바닥을 친다든지 하는 바보 같은 행동을 한다. 다들 잘 모르고 있는데, 이 화두는 원래 맥주잔을 들어 건배하며 부딪치는 데에서 유래한 것이다. 정토진종(淨土眞宗) 선사 시마지 모쿠라이(島地默雷, 1838~1911)는 새해를 맞아 제자들과 함께 삿포로 맥주를 마시고 있었는데, 도요라고 하는 열두 살 소년이 다가와 제자로 받아주길 청했다. 그러자 모쿠라이는 도요에게 화두를 하나 던져주었다.

"우리가 새해맞이 건배를 했을 때 글라스 두 잔이 부딪치는 소리를 들었느냐? 그럼 글라스 한 잔이 부딪칠 때 어떤 소리가 나는지 내게 알려다오." 모쿠라이는 도요에게 빈 글라스 한 잔을 건네주었다.

도요는 방으로 돌아와 명상에 잠겼다. '한 잔이 내는 소리는 어떤 걸까?' 몇 시간이 흐른 뒤 도요는 물방울 떨어지는 소리를 듣게 되었다. "이 소리다." 도요는 생각했다.

도요는 스승을 찾아가 글라스에 들어 있는 삿포로를 바닥에 흘려 부었다. 그러자 모쿠라이가 꾸짖었다. "그건 삿포로가 떨어지는 소리이지, 한 잔의 글라스가 부딪치는 소리가 아니지 않으냐! 다시 오너라."

도요는 한 잔의 글라스가 부딪치는 소리를 듣기 위해 하염없이 명상을 계속했다. 바람이 윙윙거리는 소리를 듣고 스승을 찾아갔지만, 그것도 답이 아니었다.

올빼미 우는 소리도 들었지만, 그것 역시 답이 아니었다.

메뚜기 소리도 한 잔의 글라스가 부딪치는 소리가 아니었다.

도요는 온갖 소리를 듣고 열 번도 넘게 모쿠라이를 찾아갔지만 스승은 고개를 저을 뿐이었다. 약 1년 동안 도요는 한 잔의 글라스가 부딪치는 소리가 어떤 것인지 생각했다.

마침내 도요는 진정한 명상에 빠져들어 모든 소리를 초월했다. 도요는 나중에 이렇게 설명했다. "더 이상 모을 소리가 없었다. 그래서 소리 없는 소리를 찾았다."

도요는 한 잔의 글라스가 부딪치는 소리가 무엇인지 깨달았다.

솔직히 말하면…

뻔한 얘기지만, 모쿠라이가 삿포로를 마시며 '글라스 한 잔이 부딪치는 소리' 화두를 만들어낸 적은 없다. 그가 만든 것은 '한 손으로 손뼉 치기' 화두이다. 전해 내려오는 선불교의 화두 중에 글라스 한 잔이 부딪치는 소리에 관한 것은 없다. 만약 선불교 승려들이 명상을 좀 덜하고 맥주를 좀 더 마셨다면 그런 화두도 있었을 법한데. 모쿠라이와 도요의 대화는 '선불교 데이터베이스'에 있는 것을 각색한 것이다. http://www.cincinato.org/koans/showone_es.php?koan=the_sound_of_one_hand.txt

어떻게 생각하나요?

- 당신이라면 모쿠라이 선사의 화두에 어떻게 답할 것인가?
- 논리와 이성이 현실에 대한 우리 체험을 왜곡하거나 결정짓는다고 생각하는가? 만약 그렇다면 어떤 식으로 왜곡하거나 결정짓는가?
- 이 세상을 어떤 구분과 차이도 없이 체험한다는 게 가능하다고 믿

는가? 그런 경험을 해본 적 있는가?

- 모든 생각과 추론을 없애고 마음을 비우는 게 가치(어떤 가치든)가 있다고 생각하는가?

? 알고 있나요?

- '선(禪)'을 뜻하는 영어 'Zen'은 명상을 의미하는 일본어 'ぜん'을 소리 나는 대로 옮긴 것이다. 선불교에서는 깨달음에 이르는 길로 명상이 강조된다.
- 선종학자 스즈키는 26세 때 '무' 화두를 놓고 명상하던 중 처음으로 득도를 체험했다. 득도 체험 후 그가 내뱉은 첫마디는 "알겠다. 이거다."였다고 한다.
- 조주종심 선사는 120세까지 살았다고 한다. 60세에 순례를 떠나면서 그는 이렇게 말했다. "나를 가르칠 수 있는 어린아이를 만난다면 그 아이에게 배울 것이고, 내가 가르칠 수 있는 노인을 만난다면 그 노인을 가르칠 것이다."
- 2006년 '삿포로'는 국제우주정거장에서 5개월간 키운 보리를 사용해 '우주 보리' 맥주를 만들어 한정판으로 내놓았다. 러시아과학아카데미와 합작한 프로젝트로, 당시 추첨을 통해 6병들이 한 팩을 1만 엔에 팔았다.

33

성별과 분별력

남자와 여자는 도덕적으로 다른 별에서 왔는가?

남자의 앵커 '스팀'Anchor *Steam* **대**
여자의 샤르도네 Chardonnay

자, 내가 이것 때문에 맹공격을 당하리라는 것을 알고 있다.
그러니 분명하게 해두자. 나는 여자들이 좋은 맥주를 즐기지 않는다든가,
여자들은 앵커 스팀[샌프란시스코를 대표하는 최고급 맥주]을
마시지 않는다든가 하는 말을 하는 것이 아니다.
하지만 진지하게 대답해보라. 당신이 샤르도네[백포도주]나
애플티니[appletini, 보드카에 사과주스, 사과사이다, 사과브랜디 등을 섞은 칵테일]
대신 앵커 스팀을 주문하는 여자를 마지막으로 본 때가 언제인가?
나는 남녀의 동등한 권리와 성평등에 대찬성이다.
그러나 우리는 우리의 기본적인 차이를 무시할 수는 없다.

많은 심리학 연구들이 시사하는 바에 따르면 성별은 세상을 보고 판단하는 방식, 세상과 관계하는 방식에 영향을 줄 수 있다고 한다. 이런 현상은 음료수를 선택할 때나 유행하는 액세서리에서만이 아니라, 도덕적인 논리에서도 볼 수 있다. 남자와 여자는 도덕적인 딜레마에 다른 방식으로 다가가는 것 같다. 하버드대학교 심리학교수 로렌스 콜버그(Lawrence Kohlberg, 1927~1987)는 도덕적 사고에 대한 심리학 연구를 처음으로 개척하였다. 애당초 그의 연구 목표는 아이들의 도덕적 발달단계를 이해하는 것이었다. 콜버그는 학령기 남자아이들에게 다양한 도덕적 딜레마를 제시하며 연구하였다. 이 딜레마 실험들 중에서 '하인즈 딜레마'는 상당히 많이 알려져 있다.

유럽에서 한 여인이 어떤 특이한 암으로 거의 죽게 되었다. 의사들은 어쩌면 한 가지 약이 그녀를 살릴 수 있을지 모른다고 생각했다. 그 약은 일종의 라듐으로, 같은 마을에 사는 약제사가 최근에 발견한 것이었다. 그 약을 만드는 데 상당히 많은 비용이 들기는 했지만, 그 약제사는 제조원가의 열 배나 되는 값을 불렀다. 약제사는 200달러를 주고 라듐을 사서 그 약을 소량으로 포장하여 2,000달러에 팔았다. 암에 걸린 여자의 남편인 하인즈는 돈을 빌리려고 아는 사람들에게 모두 찾아갔지만 1,000달러 정도밖에 모을 수가 없었다. 그 돈이면 약값의 절반밖에 되지 않았다. 그는 약제사에게 아내가 죽어가고 있다고 말하고 그 약을 싸게 주든지, 아니면 나중에 나머지 돈을 지불할 수 있게 해달라고 부탁했다. 그러나 약제사는 "싫어요. 나는 그 약을 발견했고 그 약으로 돈을 많이 벌 생각이에요."라며 단번에 거절했다. 하인즈는 크게 절망한 나머지 그 약제사의 가게에 침입하여 약을 훔쳐다 아내에게 주었다. 하인즈가 그렇게 해야 했을까?

콜버그의 관심의 초점은 아이들이 무슨 대답을 하느냐에 있지 않았다. 그가 알고 싶었던 것은 아이들이 어떤 과정으로 결론에 이르는가 하는 것이다. 실험으로 얻은 답변들을 바탕으로, 콜버그는 도덕적인 사고가 명확하게 구분되는 발달단계를 따른다고 결론 내렸다. 그는 도덕적 발달단계를 기본적으로 세 가지 수준으로 나누고, 각 수준을 두 단계로 나누어 6가지 발달단계로 설명했다.

인습 이전 수준	**1단계**	복종과 징벌 지향
	2단계	개인적 보상
인습 수준	**3단계**	좋은 대인 관계 유지
	4단계	사회적 질서 유지
인습 이후 수준	**5단계**	사회적 계약과 개인의 권리
	6단계	보편적 도덕 원리

우리의 이야기를 전개해나가기 위해서 콜버그의 이론에 너무 자세하게 들어갈 필요는 없다. 중요한 점은 콜버그의 틀 내에서 가장 높은 발달단계들이 4, 5, 6단계들이라는 것에 주목해야 한다는 것이다. 이 단계들은 가장 높은 수준의 도덕적 논리로서 규칙, 권리, 추상적 원칙을 강조한다. 그러나 콜버그의 연구가 남자아이들만을 대상으로 했다는 것을 기억하라. 나중에 여자아이들이 이 실험에 참가했을 때, 높은 단계에 이른 여자아이들의 수가 남자아이들의 수에 비해 더 적었다는 것이 발견되었다. 여자아이들이 3단계에 고정되어 있는 것 같은 모습이 상당히 자주 보였다. 이 결과는 여자아이들의 도덕적인 사고가 일반적으로 남자아이들만큼 발달하지 않았다는 것을 의미하는 것 같았다.

이 연구 결과들은 곧 상당히 많은 논란을 불러일으켰다. 정말로 여자아이들의 도덕적 성장이 위축되었는가? 아니면 콜버그의 연구 방법에 어떤 문제가 있는가? 하버드대학교 심리학교수 캐롤 길리건(Carol Gilligan)은 후자를 주장했다. 자신의 연구를 바탕으로 길리건은 남자아이들과 여자아이들이(그리고 남자와 여자들이) 도덕적 논리에 다른 방식으로 접근하는 경향이 있다는 의견을 펼쳤다. 남자들의 경우 상위의 생각이 규칙, 권리, 추상적인 원칙들을 중심으로 돌아가는 경향이 있지만, 여자들은 상위의 생각으로 대인관계, 동정심, 보살핌 등을 중심에 두는 경향이 있다. 그렇다면 무엇을 근거로 우리는 하나의 사고방식이 다른 사고방식보다 더 좋거나 더 고차원적이라고 말하는가? 길리건은 그 여섯 단계들이 남자아이들의 전형적인 발달단계라고 말하진 않았지만, 콜버그의 이론이 남성 편향적이라고 주장했다. 길리건의 입장은 『다른 목소리로: 심리학적 이론과 여성의 발달(In a Different Voice: Psychological Theory and Women's Development)』이라는 책 제목에서 부분적으로 지적하고 있는 것처럼, 남자와 여자의 발달은 방향이 다를 뿐이지 대립되지 않는다는 것이다.

남자와 여자가 도덕적인 문제들을 다르게 해결한다는 것이 사실일 수도 있겠지만, 적어도 몇 가지 경우에서는 그 접근방법들이 왜 대립하지 않는지 설명하기가 어렵다. 어쨌든, 그 접근방법들은 도덕적으로 마땅히 해야 하는 일에 대하여 종종 다른 결론들을 이끌어낸다. 그러면 '권리를 지향하는 방법'이 '보살핌을 지향하는 방법'과 다른 도덕적 결론을 가져오는 경우엔, 그 둘 중 하나를 선택해야 하지 않을까? 그리고 어떤 접근방법이 그 상황을 바라보는 데에 더 나은 방법인지 판단해야 하지 않을까? 대안적인 방법으로, 어떤 방법이 자신에게 가장 자연스럽게 다가오는지 그냥 생각해볼 수 있다. 그러나 어쩌면 우리가 전형적인 남성적 성향을 가지고 있든 전형적인 여성적 성향을 가지고 있든, 그 성향에 결함이 있거나, 잘못 판단하고 있는 점이 있거나, 코앞에 놓인 상황에 어떤 식으로든 부적절하게 대처하고 있을지 모른다는 것을 생각해봐야 하지 않을까?

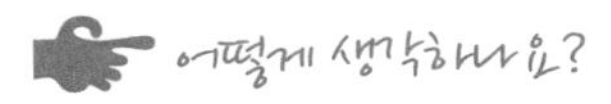

- 당신의 경험에 비추어볼 때, 남성과 여성이 도덕적 문제에 대하여 다르게 생각하는가? 만약 그렇다고 생각한다면 그것이 본성 때문이라고 생각하는가, 교육 때문이라고 생각하는가?

- 도덕적인 문제를 생각하는 데 옳은 방법이라든가, 가장 좋은 방법, 가장 수준 높은 방법이 있다고 생각하는가?
- 남성의 성향과 여성의 성향이 모두 편향되어 있으므로 최고의 도덕적 논리는 두 성향을 종합해놓은 것일까?
- 두 가지 도덕적 관점을 '분리되어 있지만 동일한' 것이라고 보는 것이 설득력이 있는가? 왜 그럴까? 그렇지 않다면 그 이유는 무엇인가?

? 알고 있나요?

- 어떤 연구들은 남자아이와 여자아이의 도덕적인 성향에 중요한 차이가 있다는 주장을 지지하지 않았다. 예를 들어 로렌스 워커(Lawrence J. Walker)와 스티븐 토마(Stephen J. Thoma)의 연구가 그러하다.
- 드링크포커스닷컴(Drinkfocus.com)에 따르면, 여성 고객들은 현재 맥주 시장의 약 25퍼센트만을 차지하고 있지만, 포도주 시장에서는 60퍼센트를 점유하고 있다.
- 빌헬름 대제(Kaiser Wilhelm)는 "내 곁에 맥주를 사랑하는 여자가 있다면 세계 정복도 가능할 것이다."라는 유명한 말을 남겼다.
- 남자들이 언제나 맥주의 세계를 정복했던 건 아니다. 필드박물관(Field Museum)의 인류학 큐레이터인 패트릭 라이언 윌리엄스(Patrick Ryan Williams)의 말에 따르면, 약 1,000년 전 페루의 잉카시대 이전에 상류사회의 여성들이 최초의 양조업자들이었다.
- '스팀'이라는 맥주의 이름은 19세기에 미국 서부 해안에서 양조된

맥주의 별명이 '증기(steam)'였을 때 붙여진 이름이다. 그곳에서는 보통 에일 효모를 발효시킬 때 쓰는 고온에서 라거 효모를 발효시킨다. 샌프란시스코의 앵커 맥주회사는 1986년부터 스팀 맥주를 만들고 있다.

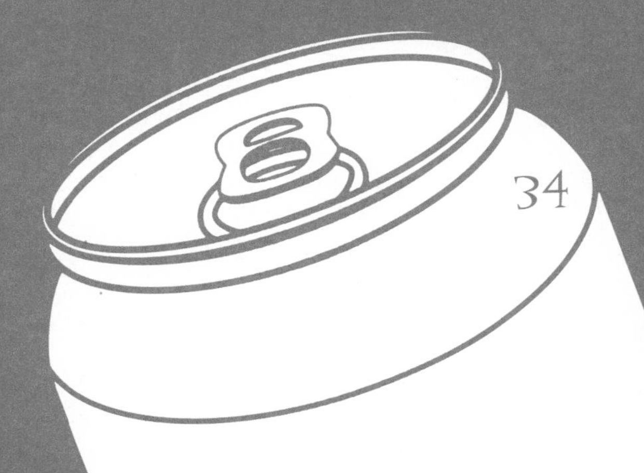

34

소크라테스의 덕

알면서도 잘못을 저지를 수 있는가?

 블루 포인트 '홉티컬 일루전'

Blue Point *Hoptical Illusion*

착시현상(optical illusion)은 일상생활에서 흔히 볼 수 있다. 예를 들어, 한 물체가 가까워질수록 그 물체는 점점 더 크게 보인다. 이런 현상은 맥주를 제외하고 모든 물리적 사물에 적용되는 것 같다. 맥주 한 잔이 팔을 뻗으면 닿는 거리 안에 있으면, 맥주는 점점 줄어들어서 끝내 완전히 사라져버린다. 그 잔에 블루 포인트의 홉티컬 일루전이 담겨 있다면 특히 더욱 그렇다. 홉티컬 일루전의 독특한 맛은 오리건 주에서만 자라는 특별한 종류의 홉으로만 낼 수 있다.

알면서도 잘못을 저지를 수 있을까? 의도적으로 악한 일을 할 수 있을까? 겉으로 보기에 이 질문들에 대답하기가 아주 쉬운 것 같다. 우리는 모두 나쁜 일인 줄 뻔히 알고 있는 일들을 하지 않았던가? 이런 문제는 대답할 필요도 없이 간단하게 묵살해버리겠지만, 온 시대의 최고 지성, 고대 그리스 철학자 소크라테스(Socrates, 기원전 469?~399)의 대답은 귀담아듣지 않을 수 없다. 소크라테스는 "잘못인 줄 알면서 잘못을 저지르는 사람은 아무도 없다."는 유명한 말을 했다. 우리가 잘못된 일, 악한 일, 아니면 그냥 어리석은 일을 할 때, 소크라테스는 언제나 무지해서 그런 것이라고 주장했다. 우리가 단지 더 나은 것을 몰랐을 뿐이라는 것이다.

소크라테스가 이렇게 특이한 주장을 하는 건 사람들이 언제나 나름대로 선이라고 생각하는 '선'을 목표로 삼는다고 강하게 확신했기 때문이다. 어젯밤 호프집에서 맥주를 너무 많이 마신 사람을 예로 들어보자. 그들은 오전 내내 변기 주위에서 왔다 갔다 하다가 시간을 다 보냈다. '왜, 도대체 내가 왜 술을 그렇게 많이 마셨지?' 그들은 자신의 행동을 후회하고 자책하면서 '그게 잘못인 줄 아니까 난 지각이 있는 사람이야.'라고 생각한다. 그러나 소크라테스의 말이 옳다면, 그들은 어제 전혀 지각 있는 사람이 아니었다. 분명히 그들은 '지금은' 철이 들었고 아마도 '지난 토요일 아침' 지금과 비슷한 상태에 있었을 때도 지각이 있었다. 그러나 어젯밤에는 철이 없었다. 엄밀히 말하면 두 번째 잔을 주문하는 순간부터 어리석었다. 물론, 그들은 '오, 이렇게 마신 걸 후회하겠지!'라고 혼자서 생각했을지도 모르지만, 반드시 후회하고 말 것이라고 완전히 믿진 않았다. 바로 그 순간, 그들은 내일 어떤 값을 치르더라도 맥주 한 잔의 즐거움이 그만한 가치가 있다고 확실히 믿고 있었다고 소크라테스는 주장할 것이다.

소크라테스는 이런 종류의 일시적 어리석음을 착시현상(optical illusion)에 비교하면서 설명했다. 사물들이 우리와 가까이 있을 때 더 크게 보이는 것과 마찬가지로, 즐거움은 코앞에 있을 때 실제보다 더 근사하게 보인다. 이와 같이, 내일의 고통은 아주 멀리 있기에 더 작게 보이거나 덜 중요하게 보인다. 이제 술고래의 경우 그 현상은 '홉티컬 일루전(hoptical illusion)'이라고 설명하는 것이 더 정확할지 모른다. 그러나 사람들은 술에 취해 있든 깨어 있든 간에, 코앞의 즐거움에 속는 일을 반복한다.

만약 우리가 속지 않고 무엇이 옳은 건지 잘 알고 있다면, 소크라테스는 아무도 과음하여 병이 날 만큼 어리석은 짓을 하지 않을 것이라고 생각했다. 그뿐 아니라 부도덕한 일도 절대로 하지 않을 것이다. 소크라테스는 잘못을 저지르면 언제나 불행해진다고 주장했다. 다른 식으로 말하면, 죄를 저질러서 이득이 생기는 법은 절대로 없다. 이 말은 일반적인 생각과 배치된다. 사람들은 대부분 잘못을 저지르면 가끔 득이 된다고 생각한다. 적어도 잘못을 저질러도 책임을 면할 수 있을 때는 득이 되지 않겠는가. 그러나 소크라테스는 부도덕성이 영혼을 해쳐서, 부정을 저질러 얻은 부과 권력은 부패한 영혼에 비하면 사소한 것이라고 주장했다. 그는 『변론(The Apology)』에서 이렇게 말한다.

> 나는 청년들과 나이 든 사람들을 설득하는 일에 내 시간을 온통 보내고 있다. 가장 우선적으로 중요하게 생각해야 할 건 자신의 몸이나 재산이 아니고 영혼의 최고의 행복, 덕이 되어야 한다는 이야기를 전하고 있다. (……) 돈이 많다고 좋은 일을 하는 건 아니다. 그러나 옳은 일을 하면 개인과 국가 모두에게 재물뿐 아니라 다른 많은 축복들도 불러들인다.

소크라테스는 몸과 건강의 관계가 영혼과 덕의 관계와 같다고 생각했다. 불의를 소원하고 잘못된 행동을 하면 영혼이 부패하고 오염된다. 그건 사람이 자신에게 저지를 수 있는 가장 나쁜 일이다. 다른 사람들에게 해가 된다는 건 이루 말할 것도 없다. 그러므로 소크라테스는 "덕이란 앎이다."라고 주장했다. 즉, 좋은 성품(덕)을 갖추고 있다면 무엇이 진정 유익한지, 무엇이 진정 해로운지 잘 알고 있다는 것과 본질적으로 똑같다고 할 수 있다.

덕이 당신의 가장 귀중한 재산, 최고의 선인가? 아니면, 물질적인 이득을 위해 덕을 파는 것이 가끔은 가치가 있을까? 당신이 이런 문제를 생각할 때, 마약거래상을 상상해볼 수 있을 것이다. 아마도 입이 떡 벌어질 만한 재산과 권력을 누리고, 수많은 사람들을 거느리는 거대 마약 카르텔의 우두머리 정도 되는 사람 말이다. 그러나 그는 그 모든 것을 거짓말을 하고, 훔치고, 살인하고, 수천 명의 사람들을 마약에 중독시켜서 손아귀에 넣었다. 당신은 이와 같은 삶을 살기 위해 덕을 팔아넘기겠는가? 그리고 만약 그렇지 않다면, 왜 눈앞의 이익을 얻거나 시험에서 A를 받기 위해 덕을 팔아넘기려 하는가?

어떻게 생각하나요?

- 알면서 잘못을 저지르는 사람이 없다는 것이 사실일까?
- 만약 소크라테스의 말이 옳고, 사람들이 잘못을 그들 눈에 좋게 보일 때만 저지른다면, 그들은 자신의 행위에 상응하는 벌을 받아 마땅한가? 만약 그렇다면 어떤 징벌이 적절할까?
- 범죄가 절대로 이득이 되지 않는다는 말이 사실일까?
- 당신의 덕은 얼마나 가치가 있는가? 만약 바텐더가 당신에게 돈을 달라고 하는 것을 잊어버렸다면, 바텐더에게 말을 할 것인가?

알고 있나요?

- 소크라테스는 젊은이들을 타락시켰다는 이유로 사형에 처해졌다고 전해진다. 그는 재판에서 "잘못인 줄 알면서 잘못을 저지르는 사람은 없다."는 가설을 들먹이며 변론했다. 검찰관이 기소한 것처럼 그가 실제로 아테네의 젊은이들을 타락시켰다 해도, 그것은 의도적으로 한 것이 아니라고 주장했다.
- 덕은 사람을 좋은 사람으로 만드는 '성향'이나 '성품의 상태'를 말한다. 통상적으로 정직, 정의, 지혜, 절제, 용기, 관대함, 겸손, 연

민 같은 성향들이 덕이라고 인정된다.

- 홉티컬 일루전은 블루 포인트 맥주회사 제품 중에서 사람들이 가장 열광하는 맥주이지만, 그 회사의 주력상품은 토스티드 라거(Toasted Lager)이다. 토스티드 라거는 2006년 세계 비어컵 시상식에서 금메달을 수상했다.

35

본성이 외치다

인간은 선천적으로 선한가, 악한가?

스톤 '서블라임리 셀프-라이처스 에일' Stone *Sublimely Self-Righteous Ale* 이냐 '애러건트 배스터드 에일' *Arrogant Bastard Ale* 이냐.

인간의 본성이 무엇인가? 우리는 선천적으로 선한가, 악한가? 둘 중 어느 쪽이든 스톤 맥주회사에는 당신이 마실 만한 맥주가 있다. 낙천주의자라면 '숭고한 의인 에일(Sublimely Self-Righteous Ale)'을, 염세주의자라면 '거만한 녀석 에일(Arrogant Bastard Ale)'을 마셔라! 당신이 어떤 것을 선택하든, 장담하건대 당신은 본래 맛있는 맥주를 마시고 있을 것이다.

사람들은 선하기도 하고 악하기도 하고, 관대하기도 하고 인색하기도 하며, 친근하기도 하고 적대적이기도 하다. 그러면 우리에게 내재해 있는 본성이란 무엇인가? 우리는 본래 친절하고 관대하지만 외부의 영향을 받아 타락하는 것인가? 아니면 우리는 본래 이기적이고 비열한데 훈육과 교육을 통해 본래의 성향을 무시하라고 배웠는가?

이 질문을 둘러싸고 고대 중국 철학자들 사이에 열띤 논쟁이 벌어졌다. 맹자(孟子, 기원전 372?~289?)는 낙관적인 관점을 가지고, 선이 우리의 본성에서 나온다고 주장하였다. 우리가 나쁜 사람이 되는 건 오로지 좋지 못한 환경과 영향들 때문이다. 그와 반대로 순자(荀子, 기원전 298?~238?)는 인간의 본성이 본래 이기적이라고 보았고, 덕은 거의 교육과 훈련을 받아야만 자라난다고 생각했다.

맹자는 인간에게 선이 내재해 있는지는 사람들이 남의 불행을 보자마자 보이는 즉각적인 정서적 반응을 통하여 알 수 있다고 주장했다. 예를 들어, 어린아이가 우물에 빠졌다면 누구나 바로 불쌍하게 생각해서 도와주려고 할 것이다. 이와 마찬가지로, 맹자는 우리가 모두 옳고 그름을 아는 감각을 지니고 태어났다고 생각했다. 거지에게 모욕적인 방식으로 음식을 주면 거지는 바로 음식을 거절하려는 충동을 느낀다. 먹지 못하면 죽을 수도 있지만 말이다. 맹자의 말에 따르면, 인간의 선은 자연적인 세계의 한 측면일 뿐이다. 사람이 다른 사람들에게 정의롭게, 그리고 측은히 여기는 마음으로 대하겠다는 마음을 갖는 것은 물이 가장 낮은 곳을 찾아 고이는 성질과 전혀 다를 바가 없다. 맹자는 우리에게 이렇게 말한다.

> 우리의 본질은 숭고한 의인이다. 선으로 향하지 않으려는 사람은 아무도 없다. 아래로 흐르지 않는 물도 없다. 물을 치거나 튀어오르게 해서 물이 이마를 넘어가게 할 수는 있다. 둑을 만들어 물을 가두어둔다면, 물이 산꼭대기에서 머물러 있게 할 수도 있다. 그러나 이것이 물의 본성인가? 물이 그렇게 된 건 환경 때문이다. 좋지 않은 일을 하는 사람도 이와 같다.

이와 반대로 순자는 인간의 본성을 비관적인 관점에서 바라보며, 자신의 견해를 뒷받침하기 위해 태어날 적부터 우리 안에 내재한 것으로 보이는 욕구와 감정을 강조한다.

> 모든 사람들이 태어날 적부터 교만하다. 사람들의 선이란 인위적으로 노력해서 얻을 수 있는 것이다. 사람들은 본질적으로 이득을 좋아하게 되어 있다. 이득을 추구하면 다툼과 논란이 일어날 것이고, 그런 아비규환 속에서 양보와 존중은 사라져버릴 것이다. 사람들은 혐오와 증오를 가지고 태어났다. 이 감정들을 따른다면 잔인함과 악행이 판을 칠 것이고, 충실함과 신뢰는 씨가 마를 것이다. (……) 그래서 사람들이 태어날

적부터 가지고 있는 본성과 성향을 따라 산다면 분명히 싸움과 논쟁을 해대고, 사회적 분열과 혼란을 조장하여 폭력만이 난무할 것이다.

순자의 말에 따르면, 우리는 본성을 제지하는 것을 배워야 한다. 우리가 선하고 책임감 있는 시민이 되는 방법은 사회가 사회적 기준을 계속해서 세심하게 강화하는 것뿐이다. 예를 들어, 배가 고프면 다른 사람보다 먼저 먹으려고 하는 것이 자연스러운 본성이라고 순자는 지적한다. 우리가 꾹 참고 차례를 기다리는 건 오로지 부모님이 열심히 가르쳤기 때문이다.

그러면 누가 옳은가? 맹자인가, 순자인가? 아니면 진실이 그 둘 사이의 어딘가에 있는가? 인간의 본성에 대한 질문을 곰곰이 생각해보면, 그 사안이 철학적 문제를 내포하고 있음이 분명해진다. 정말 '본성'과 '교육'을 분리할 수 있을까? 문제는 사람들이 항상 사회적 맥락 내에 있다는 것이다. 우리는 태어나자마자 주변 사람들로부터 배우기 시작한다. 그리고 그런 경험들이 우리의 인성과 행동을 형성하는 데 중요한 역할을 한다. 그리고 설사 인간 사회 밖에서 전 생애를 산 사람이 있다손 치더라도, 그 사람을 '본래적인' 인간 삶의 예로 들 수는 없다. 인간의 본성을 이야기하면서 인간이 본래 사회적이라는 것을 빼놓을 수 없기 때문이다. 늑대, 침팬지, 기타 등등의 많은 종들처럼, 우리는 거의 언제나 집단들 속에서 살고 있다.

'본성이냐, 교육이냐'의 논쟁에서 명확한 해답을 찾기란 거의 불가능한데도, 어느 누구 할 것 없이 철학적인 견해를 이것 아니면 저것이라는 식으로 바라보는 경향이 있다. 그러므로 자신의 견해를 돌이켜 생각해보아야 한다. 어떤 견해를 갖고 있느냐에 따라 다른 결과가 발생하기 때문이다. 세상을 맹자처럼 보는 사람들은 아이가 좋은 사람으로 자랄 수 있도록 기르는 것은 새싹을 재배하는 것과 같다고 본다. 아이의 기본적인 욕구를 만족시켜주고 뒷바라지를 잘해주고 좋은 환경을 조성해주면, 아이는 저절로 도덕적으로 좋은 사람으로 자라날 것이라고 말한다. 아이가 바른 환경에 놓여 있기만 하다면 부모는 특별히 엄격하게 교육할 필요가 없다. 강제적인 교육보다 더 중요하게 강조되어야 하는 건 바로 자유롭게 '자기 발견'을 하는 것이다. 그러나 순자처럼 세상을 보는 사람들은 도덕적 발달을 쇳조각을 벼리는 것에 비유한다. 아주 뾰족한 칼을 만들려 한다면 반드시 외부에서 상당한 압력을 가해야만 한다. 이런 입장을 고수한다면, 아이의 몸에 좋은 성향이 배게 하기 위해서 부모가 훨씬 더 엄격하고 권위주의적인 역할을 해야 한다고 생각하기 쉽다.

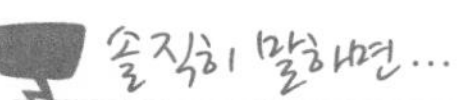

도입부의 문장은 맹자와 순자의 구절들에 덧붙인 것이다. 대부분의 번역들은 '거만한 녀석(arrogant bastards)' 같은 단어를 사용하지도 않고 '숭고한 의인(sublimely self-righteous)'에 대하여도 언급하지 않는다. 그러나 알다시피 중국 옛 문장을 현대 영어로 번역하기란 쉬운 일이 아니다.

어떻게 생각하나요?

- '인간의 본성'이라고 말할 수 있는 것이 있는가? 만약 인간의 본성이 있다면 선이 지배적일까, 악이 지배적일까?
- 위의 질문에 대한 답을 결정해줄 수 있는 최고의 증거는 무엇인가? 유전 연구가 더 발달하면 그 문제가 해결될 것이라고 생각하는가? 그 이유는? 그렇지 않다고 생각한다면 그 이유는 무엇인가?
- '교육'과 '본성'을 분리할 수 있는가?
- 다소 권위주의적인 육아 방식이 옳다고 생각하는가? 그 결론은 인간의 본성에 대한 당신의 견해를 반영하는가?

알고 있나요?

- 맹자와 순자는 중국 역사에서 '전국시대'라고 알려진 시기에 살았다. 이 시기(대략 기원전 403~221)에는 중국 전역에서 패권을 장악하기 위한 싸움이 끊이지 않았다. 그런데 놀랍게도 이 시기에 중국 철학이 가장 번성했다.
- 맹자와 순자는 견해가 달랐지만 모두 자신을 공자의 제자라고 생각했고, 그들의 저술의 상당 부분은 공자의 교리를 정교하게 하였다.
- 서양 철학에서 인간의 본성에 대해 논쟁을 벌였던 철학자는 장 자크 루소(Jean-Jacques Rousseau, 1712~1778)와 토머스 홉스(Thomas Hobbes, 1588~1679)였다. 맹자와 같이 루소는 인간이 본래 선하지만 사회가 인간을 타락시킨다고 생각했다. 홉스는 인간이 완전히 이기적이어서 사람들은 벌을 받을지도 모른다고 두려워할 때만 사회의 규율을 지킨다고 생각했다.

- 윌리엄 골딩(William Golding)의 소설 『파리대왕(Lord of the Flies)』은 순자의 관점으로 해석될 수 있다. 이 소설은 비행기 추락 사고로 무인도에 떨어진 아이들의 이야기를 그리고 있다. 아이들은 사회의 영향과 통제가 사라진 상황에 처하게 되자 바로 악한 감정에 무릎을 꿇는다.
- 스톤 맥주회사는 애러건트 배스터드 에일에 대해 다음과 같이 설명한다. "이 맥주는 공격적이다. 이 맥주를 좋아할 사람이 있을지 모르겠다. 이런 풍미와 깊이를 가진 에일의 진가를 알아볼 수 있을 만큼 세련된 입맛을 가진 사람이 있을까? 당신이 더 편안하고 친근한 방법으로 다가가기를 바란다. 수백만 달러가 든 이 맥주 광고를 보라. 이 맥주가 소박한 양조장에서 만든 것이라고 확신하게 될 테고, 아니면 무미의 거품이 이는 노란색 맥주를 마시고 있는 당신이 더 섹시하고 매력적으로 보인다고 생각하게 될 것이다."

36

니체의 영원회귀

어디에 가든 그 맥주를 다시 선택하겠는가? 또다시? 또……

노스 코스트 '브라더 텔로니어스 애비 에일'
North Coast *Brother Thelonious Abbey Ale*

"인생은 짧다. 오늘을 즐겨라!"
노스 코스트 맥주회사의 브라더 텔로니어스
벨기에 스타일 애비 에일의 병마다 쓰여 있는 광고 문구이다.
정말로 인생은 짧다. 그러나 당신의 무미건조한 삶이
끝도 없이 계속된다면 어떻게 하겠는가?
그러면 오늘을 즐길 이유가 될 수 있을까?
술을 한 잔 더 마셔야 할 이유가 될까?

인간의 전 생애, 솔직히 말해서 세계의 전체 역사가 계속해서 끝도 없이 되풀이된다면 어떻게 하지? 모든 고통, 모든 기쁨, 모든 성공, 모든 실수가 예전처럼 그대로 다시 또다시 일어난다고 상상해보라. 영원회귀(eternal recurrence)에 대한 사상을 발전시킨 사람은 독일 철학자 프리드리히 니체(Friedrich Nietzsche, 1844~1900)였다. 그는 대부분의 사람들에게 그런 운명이 몸서리쳐지는 일일 것이라고 생각하며 영원회귀를 '가장 무거운 짐'이라고 불렀다.

> 영원회귀를 말하는 악마에게 대번에 달려들어 멱살을 쥐고 이를 갈며 욕을 하지 않겠는가? (……) 아무리 자기 자신에 대하여, 또 인생에 대하여 두 팔을 벌려 환영하고 긍정한다고 한들, 영원히 반복되는 일들을 끝도 없이 확인하고 인정하는 일을 가장 갈망할 수 있게 될까?

가장 즐거웠던 순간들은 다시 체험하고 싶을 수도 있지만, 가장 난처하고 수치스러운 행동을 반복하는 것을 받아들이거나 심지어 그러기를 바라기란 참으로 어려운 일이다. 니체가 생각하고 있는 것은 빌 머레이가 출연한 영화 〈사랑의 블랙홀(Groundhog Day)〉에 나오는 것처럼 코믹하게 반복되는 게 아니다. 그 영화에서 머레이가 분한 주인공은 하루를 다시 시작할 수 있는 기회를 계속 얻는데, 그는 이전에 '성촉절(groundhog day, 2월 2일로 마멋이 겨울잠에서 깨어난다는 날)'을 어떻게 보냈는지 잘 알고 있었으므로 이전에 했던 실수를 피할 수 있었다. 반면에 니체가 생각하는 영원회귀는 아무것도 변화하지 않고 반복되는 것이며, 따라서 아무것도 나아지지 않는다.

니체는 우리가 영원회귀를 어떻게 보고 있는지가 인생 자체에 대하여 지니고 있는 태도를 반영한다고 본다. 인생이 영원히 반복된다는 전망을 갖고 있으면 두 가지 인격 유형이 생길 수 있다. 하나는 인생을 긍정하고, 하나는 인생을 부정한다. 인생을 정말로 긍정하는 사람은 모든 것에 "네."라고 말하며 좋은 것이나 나쁜 것이나 즐길 것이다. 그러므로 단지 오늘만이 아니라 영원히 좋은 것과 나쁜 것 모두를 선택할 것이다. 그들에게는 영원회귀가 굉장한 선물이 될 것이다. 그러나 그런 소수를 제외하고 대부분에게는 저주가 될 것이다. 그들은 끊임없이 모든 것들이 본래와 다르기를 바란다. 그들은 "네."라고 말하며 인생을 있는 그대로 받아들이지 않는다. 그들이 긍정적으로 바라보는 것은, 또는 집착하는 것은 지금의 인생과 아주 다른 더 나은 미래, 혹은 사후가 있을 거라는 기대이다.

니체는 보기 드문 사람들, 이례적으로 특출한 사람들은 지금의 인생을 완전히 긍정하는 특징이 있다고 주장했다. 그들은 운명을 사랑하는 아모르 파티(amor fati), 즉 운명애(運命愛)의 태도를 갖고 있다. 그들은 아무것도 달라지기를 바라지 않고, 미래를 고대하지도, 과거를 그리워하지도, 영원히 지속되기를 바라지도 않는다. 그들은 과거의 고통으로부터 거리를 두려고 하지도, 생활의 발자취에서 굴욕을 숨기려 하지도 않는다. 반대로 그들은 세상의 모든 것들을 사랑하고 포용하려고 한다.

그러나 영원히 반복된다는 전망이 니체가 설명하는 것처럼 '가장 무거운 짐'인가? 영원회귀가 완전히 사멸되는 것보다 정말로 나쁠까? 만약 모든 말을 다 해보고 모든 일을 다 해보았을 때 인생이 '살 만한 것'이라면, 그 인생은 다시, 또다시 살 가치가 있지 않을까? 거의 모든 사람들이 불멸을 갈망하면서, 왜 회귀가 불멸의 차선책이 되지 못하는가?

아마도 회귀가 주는 부담은 도덕적인 부담감에 있는 것 같다. 이것은 밀란 쿤데라(Milan Kundera)가 그의 대표 장편소설 『참을 수 없는 존재의 가벼움(The Unbearable Lightness of Being)』에서 암시한 것이다.

> 만약 우리 삶의 매순간이 무한대로 반복된다면, 예수가 십자가에 못 박혔던 것처럼 우리는 영원에 고정된다. 그런 생각은 너무나도 끔찍하다. 영원히 반복되는 세상에서 참을 수 없는 책임감이 우리의 움직임 하나하나를 무겁게 짓누른다.

당신의 가장 비열한 행동이 되풀이될 것이고, 그 행동이 계속 다시 선택될 것이라는 생각이 가장 꺼림칙하다. 당신이 자초한 어떤 고통이 계속 축적되어 무한한 고통이 될 것이다. 부당한 일 하나가 결국 무한하게 부당한 일로 변모할 것이다. 아마도 그 때문에 니체가 영원회귀를 받아들이기 위해선 도덕의 제한에서 자유로워지는 것이 필요하다고 주장했던 것 같다.

이런 방식으로 영원회귀를 바라보면 영원회귀가 손에 피를 묻힌 사람들에게 끔찍하리라는 것은 이해할 수 있지만, 꽤 선량한 사람이 반복을 두려워할 이유는 불분명하다. 잘못된 행동이 반복되어 더 커질 수도 있지만, 존경받을 만한 행동 역시 확대될 수 있지 않은가. 만약 단 한 번만 있는 인생에서 유익한 일을 나쁜 일보다 많이 했다고 말할 수 있다면, 그 인생의 드라마가 셀 수 없이 많이 재생된다고 해서 뭐가 나쁘겠는가? 고통과 불의가 무한대로 누적되는 동안 당신의 친절한 행동, 당신이 느꼈던 기쁨, 당신이 주었던 사랑 역시 누적될 것이다. 그러면 되풀이되어서 더 끔찍해질 것이 뭐가 있단 말인가?

또 한 가지 생각해야 할 건 영원회귀에 대한 생각이 어떻게 인생에 대한 태도를 달라지게 하는지, 아니 도대체 인생에 대한 태도가 달라지기나 하는 건지에 관한 문제이다. 당신은 당신이 하는 일이 모두 끝없이 반복되리란 것을 알았다면 다르게 행동하겠는가? 예를 들어 성취감이 없는 일을 하고 있는데, 그 일을 앞으로 20년이 아니라 영원히 해야 한다면 그 일을 그만두고 싶다는 생각이 더 간절해질까? 반복된다는 생각은 사소한 일들에도 영향을 줄까? 예를 들어 잘 양조된 벨기에 스타일 애비 에일보다 할인해서 싸게 파는 맥주를 선택하게 될까? 만약 당신이 맥주를 단지 오늘만이 아니라 영원히 선택하게 된다면, 몇 달러 더 내고 브라더 텔로니어스를 살 생각을 하지 않을까? 당연히 당신은 그렇게 할 것이다. 누가 끝도 없이 형편없는 맥주를 마시고 싶겠는가? 그러나 이것만은 명심하라. 회귀가 거짓이라 하더라도 당신은 여전히 질 좋은 것을 택해야 하지 않을까? 일이든, 놀이든, 인간관계든, 맥주든 간에. 미국의 슐리츠 맥주회사는 1970년대에 반회귀의 논지를 유행시켰다. 그들은 다음과 같은 광고 문구로 설득했다.

> 인생에서 밖으로 나가 즐길 수 있는 건 단 한 번뿐이다. 그러니 모든 열정을 움켜쥐어라.
>
> 맥주도 마찬가지다. 왜 그저 그런 것을 마시겠는가?

인생이 반복된다는 생각이 질 좋은 것을 선택해야 한다는 동기를 유발하지만, 단 한 번만 밖으로 나갈 수 있다는 생각 역시 똑같은 동기를 유발한다. 만약 인생에 기회가 한 번뿐이라면, 그 기회가 너무 짧고 순식간에 지나가든, 아니면 무한히 반복되든, 열정을 택해야 하지 않을까?

그러니 어서 가서 더 좋은 맥주를 사라.

어떻게 생각하나요?

- 영원회귀에 대한 말을 처음 들었을 때 당신은 어떤 반응을 보였는가? 영원회귀를 기꺼이 받아들이는가, 아니면 두려워하는가?
- 당신이 영원회귀에 대한 견해를 진지하게 받아들인다면 인생을 다른 방식으로 살겠는가? 만약 그렇다면, 어떤 식으로 변화시키겠는가?
- 당신은 어떤 인격 유형인가? 당신은 '인생을 긍정'하는가 아니면 '인생을 경멸'하는가?

- 당신이 과거를 다시 쓰고 싶다면 인생을 부정한다는 의미일까? 아니면, 과거의 비열한 행동에 대하여 적절하게 대응하는 것일까?

? 알고 있나요?

- 니체는 "신은 죽었다."는 선언으로 널리 알려졌다. 그가 단순히 신이 존재하지 않는다는 것을 의미한 것이 아니라는 점에 주목하라. 그는 우리가 신을 죽였기 때문에 신이 죽었다고 주장했다.
- 쇼펜하우어(Arthur Schopenhauer, 1788~1860)는 니체에게서 가장 많은 영향을 받은 사람으로, '사려 깊고 정직한 사람'은 계속 반복하는 인생을 기대하기보다 완전히 소멸해버리는 편을 더 좋아할 것이라고 주장했다. 아마도 쇼펜하우어는 서양 철학사에서 최고의 염세주의자일 것이다.
- 니체는 신랄한 사회비평가였다. 맥주에 관해서도 엄격했다. 『우상의 황혼(Twilight of the Idols)』에서 '독일인에게 부족한 것'이라는 제목으로 이렇게 썼다. "맥주가 정신 안에서 불러일으키는 그 은근한 퇴락을 발견하지 못할 곳이 어디 있는가!"
- 브라더 텔로니어스 벨기에 스타일 애비 에일을 사는 것은 곧 텔로니어스 멍크(Thelonious Monk, 1917~1982, 미국 재즈피아노 연주자, 작곡가) 재즈학원를 지원하는 셈이 된다. 그 학원의 사명은 전도양양한 젊은 음악인들에게 미국 최고 재즈 연주자들로부터 대학 수준의 교육을 제공하는 것이다. 그들은 세계의 공립학교들에서 재즈 교육을 후원하기도 한다.

37

제일 재미있는 사람의 총살 딜레마

누가 방아쇠를 당기는지가 중요한가?

도스 에키스 '암바' Dos Equis *Ambar*

도스 에키스 맥주회사의 광고를 본 적이 있다면
'세상에서 제일 재미있는 사람'을 알 것이다. 번개가 천둥을 앞서듯
명성이 자신보다 앞서는 사람. 인간미가 자석처럼
사람을 끌어당기기 때문에 신용카드를 가지고 다닐 수가 없는 사람
[자성 때문에 신용카드가 망가진다는 뜻]. 그야말로 모든 것을 가진 남자다.
여자들은 그와 함께 있고 싶어하고, 남자들은 그가 '되고' 싶어하며,
철학자들은 그에 관한 글을 쓰고 싶어한다.
이번 이야기도 옥스퍼드대학교 철학교수 버나드 윌리엄스가
쓴 글에 바탕을 두고 있다. "갈증을 느끼라, 친구들이여!"
['도스 에키스' 광고의 메인 카피]

살다 보면 두 가지 악행 중 하나를 선택해야만 하는 불행한 곤경에 처할 때가 가끔 있다. 우리 의도가 아무리 좋다 하더라도 누군가는 상처를 받게 된다. 이런 상황에서 쓰는 가장 흔한 전략은 두 가지 악행 중 덜 악한 것, 즉 종합적으로 봤을 때 가장 해악이 적은 쪽을 택하는 것이다. 하지만 이 전략이 언제나 먹혀들까?

철학자 버나드 윌리엄스(Bernard Williams, 1929~2003)가 내놓은 다음과 같은 시나리오를 보면 문제가 생각보다 복잡한 것 같다.

세상에서 제일 재미있는 사람과 저녁을 함께하는 대단한 경험을 한 적이 있다. 휴가차 스페인 코르도바에 가서 하루는 특이한 전통 술집에 앉아 있었는데, 나를 알아본 그가 철학을 사랑한다며 와서 인사를 했다. 우리는 앉아서 데카르트부터 자아의 본성에 이르기까지 다양한 주제를 논하고, 몇 가지 이야기를 나누기도 하면서 맥주 피처 두어 통을 비웠다. (그는 항상 맥주를 즐기는 건 아니었지만, 맥주를 마실 때는 도스 에키스를 선호했다.) 그는 남아메리카에 갔다가 곤경에 빠졌던 무척이나 재미있는 이야기를 들려주었다.

때는 1980년대, 짐(그의 실명은 일급비밀이므로 지금부터 '짐'이라 부르기로 하자)은 미스 베네수엘라 출신 여인과 함께 랜드로버를 타고 식물탐험 여행을 하고 있었다. 어느 작은 마을의 중앙광장에 들어섰는데 원주민 20명이 묶인 채 벽에 매달려 있었다. 대부분 겁에 질려 있고 몇몇은 격렬하게 몸부림쳤다. 그 앞에는 군복을 입은 남자 예닐곱 명이 총을 들고 서 있었다. 땀에 젖은 카키색 셔츠를 입은 몸집이 큰 남자가 대장이었다. 그는 랜드로버로 다가와 짐을 검문했다.(경찰은 곧잘 짐을 검문한다. 검문하면 재미있기 때문이다.) 이윽고 페드로라는 이름의 뚱보 대장이 상황을 설명해주었다. 최근 이 마을이 정부에 대항해 봉기를 일으켰고, 그래서 다시는 이런 일이 벌어지지 않도록 겁을 주려고 마을 주민 가운데 20명을 임의로 뽑아 죽이려 한다는 것이었다. 그리고 짐은 타지에서 온 귀한 손님이므로, 기꺼이 짐에게 원주민 한 명을 직접 쏘아 죽일 수 있는 VIP 특권을 주겠노라고 했다. 만약 짐이 그 제안을 수락한다면 이번에는 특별히 나머지 19명을 풀어줄 것이며, 만약 짐이 거절한다면 특별사면 따위는 없이 원래 의도대로 20명 전원을 죽이겠다고 했다.

자, 우리 대부분에게 이런 일은 끔찍하기 이를 데 없는 일일 것이다. 당신이라면 어떻게 하겠는가? 한 명을 죽이고 다른 19명을 살릴 것인가, 아니면 살인을 거부하고 대신 20명이 몰살당하는 것을 지켜볼 것인가? 군인들이 많이 있기 때문에 영웅 노릇을 하기도 어렵다. 게다가 짐에겐 무기도 없었다. 나는 짐이 이러지도 저러지도 못하는 상황에 처했던 거라고 생각했다. 하지만 짐의 이야기를 듣고 있자니 그 자신은 그 모든 상황이 꽤나 재미있었던 것 같다. (나중에 들으니 짐에게 난처한 상황은 딱 한 번 있었다고 한다. '난처하다'는 느낌이 어떤 것인지 몰라서 난처했다고.) 어쨌든 짐은 페드로 대장에게 자기가 도울 수 있는 기회가 생긴다면 영광이라고, 다만 지금은 너무 더우니까 우선 쿨러 속에 들어 있는 도스 에키스를 몇 병 따 건배나 하자고 말했다. 그리하여, 어쩌면 이런 결말을 눈치챘을지도 모르겠지만, 짐의 이야기(매릴린 먼로와 함께 핵잠수함을 탔던)를 들으며 차가운 맥주를 한 잔, 두 잔 뱃속에 부어넣다 만취한 페드로 대장은 기분이 매우 좋아져, 원주민 모두를 풀어주었다고 한다.

그래서 결국엔 모든 것이 잘되었다는 이야기다. 하지만 문제는, 우리는 세상에서 제일 재미있는 사람이 아니라는 것이다. 우리는 짐의 해결 방식을 따라 할 수가 없다. 그렇다면 어떻게 해야 할까? 당신이라면 다른 19명을 구하기 위해 1명을 죽이겠는가? 그럴 경우 특히 힘든 점은 덜 악한 행위를 택함으로써 어쨌든 악행에 자신을 연루시킨다는 점이다. 20명의 죽음 대신 1명의 죽음을 택함으로써 당신은 살인자가 된다. 그것은 당신에게 굉장히 충격적인 일이 될 것이다. 하지만 그래도 그것이 옳은 선택인가?

반면에, 당신이 당신의 손을 더럽히지 않으려고 대장의 제안을 거절한다면 어떻게 될까? 그건 비열하고도 이기적인 선택 아닐까? 도덕적 순수성에 대한 당신의 집착 때문에 죽지 않아도 될 19명이 죽을 것이기 때문이다. 분명히 원주민들은 당신이 대장의 제안을 받아들이기를 바랄 것이다. 하지만 또 한편, 악행에 참여하기를 거부한다는 면에서 그 선택에 존경받을 만한 부분은 없는가? 만약 페드로 대장이 상관으로부터 총살 명령을 받았다면 우리는 그가 그 명령을 거부하길 바랐을 것 아닌가? 결국 우린 모두 궁극적으로 우리 '자신'의 행위에 대해서만 책임이 있는 것 아닌가? 버나드 윌리엄스가 지적하듯, 원주민 20명의 죽음을 내가 '유발'했다고 하려면 페드로 대장이 총을 쏘도록 '유발'한 것이 나여야 한다. 하지만 그렇지 않다. 대장은 자기 선택의 결과로 총을 쏜다. 만약 당신이 거절한다고 해서 대장이 "당신이 그렇게 선택했으니 나는 달리 방법이 없다."고 한다면 그건 거짓말이다. 그뿐 아니라, 고결함은 일반적으로 우리가 한 인간에게서 가장 중시하는 덕목 중 하나이다. 고결하다는 것은 곧 자기 원칙을 고수한다는 것이다. 그러니 살인은 옳지 않다는 것이 당신이 가장 소중히 여기는 원칙 중 하나라면, 고결한 한 사람으로서 어떻게 살인을 저지를 수 있겠는가?

솔직히 말하면…

버나드 윌리엄스의 글 「공리주의 비평(A Critique of Utilitarianism)」에서 인용한 앞 이야기는 원문과 다른 점이 많다. 짐과 페드로 대장, 원주민들에 대한 부분은 비슷하지만 '세상에서 제일 재미있는 사람'이라든가 '도스 에키스'는 언급되지 않는다. 그렇지만 나는 이렇게 생각한다. 그 사건의 어떤 세부적인 사항에 대해서는 윌리엄스 교수가 비밀을 지키기로 했던 거라고.

어떻게 생각하나요?

- 당신이 만약 짐과 같은 상황에 처한다면 대장의 제안을 받아들일 것인가, 아니면 거절할 것인가?
- 그런 상황에 처한 사람이 만약 대장의 제안을 거절한다면, 그 사람은 자기 손을 더럽히고 싶지 않다는 욕구에 너무 큰 비중을 두

고 있는 것은 아닌가?

- 만약 붙잡힌 원주민 중 한 명 이상이 당신과 가까운 친구라면, 그 사실이 당신의 결정에 영향을 끼칠 것인가? 만약 그렇다면 어떤 식으로 영향을 끼칠 것인가? 그리고 그런 관계는 당신의 결정에 영향을 '끼쳐야' 하는가?
- 이 딜레마는 원칙(무고한 사람을 결코 죽일 수 없다)을 택할 것이냐, 결과(피해를 최소한으로 줄인다)를 택할 것이냐의 문제로 보일 수도 있다. 당신은 도덕적 결정을 내릴 때 어떤 원칙을 고수하는 것을 중시하는가, 아니면 가능한 대안들의 결과를 따져보는 것을 중시하는가?

? 알고 있나요?

- 세상에서 제일 재미있는 사람에 대해서는 다음과 같은 이야기가 회자되고 있다.

1 그는 '로르샤흐 테스트'[좌우 대칭의 불규칙한 잉크 무늬를 이용한 인성검사]에서 만점을 받을 수 있는 유일한 사람이다.

2 그의 매력은 전염성이 너무나 강해서 백신이 만들어질 정도다.

3 그의 적들조차도 비상연락망에 그의 전화번호를 적어놓고 위급할 때 전화한다.

4 외계인들은 그에게 자기들을 조사해달라고 요청했다.

5 방 안에 걸어 들어가는 것만으로 기면발작증을 고칠 수 있다고 알려져 있다.

6 똑같은 평생공로상을 두 번이나 받았다.

7 자신의 사망 기사를 풍성하게 만드는 일을 지금 당장 시작해야 한다고 믿는다.

- 언제나 가장 좋은 결과를 낳을 행동을 선택해야 한다는 견해를 '결과주의'라고 한다. 그리고 (결과에 상관없이) 원칙을 따라야 한다는 견해를 '의무론'이라고 한다.
- 버나드 윌리엄스는 철학자가 되기 전에 영국 공군 소속 전투기 조종사였다.
- 도스 에키스는 애주가들이 '암바'를 '도스 에키스 라거'의 어둡고 음울하고 정열적인 사촌으로 여겨주길 바란다. 라거는 초록색 병에 담겨 있지만 암바는 갈색 병에 담겨 있다.

38

튜링의 맥주 감별기

컴퓨터가 맥주를 평가할 수 있을까?

 풀러스 '런던 프라이드'

Fuller's *London Pride*

영국 수학자이자 컴퓨터의 아버지인
앨런 튜링을 위하여 건배!
튜링의 고향에서 가져온 에일이 가장 적격일 것이다!
자, 그럼 풀러스 런던 프라이드를 마시자.
런던에 마지막으로 남은 전통적인 방식으로
가족 경영 양조장에서 양조되었기에,
'혀끝에서 천사가 춤을 추는 것' 같은
느낌이 들 것이다.

옛 속담에 이런 말이 있다. "오리처럼 걷고 오리처럼 꽥꽥거리면, 오리가 아니고 뭐겠는가." 일부 과학자들과 철학자들은 인공지능에 대한 문제에 이런 논리를 적용했다. 그들은 컴퓨터가 우리처럼 계획과 목적을 가지고 움직일 수만 있으면 우리처럼 될 것이라고 보았다. 기계들이 보통 사람만큼, 아니 더 잘 계산할 수 있고, 무한한 범위의 주제를 가지고 이야기하고, 어떤 상황이 닥치든 적절하게 반응한다면, 이 기계들에 지능이 있다고 말할 수 있다. 즉, 기계들에 생각이 있고, 지식이 있고, 원하는 것이 있다는 것이다.

이런 견해를 가장 앞장서서 지지한 사람이 앨런 튜링(Alan Turing, 1912~1953)이다. 컴퓨터 과학 분야의 선구자인 튜링은 어떤 테스트를 제안한 것으로 매우 유명해졌다. 어쩌면 그 테스트 덕분에 "컴퓨터가 생각할 수 있는가?"라는 질문에 대답할 수 있게 될지 모르겠다. 그 테스트는 지금 '튜링 테스트'라고 널리 알려져 있지만, 튜링은 그 테스트를 '모방 게임'이라고 불렀다. 그 게임에는 세 명이 참가해야 한다. 질문자 한 명에 응답자가 두 명인데, 한 응답자는 사람이고, 한 응답자는 컴퓨터이다. 질문자는 응답자들과 분리된 방에 앉아서 어떤 응답자가 사람이고 어떤 응답자가 컴퓨터인지 분별해

내야 한다. 두 응답자는 최선을 다해 질문자가 자신을 인간이라고 믿게 해야 한다. 질문자는 각 응답자에게 질문을 던지면서 게임을 진행한다. 질문자는 마음 내키는 대로 어떤 질문이든 할 수 있다. 이를 테면 "취미가 있어요?" "머리카락이 어떤 색깔인가요?" 등등. 응답자들의 대답은 텔레타이프로 송신되기 때문에 목소리와 필체는 문제가 되지 않는다. 컴퓨터가 모방 게임에서 이기기 위해서는(또는 튜링 테스트를 통과하기 위해서는) 매우 정교하고 복잡해야 할 것이다. 예를 들어, 거짓말을 할 준비도 되어 있어야 한다. 응답자가 컴퓨터냐고 질문을 받는다면 "아니오."라고 대답해야 할 것이다. 어떤 맥주를 좋아하냐는 질문을 받으면 맥주 이름을 말하고 그 맥주에 대하여 아주 정확하게 설명할 수 있어야 할 것이다.

튜링은 2000년 즈음에는 컴퓨터 기술이 상당히 발전해서 어떤 컴퓨터들은 튜링 테스트를 통과할 수 있을 거라고 예상했다. 그의 예상은 너무 낙관적이었던 것으로 드러났다. 오늘날 성능이 가장 좋은 컴퓨터라 할지라도, 질문을 몇 개만 던져보면 더 이상 질문자를 속일 수가 없다. 질문자가 던지는 질문의 주제들이 너무 많은 탓도 있을 것이다. 그러니 맥주에 대한 지식의 난이도를 좀 쉽게 하든지 어느 정도 범위를 정해놓아야 할 것이다. 컴퓨터가 제대로 된 맥주 감별사가 될 수 있을까? 튜링 테스트를 해보자.

'실리콘 밸리 맥주 경연대회'에 심사위원 세 명이 참가한다고 가정하자. 두 심사위원은 사람이지만, 세 번째 심사위원은 브루마스터 5000, 즉 맥주 감별 컴퓨터이다! 각자 문을 닫아놓고 맛을 감별하고 (혹은 자료를 분석하고), 경연대회 마지막 날 가장 좋아하는 맥주의 이름을 써서 내밀면, 결과지가 문에 난 틈으로 나온다. 그러면 맥주 양조업자들이 컴퓨터로 질문을 작성하여 (아직 닫힌 문 뒤에 있는)심사위원들에게 왜 그 맥주를 선택했는지 묻는다. 브루마스터5000이 양조업자들을 속여서 양조업자들이 브루마스터5000을 인간 심사위원이라고 생각하게 만들 수 있을까? 그뿐 아니라 브루마스터5000이 가장 실력 있고 신뢰할 수 있는 심사위원으로 인정받을 수 있을까? 그리고 가장 중요한 문제인데, 그 컴퓨터가 튜링 테스트를 통과하고 가장 유능한 맥주 감별사로 선정된다면, 어떤 맥주가 최고인지를 정말로 안다고 말할 수 있을까?

아직까지 우리는 제대로 된 맥주 감별 컴퓨터를 만들 수 있는 능력이 없다. 그러나 그런 과학기술이 현실이 되는 건 그렇게 먼 미래의 일이 아니다. 우리는 이미 맛의 중요한 화학 성질에 대하여 많이 알고 있고, 이는 후각 수용기 역할을 하는 변환기를 만드는 데 사용될 것이다. 시각 감지기를 통하여 맥주의 외관을 받아들일 수 있고, 입안에서의 느낌을 가상으로 재현하는 프로그램을 만들 수 있다. 그래서 언젠가 맥주를 '감지 탱크'에 부어넣으면, 맥주의 색, 향, 느낌, 맛을 화학적으로 완전히 분석하는 기계가 만들어질 것이라고 상상해볼 수 있다. 홉과 보리의 양과 종류, 이스트의 품종, 기타 어떤 성분들이 들어 있는지 등등을 감별해서 '최적의 배합 비율'을 만들어낼 수도 있다. 그런 다음 그 컴퓨터는 그 결과를 주관적인 언어로 변환할 것이다.

그렇게 해서 나온 컴퓨터의 보고서는 다음과 같다.

이 맥주는 아주 가는 소용돌이 모양으로 투명하고 밝은 금빛을 쏟아냈다. 이 맥주는 커다란 코리앤더와 오렌지 향이 나고 이스트 아로마가 깊이와 세속의 냄새와 흥취를 더한다. 씁쓸한 맛이 오래 남고 몸을 약간 훈훈하게 한다. 부드럽게 몸속으로 타고 내려가 맥주가 아니라 음료수를 마시는 것 같다. 간단히 정리하면, 아주 마음에 들고 얼른 한 잔 더 하고 싶다!

우리가 과학기술을 올바르게 이해한다면, 브루마스터5000이 튜링 맥주 테스트를 통과하리라고 가정하는 것이 이상하지 않을 것 같다. 다시 말해서 '원칙적으로' 아무 문제가 없을 것 같다. 기술적인 문제를 극복하는 것만이 문제가 될 뿐이다. 그리고 브루마스터5000이 화학적인 분석을 통하여 양조맥주의 작은 차이들을 구별해낼 수 있다면, 최고의 맥주를 가려내는 가장 신뢰도 높은 심사위원으로 인정받게 된다 하더라도 전혀 놀랍지 않을 것이다. 그러나 세계 최고의 맥주 감별사들까지 모두 브루마스터5000이 지구에서 가장 실력이 좋은 감별사라고 인정한다 할지라도, 그 컴퓨터가 정말 맥주를 '안다'고 결론 내릴 수 있을까?

UC 버클리대학 철학과 존 설(John Searle) 교수는 단호하게 아니라고 말한다. 수십 년 동안 그는 튜링 테스트를 통과하는 것이 무엇을 '안다'는 것과는 아무 상관이 없다고 주장했다. 설 교수의 말에 따르면, 컴퓨터에는 의식이 없다. 그리고 의식이 없다면 브루마스터5000은 맥주가 무엇인지 안다고 말할 수 없고, 더더군다나 맥주가 어떤 맛이 난다는 말은 더욱 할 수 없다. 설 교수는 인간은 의식적인 존재이기 때문에 말과 상징의 의미를 이해하지만, 컴퓨터는 말과 부호의 의미를 조작해서 처리할 뿐이라고 주장한다. 설 교수는 다음과 같은 글을 썼다.

> 예를 들어, 내 휴대용 계산기에 내가 '3×3='이라고 친다면 계산기는 '9'라고 출력할 것이다. 그러나 계산기는 '3'이 3을 의미한다든지, '9'가 9를 의미한다든지, 무엇이 무언가를 의미한다는 것을 모른다. 이런 점을 들어 컴퓨터는 컴퓨터 언어를 문법에 따라 처리하지만, 의미는 전혀 이해하지 못한다고 말할 수 있다.

거의 모든 사람들이 휴대용 계산기에는 의식이 없고, 어떤 정보를 LCD스크린에 출력하고 있는지 스스로 알지 못한다는 것을 인정한다. 스크린에 나온 정보가 어떤 의미인지를 모른다는 건 더 이상 말할 필요도 없다. 설은 프로그램이 얼마나 복잡하든, 데이터베이스의 규모가 얼마나 크든 간에 모든 디지털 컴퓨터는 근본적으로 같은 방식으로 작동한다고 주장한다. 따라서 브루마스터5000은 문제로 제시된 맥주에 대하여 밝은 황금빛에, 멋진 거품이 나고, 오렌지 향이 난다고 기술한 문장을 출력할 수 있지만, 그런 설명을 한다고 바로 브루마스터5000이 오렌지가 무엇인지, 오렌지가 어떤 맛이 나는지 안다는 의미는 아니다. 그리고 브루마스터5000은 한 번도 맥주의 맛을 경험하지 못했다. 브루마스터5000은 가짜이다. 아니 브루마스터5000이 맥주를 안다고 주장하면서 브루마스터5000을 설계한 사람들은 확실하게 사기꾼들이다. 브루마스터5000이 보통 사람들이 맛에 대하여 나타내는 반응을 모방하고 있다고는 말할 수 있지만,

'맥주 감별'을 한다고는 말할 수 없다. 허리케인을 보도할 때 기상청이 이용하는 시뮬레이션 프로그램과 별반 다를 것이 없는 것이다!

설의 의견에 반대하는 사람들은 설이 컴퓨터를 부당하게 비난한다고 주장한다. 무슨 근거로 브루마스터5000이 오렌지 맛이 어떤지, 아이리시 스타우트가 무엇인지, 어떻게 멋진 거품이 생기는지 모른다고 말하는가? 브루마스터5000이 대부분의 우리들보다 오렌지에 대한 단서를 더 잘 찾아낼 수 있다면, 또는 여러 가지 맥주들의 목록에서 아이리시 스타우트를 골라낼 수 있다면, 더 이상 뭘 더 알아야 하는가? 그리고 만약 맥주를 마시는 인구 다섯 중 넷이 엿기름의 맛과 홉의 맛을 구분할 수 없다면, 그 사람들이야말로 정말 맥주를 모르는 사람들일 것이다.

어떻게 생각하나요?

- 브루마스터5000은 정말 맥주를 아는가?
- 컴퓨터와 인간의 뇌 사이의 중요한 차이가 단지 인간이 컴퓨터보다 복잡하다는 것뿐일까?
- 컴퓨터가 튜링 테스트를 통과할 수 있다면 컴퓨터에 '지능'이 있다고 말할 수 있는가? 왜 그런가? 그렇지 않다고 생각한다면 그 이유는 무엇인가?
- 컴퓨터가 '사람'이 될 것이고, 시민권을 받을 자격이 있다고 생각하는가?

? 알고 있나요?

- 원래 튜링의 모방 게임에는 두 명의 게임 참가자 A와 B의 성별이 정해져 있었다. A는 남자가 맡아서 질문자를 최대한 혼란스럽게 만들고, B는 여자가 맡아서 질문에 정직하게 대답한다. 이렇게 설정한 다음 튜링이 다음과 같이 질문했다. "컴퓨터가 이번 게임에서 A의 역할을 한다면 어떤 일이 일어날까? 게임을 그와 같은 방식으로 진행하면 질문자는 그 게임에서 남자와 여자가 응답할 때와 마찬가지로 잘못된 결정을 내릴 것인가? 이런 질문들은 '기계가 생각할 수 있는가?'라는 기존의 질문을 대신한다."
- 연간 개최되는 뢰브너 경연대회(Loebner Prize)에서 컴퓨터 프로그램들이 튜링 테스트를 받고 있다. 이제까지 단 몇 분 동안이라도 점잖은 대화를 지속할 수 있었던 프로그램은 하나도 없었다. 프로그래머들은 대개 자신의 프로그램들이 튜링 테스트를 통과하리라고 기대하기보다는, '올해의 우승'을 차지하겠다는 목표로 참가하고 있다.
- 존 설은 '기계'가 의식을 갖는다는 게 불가능하다고 주장하지 않는다. 설은 인간의 뇌가 일종의 '생물학적 컴퓨터'이며, 그 컴퓨터가 의식을 생산한다고 인정한다. 디지털 컴퓨터는 성능이 좋지 않은 기계이며, 인공지능을 연구하는 사람들은 의식을 생산하는 과정에서 생물학이 중요한 역할을 하고 있음을 무시하는 오류를 범하고 있다는 게 설의 생각이다.
- 컴퓨터처럼, 맥주는 규소를 함유하고 있다. 이 말이 이상하게 들리겠지만, 실제로 참 잘된 일이다. 많은 연구 결과들이 규소를 많이 섭

취하면 뼈가 단단해지고 골다공증이 예방된다는 것을 보여주었다. 킹스 칼리지 런던의 조나단 파웰(Jonathan Powell) 박사는 맥주가 모든 음식 가운데 규소를 가장 많이 제공한다고 추정한다. 맥주의 규소 함량은 약 17퍼센트라고 추산되고, 그 뒤를 이어 바나나가 9.1퍼센트, 빵과 조리하지 않은 곡류가 약 4.5퍼센트를 함유하고 있다.

39

싱어의 연못

우리에게 타인에 대한 책임이 있는가? 그들에게 한 잔 사야 할까?

 잉링 '트래디셔널 라거'

Yuengling *Traditional Lager*

이 수수께끼는 경제적인 불평등에 관한 것이다. 이 지구상에 살고 있는 사람들 중에는 주체할 수 없을 만큼 돈이 많은 사람도 있고, 맥주 한 잔 사먹을 돈이 없는 사람도 있다. 그러니 복을 덜 받고 태어난 사람들을 생각해서 '해피 아워'에 스페셜 메뉴를 찾아 가장 싼 맥주를 주문해보자. 그러면 그렇게 아낀 돈으로 형편이 어려운 사람들에게 기부금을 낼 수 있다. 운이 좋으면, 잉링 트래디셔널 라거 한 잔을 사 마실 수 있다. 높은 품질에 비해 상당히 저렴한 미국 맥주다. 운이 없으면, 그런 일이 없길 바라지만, 라이트 맥주밖에 못 마실 수도 있다.

누구나 길에서 마주치게 되는 일이 있다. 길을 걷고 있는데 누군가가 당신에게 잔돈을 달라고 한다. 심지어 몇 달러를 달라고 애걸한다. 그들은 배가 고프다고 말한다. 그들이 정말로 배가 고파서 그럴 수도 있는데, 당신은 그들이 그 돈으로 술을 사먹을 것이라고 혼잣말을 하고 돈을 주기 싫어한다. 그 생각이 설령 맞는다 하더라도 당신이 지금 호프집에 가는 중이라면, 당신은 오늘 밤 맥주를 마시고 그들은 마시지 못하는 것이 정말 공정한지 의구심을 가질 수 있다. 그리고 우리보다 복을 적게 받고 사는 사람들에게 일반적으로 어떤 책임이 있는 건 아닌지 생각해볼 수 있다. 그것은 당연히 복잡한 문제이다. 당신은 돈을 벌기 위해서 열심히 일을 했다. 그 돈을 벌겠다고 시간을 들이고 노력을 아끼지 않았다. 어쩌면 거지는 그런 희생을 하고 싶지 않을 것이다. 아니면 게으르고 무책임할지도 모른다. 그러나 이런 설명이 모든 사람에게 해당하지 않는다는 것은 분명하다.

좀 간단히 예를 들기 위하여 어린아이들을 생각해보자. 기아에 시달리는 나라에서 태어났다는 이유로 굶주리는 아이들에게 우리는 책임이 있는가? 대부분의 사람들이 그 아이들을 위해 식량 및 각종 서비스를 제공하는 기관에 기부하는 일에 관심이 없고, 기부금을 내더라도 수입에서 아주 적은 부분만 할애할 뿐이다. 사람들이 전반적으로 그런 기부는 선택이라는 태도를 보이는 것 같다. 당신은 도덕성을 제대로 갖춘 사람이 되겠다고 자선을 베풀 필요는 없다. 자선사업에 기부금을 내는 것이 칭찬받을 만한 일이지만, 그런 일은 대개 사람이 갖추어야 할 기본적 도덕의 의무를 넘어서는 일로 평가된다.

호주의 철학자 피터 싱어(Peter Singer, 1946~)는 우리가 타인에게 가져야 하는 책임에 대하여 사람들의 일반적 견해에 정면으로 도전했다. 싱어는 다음과 같은 예를 상상해보라고 한다. 당신이 호프집에 있는 친구를 만나러 가는 중이라고 가정하자. 목적지를 향해 걸어가다가, 최근에 내린 비 때문에 근처 공터에 얕은 연못이 생긴 것이 눈에 띄었다. 더 가까이 다가가보니, 어린아이가 연못에 빠져 있다. 아이는 물에 빠져 죽을 것만 같다. 당신이라면 어떻게 하겠는가?

어떤 선택 사항들이 있는지 생각해보자.

1 달려가서 아이를 구한다.

이런 행동을 한다고 해서 당신이 큰 위험에 빠지지는 않을 것이다. 그 연못은 정말 얕기 때문이다. 그리고 당신이 아이의 생명을 구하리라는 것은 거의 확실하다. 그러나 진흙이 묻어 옷을 완전히 망칠 테고, 당신은 호프집에 늦게 도착할 것이다.

2 아이를 구할 수 있는 다른 사람을 찾으러 간다.

이 방법의 장점은 당신의 옷을 더럽히지 않을 수 있다는 것이다. 단점은 아이가 죽을 가능성이 상당히 커진다는 것이다.

3 문제를 무시한다.
이 방법을 사용하면 틀림없이 호프집에 늦지 않게 갈 수 있다. 그러나 아이가 죽으리라는 것은 거의 확실하다.

싱어는 당신이 최소한의 정상적 사람이라면 두말할 것도 없이 뛰어들어가 아이를 구하는 쪽을 택하리라고 생각한다. 결국, 옷을 더럽히고 호프집에 늦는 것쯤은 아이의 목숨에 비하면 너무나도 대수롭지 않은 일이다. 싱어는 이런 태도가 대부분의 사람들이 받아들이는 기본적인 도덕 원칙이라고 생각한다.

> 기본적인 도덕 원칙 우리에게 나쁜 일이 일어나지 않게 막을 수 있는 능력이 있고, 도덕적 중요도가 비등한 어떤 것이 희생되지 않는다면, 우리는 마땅히 도덕적으로 행동해야 한다.

그러나 싱어가 생각하기에 문제는 대부분의 사람들이 이 원칙을 행동으로 옮겨야 하는 일이 닥치면 상당히 일관성 없이 반응한다는 것이다. 물론, 대부분이 뛰어들어가 아이를 구할 것이다. 그리고 당연히, 내가 손해 보는 정도가 아주 적다면 나쁜 일이 일어나지 않게 해야 한다는 생각 때문에 그렇게 행동한다. 그러나 이 기준을 세계 기아 문제에 적용할 때는 지독하게도 도덕적으로 행동하지 않으려고 한다. 유니세프의 보고에 따르면 전 세계 약 9천만 명의 아이들이 먹을 것이 없어 아주 힘든 상황에 처해 있다. 그렇게 많은 아이들이 상당히 고통을 당하고 있으며, 많은 아이들이 영양실조와 굶주림으로 사망할 것이다. 그런데 그 문제에 대하여 우리는 어떻게 대처하고 있는가? 싱어는 그런 문제에 대해 도덕적으로 행동하는 사람은 거의 없다고 말한다. 우리는 언제나 비디오 게임이나 디자이너가 만든 옷, 수제 맥주 등등 사치품들을 사느라 돈을 쓰면서, 이런 따위들이 배고픔에 시달리는 아이들의 목숨보다 더 중요한 것처럼 행동하고 있다. 그러나 그것들은 아이들의 목숨에 비하면 정말 사소하다. 그래서 싱어는 그런 것들에 돈을 쓰는 사람들은 옷이 더러워지는 것이 싫어서 물에 빠진 아이를 무시하는 사람과 전혀 다를 바가 없다고 주장한다.

물론 우리는 어딘가에 돈을 쓸 때 이런 방식으로 생각하지 않는다. 그렇더라도 굶어 죽어가는 아이들이 있다는 것, 우리가 불필요한 사치품에 못된 버릇을 들이지 않고 조금만 희생을 감수한다면 죽어가는 아이들을 아주 많이 살릴 수 있다는 것을 아주 잘 알고 있다. 우리는 그렇게 살면서 가장 기본적인 도덕적 의무는 안 지키고 있는가? 만약 그렇다면 우리는 오늘 밤 할인하는 맥주들만 마셔야 할 도덕적 의무가 있는가? 아니면 물만 마셔야 하는가?

솔직히 말하면…

물에 빠진 아이에 대한 싱어의 사고실험은 원래 술집과 아무 관계가 없다. 그렇지만 나는 아무 뚜렷한 이유 없이 얕은 연못가를 걸어간다고 설정되어 있는 사고실험을 심각하게 받아들이고 싶지 않다.

어떻게 생각하나요?

- 중산층 사람들이 자선을 베풀지 않는다면, 그들은 정말 물에 빠진 아이를 무시하는 사람과 전혀 다르지 않은가? 만약 중요한 차이가 있다면 어떤 차이가 있는가?
- 물에 빠진 아이가 단 한 명이 아니라 1천 명이라면 어쩌겠는가? 아이들을 도와주어야 할 의무가 커질까, 아니면 줄어들까? 아니면 아이들의 수는 중요하지 않은가?
- 많은 사람들이 세계의 기아문제를 종결시키기 위해 희생을 감수하겠다는 도덕적 의무감을 강하게 느끼지 못하는 것 같다고 생각하는 이유는 무엇인가?
- 복을 받지 못하고 태어난 사람들을 위하여 어느 정도의 희생을 기꺼이 감수해야 하는가?

알고 있나요?

- 피터 싱어는 현재 프린스턴대학과 멜버른대학에서 가르치고 있는데, 싱어가 프린스턴대학에서 맡은 일은 많은 논란을 불러일으켰다. 특히 중증장애를 안고 태어난 아기들을 안락사시키는 것이 때때로 정당화될 수 있다는 도덕적 관점을 제시한 탓에 많은 항의가 빗발쳤다.
- 1970년 국제연합총회는 선진국 GNP의 0.7퍼센트를 가난한 나라들의 공적 개발 원조에 지원한다는 목표를 세웠다. 지난 35년 동안 선진국들은 평균 0.2~0.4퍼센트 원조를 하여 그들이 합의한 의무를 이행하지 못했다. 미국은 줄곧 이 기준에서 가장 적게 원

조한 축에 들어왔다.

- 잉링은 미국에서 가장 오래된 양조회사로, 1829년에 펜실베이니아 주 포츠빌에 설립되었다.
- 2000년 오벌린대학의 학생들이 '저렴한 맥주 경연대회'를 열어 저렴한 맥주 가운데 가장 질 좋은 맥주를 선정하였다. 그 결과 1위 섀퍼(Schaefer), 2위 제니 크림 에일(Genny Cream Ale), 3위 밀러 하이라이프(Miller High Life), 4위 블랙 라벨(Black Label), 5위 팹스트 블루 리본(Pabst Blue Ribbon)이 뽑혔다.

40

가장 지혜로운 사람

무지한 사람이 지혜로운 사람일까?

 엘리시안 '더 와이즈 ESB'

Elysian *The Wise ESB*

엘리시안의 더 와이즈 ESB(Extra Special Bitter)는
지혜가 달콤씁쓸할 수 있다는 생각이 들게 한다.
소크라테스의 삶을 예로 들자. 소크라테스는 그가 살던 시대에
두말할 것도 없이 가장 지혜로운 사람이었지만,
젊은이들을 타락시켰다는 죄목으로(혹은 '불편한 진실' 때문에)
사형에 처해졌다. 자, 서양 철학의 할아버지를 위해 건배!
극락의 한가운데서 평화와 진실과
좋은 대화를 누리시기를!

고대 그리스 시대에 아폴론신전에는 깊은 곳에서부터 유독한 연기를 내뿜는 어두운 동굴이 있었다. 이 동굴의 입구에 델피신탁을 받는 곳이 있었다. 델피신탁의 여사제는 아주 정확한 것 같지만 수수께끼 같은 예언을 하는 것으로 그리스 전역에 유명하였다. 델피신탁의 여사제에게 물어보려고 많은 사람들이 멀리서 찾아왔다. 소크라테스의 친구 카에레폰(Chaerephon)은 다음의 질문을 던지기 위해 신전을 방문했다. "소크라테스보다 지혜로운 사람이 있습니까?" 여사제의 대답은 놀라웠다. "없습니다."

소크라테스(기원전 470?~399)는 그 소식을 듣고 깜짝 놀랐다. 그는 자기보다 지혜로운 사람이 없다는 말을 믿을 수가 없었다. 왜냐하면 자신이 아는 것이 너무 미미하다는 것을 알고 있었기 때문이다. 그는 인생에 대한 커다란 문제들(무엇이 참일까? 무엇이 정의일까? 무엇이 용기일까? 등등)에 대하여 깊이 생각에 빠질 때마다 한 번도 완전히 만족스러운 답을 찾아내지 못했다. 그래서 소크라테스는 신탁이 분명히 잘못되었다고 판단했다. 그때부터 줄곧 소크라테스는 자신보다 더 지혜로운 사람을 찾는 것을 인생의 과제로 삼았다.

소크라테스는 만나는 사람들 모두에게 그 '인생의 커다란 문제들'

을 질문했다. 특히 아테네에서 유명한 인사들이나 많은 곳을 여행하는 교사들, 소피스트들을 향해 물었는데, 그들은 그런 문제들에 대하여 알고 있다고 주장하곤 했기 때문이다. 그런 대화는 매번 비슷하게 진행되었다. 예를 들어 소크라테스가 "무엇이 정의인가?"라고 물으면, 상대는 좀 거만한 태도로 모든 대답을 알고 있다고 큰소리를 쳤다. 그러고는 "정의란 너의 친구에게 유익을 주는 것이고 너의 적에게 해를 주는 것이다."라든가, "정의란 진실을 말하고 빚을 갚는 것이다."라는 식으로 말했다. 그러나 소크라테스가 계속해서 질문을 던지면, 언제나 그들의 대답에서 허점이 드러났다. 예를 들어 "정의란 진실을 말하고 빚을 갚는 것이다."라는 말에 대해 소크라테스는 다음과 같이 대답했다.

> 옳은 것에 대해 이야기해보자. 정의란 '진실을 말하고 빚을 갚는 것'이라고 확실하게 말할 수 있을까? 이런 행동들이 옳을 적도 있고 틀릴 적도 있지 않을까? 예를 들어, 우리에게 무기를 빌려준 친구가 정신이상이 된 다음 그 무기를 돌려달라고 했다고 가정하자. 누구든 돌려주지 말아야 한다고 말할 것이 틀림없다. 빌린 것을 돌려주지 않는 것은 '옳지' 않을 것이다. 미친 사람에게 솔직하게 거리낌없이 진실을 말하는 것 역시 옳지 않을 것이다.

이와 같이 소크라테스는 언제나 질문과 반례들을 사용하여 다른 사람들이 제시하는 정의가 모순된다는 것을 보여주려고 했다. 그랬으니 소크라테스에게 적이 많았으리라는 것은 가히 짐작하고도 남는다. 사람들은 자신이 틀렸다는 게 밝혀지는 것을 싫어한다. 특히나 모든 것을 다 잘 안다고 잘난 척하는 사람들은 더욱 질색을 한다. 그리고 많은 사람들 앞에서 자기가 무식하다는 씁쓸한 진실이 드러난다면 더욱 못 견뎌한다. 그런 데다 소크라테스가 대화를 하고 있으면 대중이 몰려들었으니, 소크라테스의 질문은 권력가들의 심사를 뒤틀리게 만들었다. 그래서 그는 젊은이들을 타락시켰다는 죄목으로 재판정에 서게 되었다.

재판정에서 소크라테스는 재판관에게 그가 마침내 신탁의 예언력을 인정하게 되었다고 말했다. 아마도 신탁의 여사제는 언제나 옳았고, 소크라테스는 가장 지혜로운 사람이었던 것 같다. 다른 사람들은 자신이 모르면서도 알고 있다고 잘못 생각했지만, 적어도 소크라테스는 그가 모른다는 것을 알고 있었으니 나머지 사람들보다 한 수 앞섰던 것이다.

어떻게 생각하나요?

- 우리 가운데 가장 지혜로운 사람은 자신이 매우 조금밖에 모른다는 것을 깨닫고 있는 사람일까?
- 대부분이 자신이 실제로 알고 있는 것보다 더 많이 알고 있다고 생각하는가? 만약 그렇다면, 왜 그럴까?
- 델피의 신탁이 초자연적인(또는 상당히 비범한) 힘을 가지고 있었다고 생각하는가?
- 정의(正義)를 어떻게 정의하는가?

알고 있나요?

- 소크라테스는 결국 유죄를 선고받고 사형에 처해졌다. 그에게는 도망갈 수 있는 충분한 기회가 있었지만, 그는 선고를 받아들여 독미나리에서 추출된 독을 마시는 편을 택했다. 만약 독약같이 쓴 것을 좋아한다면, 그런데 죽고 싶지는 않다면, 노팅엄의 캐슬 락(Castle Rock) 양조회사에서 만든 헴록 비터(Hemlock Bitter)를 마셔보라.
- 플라톤은 소크라테스의 제자였고, 자기 나름의 지혜로운 관점을 갖고 있었다. 플라톤은 "맥주를 발명한 사람은 현자이다."라고 말한 것으로 유명하다.
- 델피의 신탁이나 피티아(Pythia)는 특정한 사람을 지칭하는 말이 아니라 지위를 뜻한다. 그 지위는 1천 년 넘는 기간 동안 수많은 여성들이 차지하였다.
- 극락(Elysian Field)은 위대한 영웅이나 덕을 쌓은 사람들이 죽은 뒤 가는 곳을 가리킨다. 시애틀의 엘리시안 브루잉 컴퍼니(Elysian Brewing Company)는 그 단어에서 영감을 얻어 회사 이름을 지었다.

매트릭스 속으로

필스너는 뇌 속에선 전기신호에 지나지 않는가?

문라이트 브루잉 '리얼리티 체코 필스너'

Moonlight Brewing *Reality Czeck Pilsner*

겉으로 보이는 모습은 사람의 눈을 속일 수 있다.
그래서 이따금 '실제인지 의문을 갖는 것'이 좋다.
문라이트 맥주회사에서 나온 리얼리티 체코 필스너를 마시며
진짜인지 의심하는 것도 아주 좋은 방법이다.
진짜 체코 필스너를 캘리포니아에서 만들 수 있을까?
그것을 심사해주길 바란다. 안타깝게도 리얼리티 체코는
케그[맥주 저장용 통] 맥주로만 즐길 수 있고,
북부 캘리포니아 자가(自家) 맥주를 취급하는 술집에서만 판매한다.
차 타고 같이 가실 분 없나요?

만약 전 세계가 하나의 환상이라면 어쩌지? 컴퓨터가 만들어낸 꿈의 세계라면? 이것은 1999년에 나온 영화 〈매트릭스(The Matrix)〉의 전제였다. 수백만 명이 '가상의 세계', 즉 20세기 말의 지구와 문화를 그대로 본떠서 만든 디지털 모형에서 살고 있었다. 어느 면으로 보든 이 사람들의 삶은 우리의 삶과 완전히 똑같았다. 그들은 직장에 갔고, 세금을 냈고, 사랑에 빠졌고, 호프집에서 이야기를 나누었다. 그러나 실제로는, 그들은 점액질이 가득한 인공자궁에 갇혀 뇌 속에 많은 전선들을 연결하고 있었다.

〈매트릭스〉의 이면에 있는 기본적인 아이디어는 인간의 모든 경험이 뇌를 인공적으로 자극하여 생성될 수 있다는 것이었다. 영화 속에서 모피어스가 말한 것처럼 말이다. "무엇이 실제인가? 당신은 실제를 어떻게 정의하는가? 실제가 당신이 느끼고 냄새를 맡고 맛을 보고 눈으로 보는 것이라면, 실제란 그저 뇌가 해석한 전기적 신호에 지나지 않는다."

일반적으로 그 전기적 신호들은 감각 자극에서 만들어진 것이다. 바에 앉아 있는 당신의 눈은 거품이 인 황금색 리얼리티 체코 한 잔을 바라본다. 당신의 코는 갓 구운 바게트의 애간장을 녹이는 향을 흠뻑 들이켜고 있다. 당신의 혀는 톡톡 쏘는 거품과 달콤한 비스킷 같은 맥아와 사즈 홉[Saaz hop, 체코에서 재배하는 홉의 종류]의 맛을 즐긴다. 그렇지만 뇌를 직접적으로 자극한다면 그 역시 똑같은 경험을 만들어내지 않겠는가. 게다가 미래의 정교한 컴퓨터 과학기술만 있으면 수백만 명이 삶을 펼칠 수 있는 완전한 가상세계를 만들어낼 수 있을지 모른다.

그런 '매트릭스' 또는 '시뮬레이션'은 조잡스러워서 비디오 게임같이 보일 수도 있고, 아니면 아주 정교해질 수도 있다. 아주 정교해서 글자 그대로 본래의 세계와 구분할 수 없을 정도가 되는 것이다. 그런 '완벽한 시뮬레이션'을 제시하려면 컴퓨터 프로그램을 짜는 기술이 상당히 발달해야 하는데, 가능성이 매우 커 보인다. 그러므로 다음과 같은 것을 생각해보라. 바로 이 순간 당신이 매트릭스 안에 있는 게 아닐까? 아마도 그런 가능성을 심각하게 받아들이지 않을지도 모른다. 현재로서는 정말 믿을 수 있는 매트릭스를 만들 수 있는 과학기술이 없기 때문이다. 그러나 이것은 당신이 21세기 초반에 살고 있다고 전제하기 때문일 수 있다. 어쩌면 당신이 21세기 초반에 살고 있지 않을 수도 있다. 어쩌면 올해가 실제로는 2199년이고, 당신은 21세기 초반 지구의 가상현실에 플러그로 연결되어 있는 것일지도 모른다.

만약 매트릭스가 상당히 우수하다면, 당신이 지금 이 순간 매트릭스에 있지 않다는 것을 확인할 방법이 없다. 그러나 이런 논지를 인정하는 사람들조차도 이런 일을 그렇게 당황스럽게 생각하지 않는다. 우리가 매트릭스 안에서 사는 것일 수도 있지만, 정말 그럴 가능성이 제로에 가깝다고 생각하기 때문이다. 그러나 옥스퍼드대학교 철학교수이자 미래학자인 닉 보스트롬(Nick Bostrom, 1973~)은 그에 동의하지 않는다. 그는 매트릭스 안에서 살게 될 가능성이 사실 매우 높다고 주장해왔다. 그는 다음과 같은 세 가지 가능성을 제시했다.

첫 번째 가능성은 과학기술이 충분히 발달하기 전에 인간이 거의 전멸하는 것이다. 두 번째 가능성은 과학기술이 충분히 발달했지만 어떤 문명도 매트릭스를 건설하는 데에 관심이 거의 없는 경우이다. 세 번째 가능성은 거의 확실하게 우리가 매트릭스에서 살고 있는 것이다.

보스트롬은 인간이 과학기술이 충분히 발달할 때까지 오랫동안 번성할지 어떨지 예상하는 것이 어렵다는 것을 인정한다. 고려해야 할 변수들이 매우 많다. 핵전쟁, 질병, 환경재해, 기타 등등. 그러나 사람들이 무한정의 고품질 시뮬레이션을 만들 수 있는 단계까지 과학기술을 완숙하게 발달시킨다면, 그런 시뮬레이션을 정말로 만들 가능성이 다분한 것 같다. 매트릭스를 만들려는 동기는 많이 있다. 역사가들은 과거를 재창조하기 위해 시뮬레이션을 만들 수 있다. 또 '만약 흡 열매나 보리가 없었다면, 인간의 역사가 어떻게 진행되었을까?' 같은 가정하에 역사적 시나리오를 연구하고 싶어서 시뮬레이션을 만들려고 할 수도 있다. 예술가들은 미학적으로 흥미로운 매트릭스를 만들어서, 사람들을 그 안에서 살게 하거나 외부에서 관찰하려고 할지 모른다. 심리학, 인류학, 진화생물학, 특히 관광업에서 얼마나 많은 매트릭스들이 필요할지 생각해보라.

그래서 보스트롬은 우리가 멸종되지 않고 매트릭스를 만들 이유들을 여전히 가지고 있다면, 발전된 사회들은 수천 개, 아마 수백만 개의 매트릭스를 만들어서 각각의 매트릭스 안에 수십억의 사람들을 살게 할 것이라고 가정한다. 이런 조건이 갖추어지면, 보스트롬은 우리가 매트릭스 안에 있을 것이 거의 분명하다고 생각한다. 그때까지 살았던 생물들이 대부분 매트릭스 안에서 살고 있을 것이기 때문이다. 물론 이 매트릭스 안에 있는 사람들 대부분이 생물학적으로 인간이 아닐 것이다. 그들은 과학 프로그램, 즉 인공적으로 지능을 갖춘 완전한 디지털 인간들이다. 그런 방식이야말로 사람들이 매우 많은 세상으로 옮겨가 살 수 있는 유일한 방법일 것이다. 그러므로 이 점을 생각해보자. 당신이 들고 있는 맥주만이 모조품인 것이 아니라, 당신도 모조 인간일 수 있다!

우리는 어떤 사회가 과학기술의 성숙 단계에 이르게 될지, 혹은 그런 사회가 매트릭스를 만들고 싶어할지 모르기 때문에 우리가 매트릭스에서 살게 될 것이 거의 확실하다고 결론을 내릴 수 없다. 그럼에도 불구하고, 보스트롬은 그 가능성이 여전히 매우 크다고 생각한다. 개인적인 의견으로, 그는 우리가 매트릭스에서 살게 될 가능성이 20퍼센트 정도라고 생각한다.

만약 우리가 매트릭스에 있다면, 적어도 우리는 프로그래머들이 아주 좋은 모조 맥주를 만들었다는 데에 매우 감사할 수 있다. 그러나 그때 분명히 그렇게 감사할 수 있을까? 〈매트릭스〉에서 마우스는 이렇게 말한다.

아마도 그들이 잘못한 것 같다. 내가 맥주 맛이라고 생각하는 것이 사실은 오트밀이나 참치 맛인 것 같다. 그것이 많은 것들에 의문을 제기하게 만든다. 닭을 예로 들어보자. 아마도 그들은 무엇이 닭 맛을 내는지 알지 못하는 것 같다. 그래서 닭에서 온갖 맛이 다 난다.

내가 어쩌면 매트릭스에서 살고 있는 것은 아닌가 하는 생각을 한번 하게 되면, 의문과 의심의 조각들이 한도 끝도 없이 늘어나기 쉽다.

솔직히 말하면…

〈매트릭스〉에서 마우스는 맥주가 아니라 시리얼을 두고 말을 했다. 그러나 이 문제는 맥주에도 동등하게 적용될 수 있다.

어떻게 생각하나요?

- 바로 지금 당신이 있는 곳이 매트릭스의 안일 수 있을까?
- 사회가 과학기술의 완숙 단계에 이르고 매트릭스를 만드는 데 관심이 있다면 우리가 매트릭스에 살게 될 것이 거의 확실하다는 보스트롬의 생각이 옳은가?
- 우리가 매트릭스에 살고 있다는 것을 알게 된다면, 그것 때문에 당신의 인생에 의미가 없어질까?
- 자연계에 맥주도, 맥주를 만들 재료도 없기 때문에 미래 사회가 가상 세계를 만든다면 어떻게 하나? 당신은 현실 세계로 깨어나고 싶은가, 아니면 차라리 홉 맛이 진하게 나는 꿈의 세계에 머물겠는가?

? 알고 있나요?

- 플라톤의 『국가』(기원전 380년경)에 나오는 '동굴의 비유'는 세계 최초로 매트릭스를 설명한 것이다. 그 이야기에서, 죄수들은 속아 넘어가 동굴 벽에 드리워진 그림자가 실제이고 그 이외에 다른 현실이 없다고 생각하게 되었다.
- 보스트롬은 매트릭스 거주자들이 대부분 프로그램일 것이라고 하는데, 그들이 모두 의식을 지닐 필요는 없을 것이다. 수고를 더는 한 가지 방편으로 많은 사람들을 좀비로 만들어놓았는지도 모른다. 좀비란 생각하고 느끼는 것처럼 행동하지만 실제로는 의식적인 '내면의 삶'이 결여된 존재를 뜻한다.(좀비에 대하여 더 많이 알고 싶으면, 45장 '좀비에 대한 공포'를 보라.)
- 문라이트 맥주회사는 캘리포니아 주 산타 로사에 세워졌다. 문라이트는 아마도 미국 최초이자 유일한 수도원 양조장일 것이다. 그러나 실제로 유럽식 수도원 스타일은 만들지 않으며, 트라피스트 수도원과도 전혀 연계되어 있지 않다.
- 만약 리얼리티 체코를 구하기 힘들다면, 대신 필스너 우르켈(Pilsner Urquell)을 마셔보는 것도 좋을 것이다. 필스너 우르켈은 오리지널 필스너이고, 1842년에 처음 양조된 이래로 많은 양조업자들이 모방하여 만들어냈다. 이 양조업자들은 매트릭스 설계자나 매한가지다.

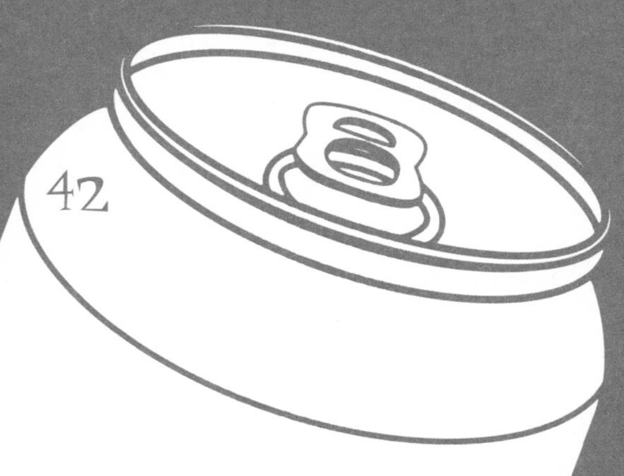

나쁜 신념의 사례

우리는 모든 행위에 대해 책임이 있는가?

Fantôme *Pissenlit Saison*

'세종'(프랑스어로 '계절')은 벨기에의 프랑스어권 지역인 왈로니아의 농가에서 계절마다 빚는 에일의 스타일을 가리키는 말이다. '피상리'(프랑스어로 '민들레')는 글자 그대로는 '침대를 적시다'라는 말이다. 민들레는 이뇨 작용이 탁월한 것으로 유명하다. 팡톰에서 만든 이 맥주는 민들레 적당량을 사용해 빚은 것이다. 그러니 조심할 것. 침대를 적신대도 누굴 탓하랴. 프랑스 실존주의 철학자 사르트르가 말했듯이, "변명의 여지는 없다".

사람들 대부분이 말하듯, 하고 싶은 일을 하고 사는 사람은 거의 없다. 대부분 많은 시간을 '해야만 하는' 일을 하는 데 쏟아붓는다. 다들 학교에, 또는 직장에 '가야만' 하고, 직장에서는 바보 같은 상사 기분을 '맞춰줘야만' 한다. 누구나 대체로 그렇다. 오늘 나는 몇 번이나 "이걸 해야 돼.", "저걸 해야 돼." 하고 말하거나 생각했는가?

한번 하던 일을 멈추고 생각해보자. 우리는 스스로에게 거짓말을 하고 있는 건 아닐까? 정말 직장에 '가야만' 하는 걸까? 매일 누군가는 병가를 내고 결근한다. 매일 누군가는 사표를 낸다. 꼭 '가야만' 할 필요는 없다. 물론 일하러 가지 않으면 돈을 벌지 못할 것이다. 하지만 꼭 돈을 '벌어야만' 할 필요도 없다. 같은 선상에서, 자동차 할부금도 꼭 '내야만' 할 필요는 없다. 자동차 할부금을 연체하는 사람도 언제나 있게 마련이다. 여기서 말하고자 하는 바는 직장에 가는 게 '해야만 하는' 일은 아니라는 것이다. 오히려 그것은 선택 사항이다. 직장에 가지 않고도 우리가 할 수 있는 일은 수백만 가지가 있다. 우리는 단지 직장에 가는 것을 '선택'하는 것뿐이다. 그러니 다시 질문해보자. 나는 정말로 무엇을 '해야만' 하는가? 먹어야 한다고? 정말 먹어야만 하는 걸까? 간디는 먹지 않았다. 세사르 차베스〔미국의 이주노동자 운동가로 간디처럼 단식 투쟁을 했다〕도 먹지 않았다. 두 사람 다 먹지 않고도 몇 주일을 버텼다. 그들은 먹는 것도 선택이라는 걸 알았던 것이다. 그럼 정말로 '해야만 하는' 일은 있는 걸까? 프랑스의 실존주의 철학자 장 폴 사르트르(Jean-Pole Sartre, 1905~1980)의 말에 따르면 진정으로 '해야만 하는' 일은 단 한 가지가 있으니, 그건 바로 선택하는 일이다. "인간은 자유롭도록 저주받았다." 사르트르의 유명한 말이다.

이런 식으로 말하면 자유가 나쁜 것처럼 보인다. 마치 우리가 줄지어 앉아 사형을 기다리고 있는 죄수가 된 것 같은 기분이 든다. 그런데 그게 그리 틀린 말은 아니다. 어떤 면에서 우리는 죄수와 같다. 다음 예를 보자.

1 나는 자유를 선택하지 않았다.
내가 자유를 요구한 게 아니다. 자유는 태어날 때부터 나에게 있었다.
2 나는 자유로부터 벗어날 수 없다.
아무리 피하려 해도, 나는 선택을 피할 수 없다.
3 나는 정말로 자유로부터 벗어나고 싶다.
대부분의 사람들이 자유로부터 벗어나고 싶어하는 것 같다.

가장 흥미로운 부분은 3번이다. 사회적 통념에 어긋난다. 누구에게 물어보아도 다들 자유가 좋다고 할 것이다. 누구나 자유가 삶에서 가장 중요한 것 중 하나라고 단언할 것이다. 하지만 사르트르는 우리의 행동은 그 반대를 지향한다고 보았다. 이미 살펴본 바와 같이, 우리는 자유에 대해 스스로에게 끊임없이 거짓말을 한다. 우리는 스스로를, 그리고 우리 얘기를 듣는 이들을 납득시키려고 한다. "나는 이 일을 할 수밖에 없어." 하지만 마음 깊은 곳에서는 자신이 그것을 '선택'했다는 사실을 알고 있다.

사르트르는 스스로에게 거짓말을 하는 이런 현상을 '나쁜 신념'이라고 부른다. 그리고 대부분의 사람들이 가장 좋아하는 거짓말은 자신이 자유롭지 않다는 거짓말이다. 그럼 우리는 왜 거짓말을 하는가? 책임을 지는 게 싫기 때문이다. 생각해보라. 그 짜증 나는 직장에 가서 상사 기분을 맞춰야만 할 필요가 없고, 사실은 더 좋은 일이 수백만 가지가 있는데도 그곳에서 하루를 보내는 것은 누구 잘못인가? 벼락같이 깨달았을 것이다. 사람 돌게 만드는 건 내 직장이 아니라 바로 나 자신이라는 걸. 바로 나 자신이 짜증 나는 선택을 한 것이다. 내게 선택권이 있는 한(사르트르는 선택권이 언제나 우리에게 있다고 주장한다) 비난받을 사람은 나 자신 외에는 아무도 없다. "변명의 여지 없이, 홀로 남겨져 있다."

이 지점에서 자유에 대한 사르트르의 실존주의적 관점은 정말로 논란거리가 된다. 사르트르는 누구도 결코 자기 행동에 대해 정당한 변명을 할 수 없다고 생각하는데, 이러한 견해 역시 통념에 위배되기 때문이다. 우리는 아동기의 트라우마부터 조울증에 이르기까지 각종 변명거리가 있다고 생각하곤 한다. 실제로 미국정신과의사협회는 최근 폭식과 도박 중독을 정신질환으로 진단해야 한다고 규정했다.(역시 많은 정신과의사가 바랐던 비만, 인터넷 중독, 섹스 중독 등은 그렇게 되지 못했다.) 만약 누군가가 진짜 질환을 앓고 있다면, 우리는 보통 그에게 정상참작의 여지를 준다. 그 '상태'를 비난할지언정, 그 사람에 대한 비난 수위는 낮춘다. 그러나 폭식을 예로 들어보자. 어느 기사에서 어떤 남자가 스스로 의도해서 비만이 되었다고 말하는 것을 읽은 적이 있다. 그는 이렇게 말했다. "당연히 내 의도였지. 그럼 자기 입속에 뭘 집어넣는 게 사고였겠소?" 이 남자의 분석에 사르트르는 전적으로 동의할 것이다. 폭식가는 꼭 '먹어야만' 할 필요가 없다. 알코올중독자가 꼭 술을 '마셔야만' 할 필요가 없고, 도박중독자가 꼭 도박을 '해야만' 할 필요가 없듯이. 우리에겐 언제나 선택권(이를테면 쿠키를 내려놓는 것과 같은)이 있고, 따라서 자기 자신 외에는 누구도 어떤 것도 비난할 수 없다. 그러니 피상리 세종을 꼭 한 잔 더 따라야겠다면, 그게 당신의 선택이라는 사실만 명심하라. 그리고 그 선택은 굉장히 맛난 선택이라는 거!

솔직히 말하면...

앞서 나는 피상리 세종을 너무 많이 마시고 침대를 적셔도 사르트르의 관점에서 보면 "변명의 여지는 없다."고 말했다. 그런데 이 진술에는 단서가 좀 필요하다. 사르트르는 우리가 우리 결정과 행동(감정도 물론이고)에 책임이 있다는 입장이다. 하지만 사실 침대를 적시는 것은 행동이 아니다. 그것은 우리가 '하는' 것이 아니라 우리에게 '일어나는' 일이다. 그러니 방광 장애가 있는 사람은 오줌을 지리는 것에 대해 책임이 없다. 그리고 이부자리에 지도를 그리는 어린아이도 지도 제작에 책임이 없다. 하지만 또 이와 달리 세종을 너무 많이 마신 사람은 아무리 책임을 덜어낸다 한들, 적어도 침대를 적실 가능성을 더 높였다는 점에서는 책임을 피할 수 없다. 그러니 그런 이들이 "변명의 여지 없이, 홀로 남겨져 있다."는 것에 사르트르도 고개를 끄덕일 거라고 나는 믿는다.

어떻게 생각하나요?

- 우리가 내린 결정에 변명의 여지는 조금도 없다는 사르트르의 입장은 옳은가?
- 당신은 나쁜 신념을 갖고 살아가고 있는가? 어떤 상황일 때 스스로에게 거짓말을 하는 경우가 늘어나는가?
- 사람들은 왜 그렇게 자주 나쁜 신념을 갖고 살아가게 될까? 그건 언제나 사람들이 자기 행동에 대한 책임을 회피하려 하기 때문일까?

알고 있나요?

- 나쁜 신념의 케이스(case, 사례)보다는 세종 한 케이스(case, 상자)를 갖는 것이 언제나 더 낫다.
- 사르트르는 나쁜 신념의 반대를 '진정성'이라고 불렀다. 진정성 있게 살아가는 것은 자신에게 정직하고 진실하게 사는 것이다. 자신의 자유와 책임을 완전히 인식하며 살아가는 것이다.
- 사르트르의 평생 친구이자 연인이었던 시몬 드 보부아르는 저서 『제2의 성』에서 실존주의 사상을 바탕으로 여성의 성과 종속성을 분석했다.
- 사르트르는 프랑스군에서 기상학자로 복무하다 나치에 붙잡혀 9

개월간 전쟁포로 생활을 했다. 전쟁포로의 체험이 나중에 사르트르의 철학에 커다란 영향을 끼쳤다.

• 세종 에일은 전통적으로 가을 또는 겨울에 빚어서 다음 해 늦여름 수확기에 농장 노동자들이 일하며 마셨다. 농장 노동자들은 일하는 날에는 보통 하루에 5리터까지 마실 수가 있었다. 오늘날에는 세종을 빚을 때 알코올 도수를 높게 하는데(피상리 세종은 8도), 원래는 일반적으로 3도를 넘지 않았다. 노동자들이 목을 축이고 기력을 회복하려고 마시는 음료였기 때문이다.

43

맥주와 고기 안주

당신은 종차별주의자입니까?

래핑 독 '알파 독 임페리얼 IPA'
Laughing Dog *Alpha Dog Imperial IPA*

에일을 마시며 햄버거를 안주로 삼는 게 뭐가 잘못인가? 대부분은 잘못이 아니라고 생각한다. 바로 그것이 먹이사슬의 맨 꼭대기에 앉아 있는 자의 특전이 아니겠는가? 우리는 서로 잡아먹고 잡아먹히는 세계에서 무리를 이끌고 상황을 통제하는 '알파 독'이 아니던가? 이제, 래핑 독 양조회사에서 나온 알파 독 임페리얼 IPA를 마시라. 피터 싱어가 당신의 거만한 콧대를 납작하게 만들려고 들겠지만.

이번 수수께끼는 일반적으로는 동물에 대한 태도, 특히 고기를 먹는 일과 관련되어 있다. 분명히 육즙이 흐르는 스테이크를 먹을 수 있는 신이 주신 권리에 의문을 제기하면 대번에 모두를 적으로 만들고 말 것이다. 그러니 인종차별이 도덕적으로 나쁘다는 것과 같이 우리 모두 합의에 이른 문제부터 논의하자. 인종차별은 다음과 같이 정의할 수 있다.

> **인종차별** 자신과 인종이 같은 사람들의 이익을 우선하고, 인종이 다른 사람들의 이익을 무시하는 선입견이나 편협한 태도

이 정의는 내가 보기에 인종차별의 핵심을 포착한 것 같다. 예를 들어 노예의 주인은 백인들의 자유, 행복, 경제적인 풍요를 소중하게 생각하지만, 흑인 노예들의 자유, 행복, 경제적인 풍요는 등한시하거나 하찮게 여기는 것 같았다. 그러나 흑인의 이익보다 백인의 이익을 우선해야 할 타당한 이유는 전혀 없다. 백인의 이익을 우선하는 건 완전히 선입견이며 편견이다.

성차별과 관련된 문제에서도 이와 비슷한 상황을 볼 수 있다.

성차별 자신과 성별이 같은 구성원들의 이익을 우선하고, 성별이 다른 구성원들의 이익을 무시하는 선입견이나 편협한 태도

여성의 투표할 권리, 운전할 권리, 배우자를 선택할 권리를 부정하는 것은 여성의 이익을 무시하는 것이다. 그리고 이는 남성들이 아주 굳건하게 자신의 이익만을 소중하게 생각하는 것과 같은 것이다.

호주 철학자 피터 싱어는 인종차별과 성차별 이면에 있는 부도덕은 근본적으로 같은 것이라고 주장했다. 둘 다 피터가 '평등의 원칙'이라는 일컫는, 기본적인 도덕 원칙을 위반한다. 평등의 원칙의 개념은 서로 비슷한 이익들에는 비슷한 정도의 비중이 주어져야 하고, 차별대우는 존재 자체들이 가진 중요한 차이점에서만 정당화되어야 한다는 것이다. 싱어는 만약 당신이 인종차별과 성차별을 부도덕하다고 생각한다면, 그것은 당연히 평등의 원리를 염두에 두고 있기 때문이라고 말한다.

이제 세 번째로 이와 유사한 현상을 생각해보자.

종차별 자신과 종이 같은 구성원들의 이익을 우선하고, 종이 다른 구성원들의 이익을 무시하는 선입견이나 편협한 태도

싱어는 인종차별과 성차별이 나쁜 것처럼 똑같은 이유로 종차별이 나쁘다고 주장한다. 종차별은 평등의 원리를 위반한다. 종차별은 동일한 종류의 현상이다. 대상이 되는 집단만이 다를 뿐이다.

당신은 종차별주의자인가? 대부분의 사람들이 종차별주의자인데,

그 이유를 설명하겠다. 당신이 당신에게 가장 중요한 이익과 동물에게 가장 중요한 이익을 돌아본다면, 다음과 같은 것을 발견할 것이다.

인간의 이익 순위	동물의 이익 순위
생명	생명
자유	자유
고통이 없는 상태	고통이 없는 상태
가족	가족
우정	동족애
성	성
성취	맛있는 음식

이것은 틀림없이 정확한 순서대로 나열한 목록이다. 당신은 아마도 진학이나 철학적 지평을 넓히는 일, 임페리얼 IPA를 발견하는 일 등등을 포함하여 수천 가지 관심사들을 떠올릴 수 있을 것이다. 반면, 동물들이 일반적으로 관심을 갖는 것들은 수적으로 더 제한되어 있다. 그러나 그들에게 이익이 되는 것들의 상위 순위가 우리의 경우와 상당히 비슷하다는 것에 주목하라. 생명, 자유, 고통이 없는 상태 따위들은 우리에게 중요한 만큼 동물들에도 똑같이 중요하다. 그러니 '육즙이 흐르는 스테이크'(또는 햄버거, 돼지 등갈비 등등)를 인간의 이익 목록에서 어디쯤에 놓아야 할까? 고기를 먹는 건 아주 즐거운 일이지만, 내가 추측하기에 가장 기본적인 욕구에 속하지는 않는 것 같다. 그러니 당신이 스테이크를 주문할 때, 당신의 사소한 욕구

가 동물들의 가장 기본적인 욕구를 모두 합친 것보다 더 중요한 것처럼 행동하고 있지는 않은가? 그리고 이런 행동이 인종차별주의자와 성차별주의자가 하는 행동과 거의 비슷하지 않은가?

싱어의 종차별주의 논의에 반대하는 사람들은 종과 관련된 문제는 인종이나 성이 관련된 문제와 다르다고 주장한다. 한마디로 동물들은 훨씬 지능이 낮고, 낮은 지능은 동물들을 다르게 대우해도 된다는 적절한 이유가 될 수 있다고 주장한다. 이 점에 대해서는 싱어도 동의한다. 적절한 차이가 있을 때면 사람들이 다른 대우를 받듯 동물들도 다른 대우를 받아야 한다. 예를 들어, 돼지들은 투표권을 갖지 말아야 한다. 사람이라도 네 살 먹은 아이나 정신이상으로 진단을 받은 사람은 투표권을 가져선 안 된다. 지능은 투표권, 고등교육을 받을 권리, 운전면허증 발급 같은 사안들과 밀접한 관련이 있다. 그러나 지능이 낮다는 이유로 고통을 당하게 하고 무시해도 괜찮을까? 중증 정신지체 장애인은 로켓 과학자, 소, 돼지가 고통을 싫어하는 것과 마찬가지로 고통이라면 질색한다. 당신이 아무리 똑똑하더라도 누군가의 육체적 고통을 가볍게 생각할 수 있는 건 아니다. 유명한 공리주의 철학자 제러미 벤담도 다음과 같이 말했다. "문제는 그들이 말할 수 있는가 또는 생각할 수 있는가가 아니라, 그들이 아파할 수 있는가이다."

싱어는 높은 지능 덕에 인간이 챙길 수 있는 이익의 범위와 수가 많다는 것을 이유로 들어 인간의 삶을 동물의 삶보다 더 가치 있게 여기는 것을 변명할 수 있다는 점을 인정한다. 그러나 유축 농업과 공장식 농장이라는 현대 기술이 동물들에게서 자유를 앗아가고 극심한 고통에 시달리게 한다면, 싱어는 고기를 먹는 것은 정당화될 수 없다고 주장한다. 당근 안주에 맥주 마실 사람 있나요?

어떻게 생각하나요?

- 종차별주의에 인종차별주의와 성차별주의와 같은 도덕적 기준을 적용할 수 있을까?
- 인종차별주의와 성차별주의가 평등의 원칙을 위반하는 것이라는 싱어의 분석에 동의하는가? 만약 그렇다면 종차별주의도 평등의 원칙을 위반하는가?
- 당신이 싱어의 논의에 동의하지 않는다면, 어느 부분에서 그가 잘못 생각하고 있다고 생각하는가?
- 우리가 먹이사슬의 맨 위에 있다는 사실이 우리에게 동물을 먹을 권리를 부여하는가?
- 우리가 고기를 먹는 것이 정당하다면, 공장식 농장이 농장 동물들에게 가하는 참혹한 고통이 정당화될 수 있는가?
- 만약 우리보다 훨씬 진화된 잡식성 외계인이 먹을 것을 찾으러 지구에 착륙하려고 한다면 그들이 우리를 먹어서는 안 된다는 타당한 이유가 있는가?

알고 있나요?

- 채식주의자들은 보통 사람들보다 심장병, 고혈압, 제2형 당뇨병, 대장암에 걸릴 확률이 낮고, 평균 수명이 더 길다.
- 피터 싱어의 종차별주의 논의는 『동물 해방(animal liberation)』이라

는 책의 중심 전제였다. 그 책은 150만 권이 팔려나갔고, 현대 동물 권리 운동에 시동을 걸었다.

- 라거주의(lagerism)는 인종차별주의와 성차별주의만큼이나 극악무도하다. 라거주의는 라거 맥주만을 선호하고 에일과 스타우트, 포터를 무시하는 선입견과 편협한 태도이다. 그런 태도는 아주 일반적이다. 가장 자유롭게 생각하는 국가들에서조차 그런 경향이 있다. 그러니 기억하라. 친구라면 친구를 라거주의자가 되도록 내버려둬선 안 된다.
- 래핑 독 양조회사는 미국 아이다호 샌드포인트에 설립되었다. 이 회사의 알파 독은 실제 홉 폭탄이다. 소나무 홉 맛과 아주 씁쓸한 맛을 내기 위해 콜럼버스 시와 후드 산에서 난 홉을 사용한다.

44

화를 부르는 장난

장난은 언제 추행이 되는가?

세인트 파울리 걸 '라거'

St. Pauli Girl *Lager*

친구들 가운데 맥주병을 애지중지하는 사람을 본 적이 있는가? 있다면, 그 병은 아마도 세인트 파울리 걸의 라거 병이었을 거다. 그 맥주를 만나면 십중팔구는 첫눈에 반하고 만다. 광고 문구에도 "첫사랑 소녀를 절대로 잊을 수 없어."라고 나와 있다. 그렇지만 생각해봐야 할 거다. 첫사랑 그녀가 그녀 자체로 소중했었는지, 아니면 한 번 사용한 다음 버리는 물건처럼 다루어졌는지.

세인트 파울리 걸 라벨이 붙은 맥주는 맥주업계에서 두말할 것 없이 최고의 우상이다. 라벨에 그려진 풍만한 금발 미녀 바텐더는 술집을 찾는 사람들의 최고 관심사를 정확하게 짚은 것 같다.

한 인터넷 블로거가 이런 말을 써놓았다 "가슴과 맥주만 있으면 됐지, 더 이상 뭐가 필요하단 말인가?" 당연히 '세인트 파울리 걸'은 웃으면서 차가운 라거 맥주를 가져다준다. 그녀는 아주 기꺼이 당신에게 서빙을 한다. 그런데 그녀의 미소를 보면 그녀가 방금 교대근무를 시작했다는 것을 추측할 수 있다. 몇 시간이 지나면 지금과 같은 행복하고 활기찬 모습을 보이지 않을 것 같다. 커다란 맥주잔을 나르는 일에 지치고 힘들어서가 아니라(물론 그것도 피곤한 일이지만), 꼴사나운 별별 고객들이 쉴 새 없이 그녀에게 찝쩍대고 작업을 걸기 때문이다.

남자들은 항상 아름다운 바텐더, 웨이트리스 같은 사람들에게 추파를 던진다. 가끔은 거기에 전혀 악의가 없어서 추파를 던지는 사람이나 듣는 사람이나 재밌게 웃고 넘길 수 있다. 그러나 대개는 듣는 사람의 기분을 상하게 하거나 도를 지나칠 적이 있다. 그러면 '해가 되지 않는 재미'를 즐기고자 했던 것이 바로 성희롱이 될 수 있다. 그러나 정확하게 무엇이 성희롱으로 여겨지는가? 악의 없는 추파, 장난기 섞인 정감 어린 농담, 부적절한 추행을 판가름하는 보이지 않는 선이 어디 있는가?

1970년대에 처음으로 성희롱 사건을 변호하였던 여성 철학자이자 변호사 캐서린 맥키넌(Catherine Mackinnon)은 성희롱에 대하여 다음과 같은 정의를 제시한다.

> 성희롱은 넓은 의미에서 거절하지 못하는 입장에 있는 사람에게 가하는 성적 언동이다. 성적 굴욕감을 주는 행위, 성적 접근을 요구하거나, 성적 접근을 하는 행위가 난무하는 직장 내 환경도 포함된다. 다른 유형들로는 예를 들어, 여자가 말하고 있는 동안 가슴을 음흉하게 쳐다보는 행위, 파일들을 집으려고 몸을 숙이고 있을 때 치마를 뚫어져라 올려다보는 행위 등이 있다. 신체적인 유형으로는 상대방이 원하지도 않는데 성적으로 접촉하는 행위가 있다.

이 정의가 웨이트리스에게 어떻게 적용되는지 생각해보라. 가공의 세인트 파울리 걸이든, 동네 술집의 실제 웨이트리스든 상관없다. 술집과 호프집에서 성적으로 놀려대고, 같이 자자고 작업을 걸고 찝쩍대는 일은 아주 비일비재하다. 그 수많은 추행들이 웨이트리스를 겨냥하고 있다. 그리고 음흉한 시선을 던지거나 뚫어져라 쳐다보기도 한다. 그런 행위가 정도를 넘어서 상대방이 원치 않는 성적 접촉으로까지 나아가지 않기를 바라지만, 때때로 그런 일이 벌어지고 만다. 그러면 문제가 되는 건 웨이트리스가 거절할 수 있는 입장에 있느냐 아니냐이다. 물론 웨이트리스는 언제든지 가버릴 수 있고, 서비스를 하지 않겠다고 거절할 수도 있고, 아주 심한 상황에선 가해자의 무릎에 술을 쏟아버릴 수도 있다. 그러나 그런 행동을 하면 웨이트리스는 직장을 잃을 수도 있다. 그래서 웨이트리스는 거절할 수 있지만, 거절하지 못하고 고객들의 추행을 참으면서 심한 압박감을 느낄 것이다. 이런 경우 웨이트리스는 여성학교수인 로즈마리 통(Rosemarie Tong)이 설명한 '강압적인 성추행(coercive sexual harassment)'의 피해자인 것 같다. 강압적인 성추행은 상대방의 선택권을 불리하게 만들 수 있는 지위에 있는 사람이 상대방이 보통 하지 않으려는 것을 억지로 하도록 강요하거나 강압적으로 참게 할 때 일어난다.

직장 내 강압적인 성추행들은 상급자와 부하직원 사이에 많이 일어난다. 상급자는 부하직원의 선택을 제한할 수 있는 강력한 힘을 갖고 있기 때문이다. 그러나 호프집에서 웨이트리스에게 직접적으로 경제적 권력을 휘두르는 건 대부분 고객이다. 웨이트리스가 받는 급료의 대부분이 팁에서 나오고, 고객의 만족이 그녀의 고용 안정에 상당히 중요하게 작용하기 때문이다.

호프집 고객은 강압적인 성추행을 하기 좋은 입장에 있지만, 그래도 악의 없는 추파와 상처를 주는 희롱을 구별해야 하는 문제는 남아 있다. 많은 사람들이 맥키넌의 성희롱에 대한 정의가 너무 많은 것을 포함하고 있다고 주장한다. 사회철학자 엘렌 프랭클 폴(Ellen Frankel Paul)은 성희롱의 개념이 과도하게 적용되는 것에 반대한다.

직장동료들이 던지는 저속한 농담에서부터 상대방이 원하지 않는데 지속적으로 성적 접근을 시도하는 것에 이르기까지 온갖 문제들로 소송이 끊이지 않고 있다. (……) 우리는 진정 입법자들과 판사들이 우리의 가장 깊숙한 사생활을 캐내고, 언제 눈길이 음흉한 시선이 되는 건지, 언제 음흉한 시선이 공민권법(Civil Rights Act)을 위반하는 건지 판결을 내려주기를 바라는가?

성희롱 문제에는 두 가지 측면이 있다. 하나는 법적 문제로서, 적법한 기소의 범위를 정해준다. 다른 하나는 윤리적인 문제로서, 나쁜 짓을 했는지 안 했는지가 중요하다.(소송의 법적 파문과는 아무 상관이 없다). 프랭클 폴은 성적인 논란을 일으키는 행동을 판단할 수 있는 '객관적인 기준'이 필요하다고 주장한다. 프랭클 폴의 주장은 법적인 맥락에서 만들어졌지만, 도덕적인 영역에서도 역시 중요한 것 같다. 프랭클 폴은 피해자라고 주장하는 사람이 상대방의 행위를 '주관적으로' 어떻게 인식했느냐를 기준으로 삼으면 곤란한 지경에 빠지게 된다고 생각한다. 프랭클 폴의 권고에 따르면 가해 행위가 성추행의 요건을 충족시키기 위해선 이성적인 사람에게 모욕감을 주는 행위이어야 한다.

그러나 일부 여성주의자들은 '이성적인 인간이라는 기준'은 문제가 될 만한 대목이지, 해답이 아니라고 주장한다. 여성학교수 바버라 구텍(Barbara Gutek)은 여성과 남성은 성희롱과 관련하여 각기 다른 지각과 태도를 보인다고 보고했다. 예를 들어, 구텍의 연구에 따르면 직장 내 성적 접촉에 대하여 여성의 경우 84퍼센트가, 그러나 남성의 경우 59퍼센트만이 성적 괴롭힘이라고 여긴다고 했다. 다른 연구 결과들은 남성과 여성이 종종 무엇이 '친근한' 성적 행동인지에 대하여 의견을 달리하며, 여성이 성적으로 행동한다고 믿는 남성의 경우 어떤 행동들이 환영받지 못한다는 사실을 더 못 알아차리기 쉽다는 것을 보여준다.

그와 비슷하게 캐서린 맥키넌도 포르노그래피에 대해 쓴 글에서 '당대의 공동체 기준을 적용하는 보통 사람'이라는 기준을 맹비난한다.

> 페미니즘은 젠더에 중립적인 보통 사람이 존재하는지에 대해 의심한다. 그리고 공동체의 기준에서 벗어나는 행위보다는 그 기준을 정의하는 과정과 정의 내용에 대하여 더 많은 질문을 제기한다. (……) 그리고 실제로 성관계와 강간을 구분할 줄 모르는 법원에 왜 아무런 추가 지침 없이 포르노그래피와 성희롱을 판정할 임무가 맡겨져야 하는지 문제삼는다.

이런 일반론이 일부 판사들로 하여금 '합리적인 여성의 관점'이라는 기준을 채택하도록 이끌었다. 예를 들어, 엘리슨 대 브래디 사건〔1991년의 성희롱 사건으로, 성희롱 판단 기준에 대한 논의를 불러일으켰다〕에서 제9 순회 항소법원은 "젠더 중립적인 합리적인 사람이라는 기준은 남성 편향적이고 여성의 경험을 체계적으로 무시하는 경향이 있다."고 판시했다.

프랭클 폴은 이에 동의하지 않는다. 프랭클 폴의 주장은 여성들은 편안할 때는 평등을 요구하다가 상황이 힘들어지면 특별한 시혜를 기대해선 안 된다는 것이다. 프랭클 폴은 "평등은 제값이 있고, 평등을 주장하려면 값을 치러야 한다. 그 값에는 상대방이 원하지 않는 성적 접근, 괴롭힘, 심지어 외설적이고 불쾌한 취객들이 내뱉는 성적인 농담까지 포함되어 있을 수 있다."고 주장한다. 이것은 상당히 중요한 문제이다. '합리적인 여성의 관점'을 기준으로 삼는다는 것이 여성에게 특별한 시혜인가? 제9 순회 항소법원은 그렇지 않다고 반박했다.

> 합리적인 여성의 관점이라는 기준은 남성보다 여성을 보호하기 위해 여성에게 더 유리한 잣대를 설정하지 않는다. (……) 성희롱에 대하여 성별을 염두에 두고 검토하는 것이 여성들이 직장에서 남성들과 대등한 지위에서 근무할 수 있게 해준다.

그러므로 다음번에 당신이 세인트 파울리 걸을 발견하고 세련되게 작업을 걸어 보려고 마음먹을 때, 이 문제가 얼마나 복잡한지 생각해보기 바란다. 당신이 던지는 추파가 당신 생각만큼 매력적일 거라고 멋대로 단정짓지만 말았으면 한다.

솔직히 말하면…

엘렌 프랭클 폴의 마지막 인용문에서 원래 언급된 것은 '불쾌한 취객들'이 아니라 '불쾌한 동료들'이었다.

어떻게 생각하나요?

- 추파와 성희롱이 어떻게 다른가? 맥키넌의 정의에 만족하는가?
- 성희롱을 젠더 중립적인 입장에서 판단해야 할까, 아니면 '합리적인 여성'의 관점에서 판단해야 할까?

- 호프집 고객들은 웨이트리스에 대하여 경제적인 권력을 발휘하므로, 그들의 행위를 직장 상사의 행위에 적용하는 기준과 비슷한 기준으로 판단해야 할까? 그렇다면 왜 그런가? 아니라면 그 이유는 무엇인가?

? 알고 있나요?

- 직장 내 성희롱 소송이 수도 없이 많지만, 대다수가 상사와 부하직원, 또는 직장 동료들 간의 문제를 다룬다. 일부 소송이 있기는 하지만, 고객을 성희롱 혐의로 고발하기는 훨씬 더 어렵다.
- 캐밀 파야(Camille Paglia, 미국 여성 인문학자, 1947~)는 자칭 반(反)페미니스트이자, 『성의 페르소나: 네페르티티로부터 에밀리 디킨슨까지의 예술과 퇴폐(Sexual Personae: Art and Decadence from Nefertiti to Emily Dickinson)』의 저자로, 맥키넌 같은 페미니스트의 견해에 비판적이다. 파야는 "개인적인 책임을 강조하고 불안을 안겨주는 온갖 어두운 신비로 감싸인 예술과 섹스를 당당히 받아들이는 새로운 형태의 페미니즘이 필요하다."고 주장한다. 또한 "섹스가 자극적인 매력을 갖는 건 위험하기 때문이다. 사람이 압도당할 수 있다."고 말한다.
- 세인트 파울리 걸은 2006년 라벨을 갱신했다. 새로운 라벨에서 세인트 파울리 걸은 수년 동안 하나로 묶어서 틀어올렸던 머리를 아래로 늘어뜨렸다. 이런 모습은 이전의 라벨에서 보였던 유방 확대 수술을 받은 것 같은 모습과 비교할 때 별로 커다란 변화도 아니다. 1999년부터 세인트 파울리 양조회사는 《플레이보이》 모델들

을 고용하여 세인트 파울리 걸을 잡지나 텔레비전 광고에, 또는 실제로 등장하게 했다.

- 미확인 정보에 따르면, 세인트 파울리 걸이 보통의 웨이트리스 이상일 수도 있다. 세인트 파울리 양조장은 세인트 파울리 수도원에 세워졌지만, 그 이름은 함부르크의 유명한 세인트 파울리 홍등가를 따라서 지은 것 같다.

45

좀비에 대한 공포

당신은 내가 느끼는 맛을 느끼고 있는가? 도대체 맛을 알기나 하는 건가?

 에일스미스 '올드 넘스컬 발리와인'

Alesmith *Old Numbskull Barleywine*

이 수수께끼를 풀자면 좀비의 개념을 언급해야 한다.
여기에서 좀비는 할리우드에서 사용하는 바대로
인육을 먹는 죽지 않는 시체를 말하는 것이 아니라,
철학적인 의미에서 경이로움을 경험하지 못하는 사람,
즉 '내면의 삶'이 없는 사람을 말한다. 철학적인 좀비를
의미 그대로 옮겨놓으면 '감각이 없는 두개골(numb skull)'이다.
그럼 에일스미스의 올드 넘스컬 발리와인 한 잔을 들자.
그걸 마신다고 당신이 좀비로 돌변하진 않을 것이다.
그렇지만 경이로운 순간을 경험하는 감각이 확실히 무뎌질 것이다.

곰곰이 생각해본다면, 자신의 의식이 경험하는 것 이외에 다른 누군가의 의식이 경험을 하고 있다는 것을 밝힐 직접적인 증거는 정말 하나도 없다. 당신의 친구들은 당신과 비슷한 의식적 경험을 하고 있는 것처럼 행동하겠지만, 정말 그럴 것이라고 확신하는가? 예를 들어, 당신과 친구는 각자 올드 넘스컬 잔을 들어 올리고 아름다운 호박색에 호평을 한다. 그렇다면 당신과 당신 친구가 맥주의 색에서 같은 느낌을 받고 있다는 뜻인가? 당신이 호박색을 보고 있는 동안, 당신 친구는 녹색을 보고 있는 건 아닐까? 친구는 맥주의 색을 '호박색'이라고만 말한다. 그렇게 배웠기 때문이다. 친구가 말하는 호박색이란 꿀의 색이거나, 맥주의 색, 혹은 화석화된 나무 수액의 색이다. 그러나 〈프리키 프라이데이(Freaky Friday)〉[모녀의 몸이 뒤바뀐다는 내용의 미국 코미디 영화, 2003년]에서처럼 친구의 머릿속으로 들어갈 수 있다면, 친구가 보고 있는 색이 온통 녹색이라는 것이 확실하게 증명될 것이다. 그리고 그때 당신이 밖으로 나와 맥줏집 앞에 깔려 있는 잔디밭의 색을 확인해본다면, 분명히 잔디의 색은 친구의 눈을 통해서 보면 반짝이는 호박색으로 보인다.

이런 경우를 '전도된 스펙트럼(inverted spectrum)'이라고 부른다.

친구의 생각으로 들어갈 수 있는 방법이 없기 때문에, 친구의 시각 스펙트럼이 전도되어 있지 않다는 것을 확인할 방법이 없다. 그리고 더 혼란스럽게 하자면, 전도된 스펙트럼을 가진 사람이 당신일 수도 있다. 당신이 '호박색'이라고 부르는 것을 다른 사람들은 모두 녹색이라고 부를 수 있다. 맛에 대해서도 그와 같은 것이 적용된다. 당신과 친구는 올드 넘스컬을 마시며 토피 사탕 맛이 난다고 평을 할 수 있다. 그러나 친구에게는 '토피 사탕' 맛이 당신이 '감초' 맛이라고 느끼는 맛과 비슷할 수 있다. 그리고 당신은 감초에서 친구가 토피 사탕에서 느끼는 맛을 느낄 수 있다.

일반적으로 우리는 그렇게 거꾸로 되는 일이 일어나는 건 거의 불가능하다고 생각한다. 과학은 모든 인간들이 생물학적으로 매우 비슷하다고 밝혀주었고, 색, 맛, 기타 등등에 대하여 우리가 느끼는 것들은 생물학적으로 설명된다. 그리고 당신과 친구가 각자 맥주를 들여다보고 있을 때, 친구의 눈, 신경계, 뇌가 하고 있는 일을 당신의 눈, 신경계, 뇌가 거의 똑같이 하고 있기 때문에 당신과 친구는 모두 상당히 같은 것을 경험하고 있음에 틀림없다고 결론을 내리게 된다. 그러나 우리가 기억해야 할 것은, 과학자들이 우리 몸의 상태를 관찰하고 측정할 수는 있지만 내적인 경이로운 경험에 접근하지는 못한다는 점이다. 당신은 호박색을 느끼고 있다고 말할 수 있지만, 과학자들은 당신에게 호박색인 것 같은 것이 다른 사람들 모두에게, 혹은 다른 누구 하나에게는 어떻게 느껴질지 알 수가 없다. 누군가의 의식 상태로 접근할 수 있는 사람은 그 사람 자신뿐이다. 그래서 다른 사람들이 우리하고 대충 비슷하게 경험하고 있다고 가정할 때,

우리는 단 하나의 경우, 우리 자신의 경험만을 바탕으로 모든 인간의 경험이라고 일반화하고 있다.

만약 당신이 친구가 느끼고 있는 것에 대하여 아무런 증거를 발견할 수 없다면, 친구가 실제로 무언가를 느끼고 있다는 것을 어떻게 알 수 있는가? 물론 그는 당신에게 구직 중이라 걱정이 많다거나, 오늘 밤 게임이 무척 신이 났다고 말을 한다. 그러나 이것은 그저 겉으로 보이는 행동이다. 이런 행동에 내적인 경험이 따른다는 것을 어떻게 아는가? 즉, 당신 친구가 좀비, 즉 아무런 놀라운 경험도 하지 못하는 사람이 아니라는 것을 어떻게 아는가? 철학적인 의미에서 좀비는 감각, 생각, 소망, 기분, 느낌을 경험하지 못한다는 것만 제외하고 당신이나 나와 똑같다. 호주의 인지철학자 데이비드 차머스(David Chalmers, 1966~)는 자신의 '좀비 쌍둥이'를 가정하면서 좀비의 개념을 설명한다.

> 나의 좀비 쌍둥이에게 무슨 일이 일어나고 있는 것일까? (……) 그는 분명히 기능적인 면에서 나하고 똑같을 것이다. 즉, 그는 같은 종류의 정보를 처리하고, 입력되는 자극에 비슷한 방식으로 반응할 테고, 그의 내면의 배열 형태는 적절하게 변경되고 행동의 결과도 나와 구분할 수 없이 똑같을 것이다. (……) 그는 이전에 설명한 기능적인 감각들을 '의식하고' 있을 것이다. 즉, 그는 깨어나서, 내적인 상태를 보고할 수 있고, 여러 곳에 주의를 집중하는 등의 일을 할 수 있을 것이다. 단지 이런 기능에는 실제의 의식적 경험이 전혀 따르지 않을 것이다. 경이로운 느낌은 전혀 가질 수 없을 것이다. 좀비가 되는 것만큼이나 끔찍한 일은 없다.

이 글에서 나타나는 기본적인 개념은 그렇게 이상한 건 아니다. 많은 사람들은 의식의 경험이 진화의 등급에서 얼마나 아래 단계에 있는 동물들에 적용될 수 있는지 궁금하게 생각했다. 예를 들어, 바퀴벌레들에 '내면의 삶'이 있는가? 달팽이나 아메바는 어떤가? 아마도 바퀴벌레들에는 '기능주의 심리학(functional psychology)' 같은 것만 있는 것 같다. 음식을 찾고, 위험을 피하고, 짝을 짓는 등등을 하지만 의식적인 경험에 대한 욕구가 없다는 말이다. 이것이 사실이라면 바퀴벌레들은 다소 원시적인 종류의 좀비가 될 것이다. 만약 당신의 친구가 좀비라면, 그는 분명히 좀 더 복잡한 좀비일 것이다. 그는 단순히 맥주를 찾는 정도에서 그치지 않고 무언가를 더 할 것이다. 그는 맥주의 아름다운 호박색이나 맛있는 토피 사탕 맛을 관찰하고 토론할 수 있다. 그러나 그가 좀비라면, 우리처럼 아름다운 광경을 보면서도 '호박색'에서 느껴지는 오묘한 기분이나 '놀라울 만큼' 짜릿한 느낌을 갖지 못한다. 그는 토피 사탕 맛에 대하여 이야기할 수 있고 그 맛이 어린 시절을 떠올리게 한다고 말할 수 있지만, 그는 그의 마음속에서 벌어지고 있는 '토피 사탕 맛'이나 '향수'에 대한 아무런 감동이 없다.

차머스는 당신의 친구가 좀비일 가능성이 매우 크다고 생각하는 것은 아니지만, 좀비나 좀비들의 세계에 대한 개념이 논리 정연하고 조리가 있다고 생각한다. 그 생각은 적어도 논리적으로는 가능하다. 심장이 약한 사람들에게는 여기저기에 좀비들이 있을 수 있다는 생각이 등골을 서늘하게 만들 수도 있다. 그렇지만 여기에는 좋은 소식도 숨어 있다. 당신의 제일 친한 친구, 남편, 아내가 좀비일 수 있지만, 당신도 좀비일지도 모른다는 생각으로 스트레스를 받을 필요는 없다. 만약 당신이 의식적인 경험을 하고 있으면, 대체로 당신은 그런 경험을 한다는 것을 알고 있다. 당신이 좀비를 무서워하는 한에는 당신이 그 좀비들 중의 하나는 아니라고 확신해도 되니 안심하라.

어떻게 생각하나요?

- 친구들 중에서 누군가가 좀비라는 것이 가능한 일일까? 친구들이 모두 좀비일 수도 있을까?
- 일부 하등 생물들이 좀비일 가능성이 있다고 생각하는가?
- 사람은 그 누구도 좀비가 아니라고 가정한다면, 이 말은 진화가 의식을 발달시킨다는 것을 시사하는가? 그리고 진화가 의식을 발달시킨다면 왜 그럴까? 그런데 만약 좀비들이 먹고, 생식하고, 과학기술을 창조하기까지 할 수 있다면, 의식이라는 마음 상태를 지니면 어떤 부가적인 이득이 있을까?
- 당신이 전도된 스펙트럼을 가지고 있을지 모른다는 게 있을 법한 일인가? 어떤 설득력 있는 증거를 가지고 반대 논리를 펴겠는가?

알고 있나요?

- 좀비에 대한 생각을 처음으로 명확하게 제시한 철학자는 아마도 1974년 《마인드(Mind)》라는 저널에 〈좀비 대 유물론자(Zombies vs. Materialists)〉를 게재한 로버트 커크(Robert Kirk, 노팅엄대학교 철학과 명예교수)일 것이다. 그러나 르네 데카르트 역시 인간 이외의 동물들이 약간 좀비 같다는 견해를 가지고 있었던 것 같았다.

- 데이비드 차머스는 다음의 웹사이트에 좀비에 관한 문헌 및 철학적 좀비에 관한 문헌들을 소개하였다. http://consc.net/zombies.html
- 대니얼 데닛과 같은 일부 철학자들은 좀비에 대한 아이디어가 자기 모순적이라고 생각한다. 그가 쓴 〈The Zombic Hunch(좀비 예감)〉를 참고하라.
- 올드 넘스컬은 시카고 맥주 축제(Chicago Real Ales Festival)에서 금메달, 올해의 제품상(Best of Show)에서 은메달을 차지하는 등 수많은 상을 수상했다. 에일스미스 양조회사는 캘리포니아 주 샌프란시스코에 있다.

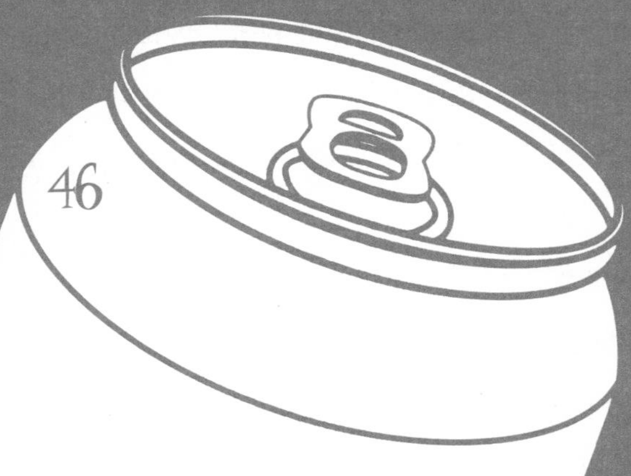

46

노자의 빈 잔

비어 있다는 것이 뭐가 좋은가?

칭다오 '라거'

Tsingtao *Lager*

살면서 빈 잔을 마주하는 것보다 더 나쁜 일도 없다.
하지만 노자의 말이 옳다면,
그 이상 더 필요한 것 또한 없다. '공(空)'이라는
고대 중국의 수수께끼 속으로 들어가면서,
중국 최고의 수출품 중 하나인
칭다오 라거 병을 퐁, 따보자. 잔이 비고
이 이야기를 다 읽었을 때쯤,
당신은 더 큰 깨달음을 얻으리.
그리고 더 큰 헷갈림도 얻으리.

도교의 위대한 현인 노자(老子, 기원전 500년경)는 맥주를 마시다가 우주의 수수께끼를 풀었다. 더 정확히 말하자면 맥주를 다 마시고 난 후 빈 잔을 가만히 보고 있는데 깨달음이 왔다. 맥주를 마시던 중에 우주의 본질이 무엇인지, 만물의 원천은 무엇인지 숙고하던 차였다. 노자는 궁극적인 원천[그것을 그는 '도(道)'라 일컬었다] 그 자체는 사물일 수가 없다고 생각했다. 그것이 사물이라면 그것의 원천이 또 있을 것이기 때문이다. 하지만 사물이 아니라면 대체 뭐란 말인가? 아무것도 아닌가? 그때 번뜩 깨달음이 온 것이다. '비존재'('비물질' 혹은 '비사물')는 완전한 공허와는 구별되는 것이다. 비존재는 힘이 있다. 비존재는 무언가를 할 수 있다. 비존재는 창조적이고 유용한 것이다. 『도덕경』에서 노자는 다음과 같이 설파했다.

도는 빈 잔과 같다.
쓸 수 있되 다 쓸 수는 없다.
도는 영원한 무(無)와 같다.
무한한 가능성으로 가득 차 있다.

노자는 우주가 두 가지 본질적인 요소, 존재와 비존재로 구성되어 있다고 생각했다. 존재란 우리가 물질이라 부르는 그런 것이다. 잔에 유리잔, 토기 잔, 나무 잔 등이 있듯이, 존재 역시 많은 형태를 취할 수 있다. 이와 반대로 비존재란 잔이 만들어내는 빈 공간과 비슷한 것이다. 우리가 잔을 찾는 이유가 무엇보다 바로 이 비존재에 있다. 우리는 목이 마를 때 잔이 무엇으로 만들어졌는지는 상관하지 않는다. 맥주를 담을 빈 공간이 있느냐가 중요하다. 노자는 비존재야말로 훌륭한 것이라고 생각했다. 그것 없이는 맥주를 마실 수도 없는 것이다. 비존재의 또 하나 훌륭한 점은 그것을 써도 써도 다 쓸 수 없다는 점이다. 잔에 맥주를 천 번 담아도 잔은 또다시 맥주를 담을 수 있다. 즉, 비어 있다는 것은 사용할 수는 있어도 소모되지는 않는 것이다.

노자는 주변에서 비존재의 의미를 찾아내기 시작했다.

바퀴살 서른 개가 바퀴통에 모여 바퀴를 만들지만
수레가 쓸모 있는 것은 그 비존재 때문.
문과 창문을 둘러 방을 만들지만
방이 쓸모 있는 것은 그 비존재 때문.
진흙을 빚어 잔을 만들지만
맥주를 마실 수 있는 건 그 비존재 때문.

철학자는 현실을 연구하기에 연구의 초점을 존재에 두는 것이 보통이다. 하지만 노자는 비존재야말로 중요하다고 보았다. 사실 존재와 비존재는 서로 반대되는 것이되 상호의존하며 서로를 지탱한다. 이 둘은 우주를 구성하는 무수히 많은 서로 반대되는 짝들('음'과 '양') 배후에 있는 핵심 2인조이다.

존재와 비존재는 서로를 만들어낸다.
어려움과 쉬움은 서로를 지탱한다.
길고 짧음은 서로를 정의한다.
높음과 낮음은 서로에게 의존한다.
앞과 뒤는 서로를 따른다.
홉과 보리는 서로의 균형을 맞춘다.

노자는 존재와 비존재 사이의 상호작용이 삶의 역동성과 유동성을 만들어낸다고 주장했다. 그리고 그 상호작용을 지배하는 것은 비존재이다.(비존재의 이런 측면은 일반적으로 무시된다.) 노자는 마치 암호처럼 다음과 같이 말했다.

도(道)는 아무것도 하지 않는다.
허나 도를 통해서 모든 것이 이루어진다.

사물이 아닌 것이 어떻게 무언가를 할 수 있을까? 노자는 그것이 '무위(無爲)'라고 말했다. 무위란 행하지 않는 행함이다. '칭다오 차이니스 라거'의 이름을 분석해보면 무위라는 현상의 일면을 엿볼 수 있다.

TSINGTAO

위 단어의 존재 혹은 '물질적' 요소부터 살펴보면 이것이 잉크로 이루어져 있다는 것을 알 수 있다. 이제 사고실험을 하나 해보자. 그 잉크를 종이에서 떼어내 손에 쥔다고 가정해보자. 그리고 그걸 다시 종이 위에 뿌리니 다음과 같은 글자가 만들어졌다고 해보자.

ONGITAST

'TSINGTAO'는 더 이상 없지만, 이것은 그것과 같은 잉크(같은 '존재')이다. 그럼 무엇이 바뀌었는가? 그렇다, 글자의 순서가 바뀌었다. 즉, 각 글자 앞뒤로 관계가 바뀌었다. 그럼 그 관계란 무엇으로 만들어진 것인가? 어떤 것으로도 만들어지지 않았다. 관계는 '물질'이 아니기 때문이다. 관계란 물질들 사이에 발생하는 일이다. 그리고 이것이 바로 비존재의 본질이다. 그리하여 노자는 비존재가 사물을 발생시킨다고 주장한다. 비존재는 세계에 의미를 부여한다. 삶을 가치 있게 만드는 것도 사물이 아니라 사물의 작용 과정과 그 관계이다. 사랑과 우정도 무엇인가? 물질덩어리가 아니라 관계이다. 맥주 역시 홉과 보리, 이스트 등의 적절한 관계 맺기이자 그 관계가 절묘하게 표현된 우주적 춤이 아니겠는가? 마침내 노자는 훌륭한 맥주마다 그 바탕에는 비존재가 깔려 있다는 결론을 내렸다.

비어 있으나 고갈되지 않으니

무한한 맥주를 만들어내도다.

솔직히 말하면…

맞다. 맥주 이야기를 집어넣으려고 『도덕경』의 상당 부분을 바꾼 거, 맞다. 그리고 진흙을 빚어 잔을 만든다는 부분도, 홉과 보리 부분도 추가했다. 원래는 도가 만들어내는 게 '무한한 맥주'가 아니라 '무한한 세계'라고 되어 있다. 그래도 큰 틀에서 철학적 논점은 같다. 그리고 노자의 생애에 대해 확실한 것은 하나도 없는데(『도덕경』을 정말 한 사람이 썼는지에 대해서도 학자들의 의견이 갈린다), 나는 노자가 맥주잔에서 영감을 얻어 깨달음에 이르렀으리라고 멋대로 상상했다.(맥주가 다 떨어진 것을 보고 '비존재'의 수수께끼를 처음으로 생각했을 거라는 강력한 예감이!)

어떻게 생각하나요?

- '비존재'가 정말로 존재할까? 그것이 정말 무언가를 할 수가 있을까?
- 작용 과정과 관계를 물질적으로도 적절히 설명할 수 있을까? 아니면 노자가 그것들을 '비존재'로 보는 게 역시 옳은 걸까?
- '비존재'가 없는 세상을 한번 상상해보자. 그런 세상도 가능할까?

알고 있나요?

- 『도덕경』은 우주의 원천과 본질에 대한 성찰 외에도 윤리학(어떻게 살아야 할 것인가), 정치철학(어떻게 통치해야 할 것인가) 등을 중심 주

제로 다루었다. 『도덕경』은 도교철학에서 가장 영향력 있는 텍스트이다.

- 이소룡은 도교철학을 공부했다. 그는 '무위'의 가치를 중시하고 자신의 쿵푸 스타일에서 '행하지 않는 행함'을 강력하게 신뢰했다. 이소룡이 도교철학의 영향을 받아 철학적 단상을 기록한 노트는 『나를 이기는 싸움의 기술』이라는 제목의 책으로 출간되었다.
- 물리학자 로렌스 크라우스의 말에 따르면, 우주에 있는 에너지 중 70퍼센트는 빈 공간 속에 들어 있다고 한다.
- 대부분의 이들이 태극 문양을 비롯해 음양의 개념을 접해본 적이 있을 것이다. 전통적인 음양의 예(상호의존적인 반대 짝)로는 여성/남성, 차가움/뜨거움, 달/해, 물/돌, 계곡/산, 부드러움/딱딱함, 수용적/적극적 등이 있다.
- 예전에 칭다오를 "라오산 광천수로 빚은 맥주"라로 광고한 적이 있었다. 라오산 광천수가 칭다오의 독특한 풍미를 만들어낸다고 했다. 하지만 오늘날에는 칭다오 지역에서 제조하는 칭다오에만 라오산 광천수가 사용된다.

47

맥주 그리고 인생의 의미

인생에 의미가 있는가? 있다면 한 잔 더 마셔야 하는가?

데슈츠 '더 어비스 임페리얼 스타우트'
Deschutes *The Abyss Imperial Stout*
어비스(abyss)(명사) **1**. 아주 깊고 넓은 구멍, 심연이나 암흑의 공간. **2**. 오리건의 데슈츠에서 제조된 헤아릴 수 없이 깊고 진한 임페리얼 스타우트. 625그램들이 병에 포장하여 한정 판매를 한다. **3**. 사소한 것에서 의미를 캐내는 철학적 수수께끼.

어비스의 맛에 깊이 빠져 있으면, 삶의 의미를 잃어버리기 쉽다. 아니, 이전에 도대체 삶의 의미를 알기나 했는지 모르겠다. 그 깊은 어두움 속에서 두 가지 위험이 끓어오르는 것 같다. 시간과 공간이 각기 우리의 삶의 의미를 가로채려고 한다.

광활한 공간을 진지하게 생각하다 보면 경외감과 불안이 한꺼번에 몰려온다. 우리가 보통 거대하다고 생각하는 것들이, 그러니까 지구나 아니, 심지어 전 태양계까지 이 광대한 틀 안에서는 아주 작아진다. 우리의 태양은 우리 은하계 안에 있는 수백만 개의 태양들 중 하나일 뿐이고, 우리의 은하계는 1억 개의 은하계 아니, 관찰 가능한 우주 안에서 빛나고 있는 은하계들 중 하나에 불과하다. 우주 자체가 우리의 아는 한도에선 가로 길이가 최소한 930억 광년 정도 된다. 그 우주의 광대함에 순식간에 압도당한다. 이런 관점에서 바라보면, 우리 지구는 한 점의 먼지에 지나지 않는 것 같다. 그리고 그 한 점의 먼지 위에 극도로 미세한 한 점의 먼지가 올라가 있다면, 그건 우리가 될 것이다. 이런 우주의 장대한 규모와 비교해볼 때, 우리의 행동 따위는 전혀 중요하지 않은 것 같다.

우리의 삶을 시간이라는 렌즈를 통하여 바라볼 때도 마찬가지이다. 당신이 100년을 산다고 할지라도, 우주의 역사에서는 찰나에 지나지 않는다. 운이 좋다면 당신이 이루어놓은 업적 중의 일부는 당신이 죽은 뒤에도 계속 남을 것이다. 몇 세대를 거치는 동안 당신이 기억될 수도 있다. 그러나 시간의 관점에서 보면 이것 역시 실제적으로 아무것도 아니다. 사실, 인류의 전 역사가 한 번 깜박하는 정도의 시간이다. 지구가 처음 생겼을 때부터 바로 지금 이 순간까지 지구의 역사를 24시간으로 나눈다면, 인간들은 자정이 되기 약 1초 전에 등장했다. 그런 어마어마한 크기에서 한 개인의 성취가 영향을 주는 시간은 거의 측정할 수 없는 정도일 것이다.

그래서 한눈에 보아도, 거대한 시간과 공간 앞에서 우리의 인생이 전혀 무가치한 것이 되어버리는 정도까지는 아니더라도 아주 사소한 것으로 변해버리는 것 같다. 그러나 이 문제를 더 곰곰이 생각할수록, 점점 더 놀라워진다. 어쨌든 크기가 왜 중요해야 하는가? 만약 신들이 우주의 900억 광년 밖의 세계를 잘라 없애버린다고 해서 우리 삶의 의미가 더 생겨나는 것도 아니지 않은가? 위대한 독일 철학자 임마누엘 칸트는 그의 고향 쾨니히스베르크를 한 번도 떠난 적이 없다고 전해진다. 전 우주가 쾨니히스베르크밖에 안 된다면, 쾨니히스베르크 이상의 것이 아무것도 없다면, 그것이 칸트의 삶을 더 의미 있게 만들어주는가? 그렇게 생각할 이유는 전혀 없다. 만약 그의 삶이 중요하다면, 그 삶의 중요성은 그가 삶을 어떻게 살았는가에서 부여되는 것이지, 우주의 나머지 공간에서 부여되는 것이 아니다. 그리고 우리가 영원히 살 수 있는 축복을 받았다고 가정하자. 그렇다고 무엇이 달라질 수 있는가? 만약 80년의 인생이 의미가 없다면, 무한정으로 인생을 늘린다고 무슨 의미가 생겨나겠는가?

그러므로 시간과 공간은 전혀 문제가 되지 않는 것 같다. 인생의 의미를 해체하는 것은 시간과 공간 자체가 아니라 인생을 완전히 객관적인 관점, 외적인 관점에서 바라보고 있다는 사실에 있다. 이것이 현시대 철학자 토머스 네이글(Thomas Nagel)이 '내용이 없는 관점'이라고 말하는 것이다. 반대로 주관적이고, 개인적이고, 내적인 관점에서 보면, 인생이 자연스럽게 의미로 채워지는 것 같다. 의미는 우리가 보고 있는 거의 모든 곳에서 불쑥 튀어나온다. 스포츠 점수에서부터 맥주 가격까지 우리가 의미를 두지 않는 곳이 없다. 우주 자체는 그런 것들에 신경 쓰지 않을지 모르지만, 우리에게는 분명히 중요한 것들이다. 대부분의 사람들이 가장 우울한 순간들에는 인생에서 의미를 찾지 못한다. 그렇기 때문에 실존주의 심리학자 빅터 프랭클(Victor Frankel)은 새로 오는 환자들에게 다음과 같이 물었다. "왜 자살을 하지 않습니까?" 그 질문에 대답하는 사람은 인생에서 어떤 의미를 발견한 것이 틀림없다. 그들이 계속 살아가게 만드는 무엇을 말이다.

회의론자들은 여전히 우리가 의미에 대한 문제에서 자신을 속이고 있다고 주장할 수 있다. 우리는 모두 그런 사건들을 상당히 중요하다고 생각해놓고, 나중에는 자신이 어리석었다는 생각을 하게 되지 않던가? 우리는 에베레스트 산을 등반하는 것처럼 믿을 수 없는 엄청난 일을 달성한 사람들을 쉽게 상상할 수 있지만, "그게 전부입니까?"라는 느낌이 남는 건 어쩔 수 없다. 그런 업적이 의미가 있는지 아닌지는, 적어도 어느 정도는 그런 업적들에서 의미를 발견할 수 있느냐에 달린 문제인 것 같다. 그래서 무슨 일을 하든지 간에 언제나 "그것이 정말 가치가 있었는가?"라고 물어볼 수 있다.

많은 사람들이 인생의 의미를 찾기 위해서 신을 바라본다. 어떤 사람들은 신이 존재하지 않았다면 인생의 의미가 없었을 것이라고 생각한다. 신이 있다고 가정하면 인간은 하나의 의미나 목적을 갖는다. 즉, 신의 거룩한 계획을 완성해야 할 사명을 갖게 된다. 나는 이 논리를 헤아리기 어렵다. 왜 신의 계획은 중요하고 우리의 계획은 중요하지 않은가? 신의 계획이 아무리 대단한 것일지라도, 여전히 "그것이 도대체 무슨 의미가 있는가?"라고 의구심을 가질 수 있지 않은가? "그것이 정말 가치가 있는가?"라고 질문할 수 있지 않은가? 그리고 '더 커다란 선', 즉 정의와 행복 등등을 가져온다고 신의 계획을 정당화할 수 있다면, 우리가 세상에 정의, 사랑, 행복을 가져올 경우엔 우리의 인생이 신의 계획을 정당화했던 것과 마찬가지로 정당화될 수 없는가?

어떻게 생각하나요?

- 시간과 공간이 광대하다는 사실이 인생의 중요성에 영향을 주는가?
- 인생의 의미는 주관적인 관점이나 내적인 관점에서만 발견할 수 있는가?
- 우리는 살아가면서 의미를 만들어내는가? 실제로는 의미가 없는데 의미가 있는 것으로 무언가를 착각할 수 있을까?
- 신이 존재하기만 한다면 인생이 의미를 가질까? 만약 그렇다면, 신은 어떻게 우리의 삶에 의미를 가져다주는가?

? 알고 있나요?

- 어떤 사람들은 다른 사람들을 돕는 일에서 의미를 발견한다. 개똥철학자 잭 핸디(Jack Handey, 미국 작가)는 다음과 같이 말했다. "가끔 내가 마시는 모든 맥주들을 돌아볼 때마다 부끄러움을 느낀다. 나는 잔을 들여다보며 맥주공장에서 일하는 노동자들을 생각하고, 그들의 희망과 꿈에 대하여 생각한다. 내가 이 맥주를 마시지 않는다면, 그들은 일을 하지 못하게 될 수 있고 그들의 꿈은 산산이 깨져버릴 것이다. 그래서 혼잣말을 한다. '이 맥주를 마시는 게 낫다. 이기적으로 내 간이나 걱정하기보다는 그들의 꿈이 실현되게 하는 편이 낫다.'"
- 프랑스 소설가 아네스 닌(Anaïs Nin)은 제안했다. "어떤 대단한 의미란 것이 있는 게 아니다. 우리들 각자 자신의 인생에 부여하는 의미만 있을 뿐이다. 각 사람의 이야기를 그리고 있는 소설에서처럼, 개인적인 의미, 개인적인 줄거리가 있을 뿐이다."
- 니체는 인간이 고통을 안고 살아야 한다고 말했다.(사실, 인간은 고통을 찾아내려고 애를 쓴다.) 인간은 의미 없는 고통, 도무지 아무 이유 없는 고통 없이는 살 수가 없다. 『도덕의 계보(The Genealogy of Morals III : 28)』를 참조하라.
- 더 어비스 임페리얼 스타우트를 마신 뒤의 느낌은 천차만별이다. 이 맥주를 마시고 모두가 허무함을 경험하는 것은 아니다. 오히려, 어비스를 마셨던 사람들은 이 짙은 색의 묘약이 인생에 새로운 의미를 주었다고 말했다. 어떤 사람들은 그 맥주를 마시자마자 처음으로 진정한 사랑을 경험했다고 주장하기도 한다.

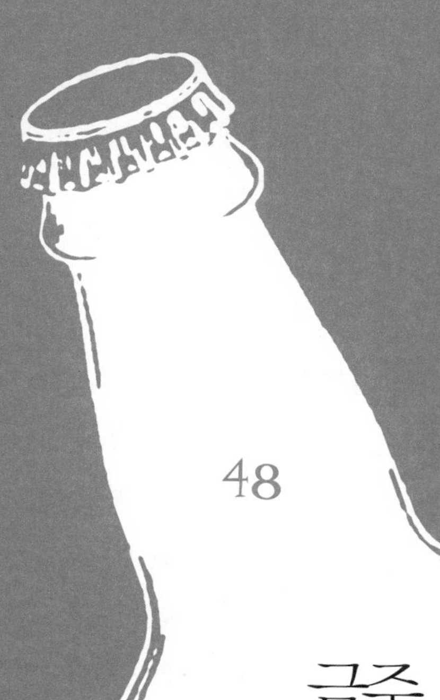

48

금주 예찬론

마시느냐 안 마시느냐, 이것이 문제로다.

 오도울스 '오리지널 프리미엄 무알코올 맥주'

O'Doul's *Original Premium Non-alcoholic Beer*

이 수수께끼를 위해서 무알코올 맥주나 아예 '무(無) 맥주'와 친해져야겠다. 이번 주문은 오도울스이다. 이제야 솔직히 말하자면, 당신에게 최상의 맥주를 찾아주겠다고 오만 가지 유사 맥주들을 맛보는 고통에 시달리거나 하는 일은 하지 않았다. 나는 시장에서 무알코올 맥주를 진정으로 좋아하는 사람을 본 적이 없기 때문에, 내가 그런 일을 참아가며 겪을 이유가 없다고 판단했다. 오도울스는 몇 가지 시음 테스트에서 우수하다는 평을 받았기 때문에, 오도울스도 이제까지와 다름없는 좋은 선택이 될 것이다.

이 책은 맥주의 진가를 알아보는 사람들을 위해서 썼다. 그러면 왜 이 책이 맥주 음주에 반대하는 논의로 마무리되려 하는가? 앞에 쓴 글들은 당신을 꾀려는 술책이었던가? 그러니 당신은 심한 말을 들으며 죄책감에 시달려야 할까? 당연히 그렇지 않다. 이 책의 최우선적인 목적은 철학을 연습하는 것이고, 철학의 과제는 골치 아픈 질문들을 궁리하는 것임을 명심하자. 그리고 어떤 문제들은 개념이 너무 복잡해서 상당히 어렵지만, 어떤 문제들은 우리가 그 문제들을 가까이에서 들여다보고 싶지 않기 때문에 까다롭다.

맥주나 다른 주류들을 마시면서 생기는 문제들 중 가장 두드러지는 것이 음주운전이다. 미국질병관리본부(CDC)에 따르면, 전 미국에서 매일 약 32명이 만취 운전자가 일으킨 추돌사고로 목숨을 잃는다. 45분에 한 명씩 목숨을 잃는 꼴이다. 평균적으로 음주운전자들은 1분마다 누군가에게 상해사고를 일으킨다. 그렇다고 이제 와서 이 문제를 풀기 위해 모두 술을 끊어야 할 필요는 없다. 술에 취한 상태에서 운전을 하지 않도록 조심하면 된다. 그러나 말이 쉽지 행동하기는 당연히 어려운 법이다. 음주운전은 하지 않는다고, 또는 다시는 안 하겠다고 말하는 사람들이 모두 실제로 자기가 한 말을 지켰다면 그런 끔찍한 통계 결과가 나오지 않을 것이다. 알코올은 확실히 사람의 판단을 흐리게 한다. 그래서 자신이 운전할 수 있는 상태이냐에 대한 판단마저도 흐려진다. 그래서 또 다른 무서운 통계 결과를 보면 미국에서 2006년 약 146만 명이 마약이나 음주를 한 상태에서 운전을 하다 체포되었다. 그렇게 잘못을 한 사람들 중에 술이나 마약을 한 번도 하지 않은 사람은 없었다. 그러니 절대로 음주운전을 하지 않는 가장 확실한 방법은 간단하다. 술을 마시지 않는 것이다.

당신이 절대로 술을 마시고 운전할 사람이 아니라고 할지라도, 그래도 술을 끊어야 할 이유는 충분히 있다. 잠깐 동안 당신의 행동이 다른 사람들에게 어떤 영향을 미치는지 생각해보자. 당신이 친구들을 밖으로 불러내 술을 사겠다고 하면 그들 중 하나가 정말 술을 많이 마시고, 아마도 당신이 집에 가고 몇 시간 지난 후에 운전을 하는 일이 벌어지지 않을까? 내가 한 일도 아닌데 내가 무슨 책임이냐며 아무렇지도 않게 말하기 쉽다. 그러나 다음 날 아침 당신 친구가 차를 몰고 집에 가다가 반대편에서 음주운전 차량이 오는 줄도 모르고 마주오던 가족을 갑작스럽게 치어 죽였다는 소식을 듣게 된다면 그래도 그 문제가 나하고 무슨 상관이냐고 말할 수 있을까? 불교 승려 틱낫한(Thich Nhat Hanh)은 이 문제를 더 거시적인 관점에서 보았다. 그리고 우리에게 우리의 행동이 미치는 영향에 대하여 깊이 생각해보라고 한다. 즉, 단지 나 자신이나 친구들에게 어떤 영향을 미치느냐가 아니라, 더 크게 봐서 우리 사회에 어떤 영향을 미치는지를 말이다. 틱낫한은 온 세계가 하나라고 주장한다. 하나하나의 생각, 하나하나의 행동이 우리가 사는 사회, 우리 아이들이 살아갈 사회를 만든다. 술을 마시는 사람들이라면 누구나 알코올 중독이 생기고, 음주운전을 하고, 술 취해 싸움을 벌이고, 충동적으로 관계를 가져 원치 않는 임신을 하거나 성병을 전염시키는 일이 만연한 사회 분위기를 형성하는 데 직접적으로든 간접적으로든 일조해서는 안 된다. 술에 지출되는 모든 돈이 주류 광고 예산 형성에 기여하고, 그 광고는 무책임하게 술을 마시는 신세대 음주자들을 모아들이고 있다. 알코올로 인생을 망친 사람들이 수도 없이 많다는 사실을 고려해볼 때, 우리가 이 문제에 간접적으로 기여하고 있다는 사실을 더 심각하게 받아들여야 하지 않을까?

이런 논의의 요지는 근본적으로 공리주의적이다. 음주로 어떤 좋은 것이 생기든지 간에 그것들은 음주로 인해 생기는 끔찍한 결과보다 더 클 수는 없다는 생각이 바탕에 깔려 있는 것이다. 게다가 매년 수천 명의 무고한 죽음들을 정당화하기 위해 얼마나 대단한 행복을 가져와야 하는 건지 상상하기 힘들다. 그러나 우리는 희생을 정당화할 수 있는 일도 있다고 생각하는 것 같다. 예를 들어 모든 도로와 고속도로에서 제한 속도를 시속 50킬로미터 이하로 정한다면, 수없이 많은 사람들의 목숨을 구할 수 있을 것이다. 그러나 그런 정책을 지지할 사람은 거의 없다. 솔직히 말하면, 우리는 목적지에 더 빨리 도착할 수 있다면 그로 인해 발생할 것으로 충분히 예상 가능한 인명 피해를 감수하려고 든다. 아마도 이와 마찬가지로 맥주를 마셔서 얻을 수 있는 이득을 모두 합치면 술이 가져오는 해악보다 클지 모른다. 적어도 많은 사람들의 계산상으로는 그렇다.

두말할 것도 없이 맥주에서 얻을 수 있는 소중한 좋은 점들이 있다. 가장 먼저 떠오르는 것은 잘 양조된 맥주를 맛보는 단순한 즐거움, 또는 무더운 여름날 시원한 라거를 마시며 긴장을 푸는 즐거움이다. 그래도 역시 가장 중요하게 생각해야 할 것은 맥주의 사회적 영향일 것이다. 그리스 역사학자 플루타르크(Plutarch, 『영웅전』의 작가)는 음주의 참된 목적은 "친분을 돈독하게 하는 것"이라는 유명한 말을 남겼다. 이런 견해는 가장 최근에 현시대 철학자 제이슨 카월(Jason Kawall)도 주장했다. 그는 다음과 같이 썼다.

> 한자리에 모여 맥주를 마시는 것은 그냥 맥주를 함께 마시는 것이라고만 말할 수 없다. 이야기를 나누고, 계획을 세우고, 추억에 잠기고, 농담을 하고, 충고를 하고, 격려를 하는 등등이 다 포함되어 있다. 평상시에 의례적으로 하는 일보다 훨씬 풍성하고 다채롭다. 많은 사람들에게 모닝커피가 단지 카페인을 섭취하기 위한 방법이 아닌 것이나 마찬가지이다. 커피를 마시며 그 향에 취하고 신문을 읽으며 시간을 보내거나 하지 않는가.

왜 친구들끼리 함께 모여 커피만 마시지 않는가? 그것도 그 나름대로 좋은 자리가 될 수 있겠지만, 그 자리가 술자리하고 같지 않다는 것은 맥주를 마시는 사람이면 누구나 알고 있다. 맥주는 특별한 사회적 음료이고 수세기 동안 그 자리를 고수해왔다. 이것은 아마도 맥주 소비가 이루어지는 사회적인 틀뿐만이 아니라 맥주만이 가지고 있는 '철학적인' 속성들 때문일 것이다. 커피를 마시는 것과는 달리, 맥주를 마시는 자리는 늦은 오후나 저녁 시간에 따로 마련된다.

일이 끝나고 완전히 홀가분해진 후에 말이다. 그리고 맥주는 원래, 깊이 사색하게 만들고 감정을 공유하게 한다. 카월이 말했다시피, 친구들과 모여 맥주를 마시면 대개는 자신을 드러내놓게 된다. "우리는 자신의 여러 가지 면들을 공유하며 성격과 생활에 관한 것들을 더욱 많이 친구들에게 내보인다. 그러면 친구들도 자신의 여러 가지 면들을 우리에게 드러낸다." 그렇게 서로의 마음을 열어놓으면서 상대방에게 더 좋은 친구가 되고, 친구관계가 더 깊어진다고 카월은 주장한다.

오래 지속되는 깊은 우정이 제일 멋진 인생의 재산이라면, 아마도 맥주가 주는 이득이 맥주 때문에 벌어지는 해악보다 더 클지 모른다. 이런 최종 결론에 귀가 솔깃해진다면, 맥주를 사랑하기 때문에 맥주 음주의 혜택을 과대평가하고 맥주 때문에 벌어지는 끔찍한 부작용들을 무시하면서 자신을 속이고 싶어하는지도 모른다는 걱정이 들기 마련이다. 그렇기 때문에 당신의 분석이 맥주를 선호하는 쪽으로 기운다면, 당신의 논리를 재검토하기 위해 이 문제를 다시 논의하는 것이 신중한 처사일 것이다. 친구들 몇 명과 맥주잔을 기울이며 이 문제로 논쟁을 벌인다면 더 좋지 않을까?

어떻게 생각하나요?

- 당신이 정말로 냉철하게 검토해볼 때, 맥주를 마셔서 얻을 수 있는 이득이 부정적인 결과보다 더 크다고 생각하는가?
- 만약 당신의 분석으로 맥주를 마셔서 생기는 손해가 얻을 수 있는 이익보다 크다는 결론에 이른다면, 술을 끊겠는가?

- 우리의 행동이 다른 사람들에게 주는 영향에 대하여 책임을 져야 할까?
- 맥주를 함께 마시면 우정을 돈독하게 한다는 것이 사실인가? 만약 그것이 사실이라면, 지구상에 그런 점에 있어서 더 좋은 음료가 있는가?

? 알고 있나요?

- 맥주를 마시는(물론 '적당히') 데에는 건강상의 이유도 많이 있다. 다음은 드링킹비어닷넷(DrinkingBeer.Net)에 올라온 글이다. 대부분이 적합한 의학 연구들에 의해 증명되었다. ① 맥주는 스트레스를 완화시킨다. ② 맥주는 심장 건강에 좋다. ③ 맥주는 혈액순환을 좋게 한다. ④ 맥주에는 섬유질이 많이 포함되어 있다. ⑤ 맥주에는 비타민B와 미네랄이 다량 포함되어 있다. ⑥ 맥주는 뇌졸중 예방에 효과적이다. ⑦ 맥주는 뇌를 젊게 유지해준다. ⑧ 맥주는 간에 좋다. ⑨ 맥주는 불면증을 치료한다. ⑩ 맥주는 담석을 예방한다.
- 제이슨 카월은 다음과 같이 맥주를 마시며 생기는 우정에 대하여 '행복' 수치를 사용하여 쉽게 계산한다. "맥주를 마시면 5의 행복이 생기고 친구와 시간을 보내는 경우 10의 행복이 생긴다고 가정하자. 여기서 하고 싶은 말은 친구들과 함께 맥주를 마시면 15가 아니라 20의 행복이 생길 수 있다는 것이다. 친구들과의 대화는 훨씬 더 자유롭게 흘러가고, 당신이 마시고 있는 맥주며 이런저런 것들에 대한 생각을 함께 나눌 수 있다."

- 아리스토텔레스는 "세상 모든 것을 다 가지더라도 친구가 없다면 그렇게 살겠다고 할 사람은 아무도 없다."는 유명한 말을 남겼다.
- 맥주만이 지닌 유익함을 인정하다 보면 아주 오래된 역사까지 거슬러 올라간다. 기원전 2000년경 이집트 속담에 "맥주를 머금고 있는 입은 완벽한 만족을 안다."는 말이 있다.

'가장 적절한 설명' 논거 Argument to the best explanation 비록 증명되지는 않았지만 어떤 결론이 문제가 되고 있는 현상을 가장 잘 설명하고 있다고 주장하는 것.(16장 '페일리의 술통' 참조)

갈색 에일 Brown ale 짙은 색 혹은 갈색 맥아로 만든 에일. 맥아를 볶으면 캐러멜과 초콜릿 맛이 난다. 처음 런던에서 기본적인 스타일이 만들어진 이후 다양한 스타일로 발전했다. (11장 빅 스카이 '무스 드룰 브라운 에일', 16장 뉴캐슬 '브라운 에일'을 마셔보라.)

개인의 정체성 문제 Problem of personal identity 무엇이 한 사람을 지속적으로 '동일한' 사람으로 만들어주는지를 결정하는 문제.(1장 '순간이동의 문제', 13장 '부처님 가라사대, 너 자신은 없다' 참조)

게임이론 Game theory 상대편의 대처 행동을 고려해가며 어떤 선택을 할 때 어떤 결과가 나올지를 분석하는 합리적인 경쟁 주체들 사이의 전략적인 상호작용에 대한 연구.(5장 '파스칼의 내기' 참조)

결과주의 Consequentialism 전체적으로 볼 때 가장 좋은 결과를 만들어낸다면 그 행동은 '옳다'고 주장하는 윤리학 이론. 가장 유명한 예가 공리주의이다.(31장 '히틀러의 헤페바이젠', 37장 '제일 재미있는 사람의 총살 딜레마' 참조)

고약한 냄새 Skunkiness 맥주에 빛이 들어갔을 때 맥주에서 나는 악취. 밝은 빛이 장시간 맥주 안에 있는 홉과 부딪치면 화학반응이 일어나 맥주에서 고약한 냄새가 난다. 투명한 초록색 병은 악취를 방지하지 못한다. 갈색 병은 완전하게는 아니더라도 악취를 방지하는 데 효과적이다.

공리주의 Utilitarianism 제러미 벤담과 존 스튜어트 밀이 발전시킨 도덕철학. 최대 다수를 위한 최대 행복을 가져오는 행동을 올바른 행동으로 규정한다.(20장 '밀과 주정뱅이', 31장 '히틀러의 헤페바이젠' 참조)

관념론 혹은 형이상학적 관념론 Metaphysical idealism 조지 버클리 주교가 존재하는 모든 것은 정신(생각, 감정, 지각 등을 포함)이라고 주창한 유명한 견해. 관념론에 따르면 물질(즉, 정신의 외부에 그리고 정신과 독립하여 존재하는 실체)은 존재하지 않는다.(3장 '500cc 한 잔이 숲속에서 쏟아질 때' 참조)

그로울러 Growler 술집이나 양조장에서 드래프트 비어를 나르는 데 사용하는 2리터들이 유리병. 1리터짜리 그로울러를 쓰기도 한다.

극락 Elysian 1. 그리스 신화에서 극락정토는 덕을 쌓았거나 위대한 영웅들이 가는 최후의 안식처이다. 2. 워싱턴 주 시애틀의 엘리시안 양조회사(The Elysian Brewing Company). 더 와이즈 ESB(The Wise ESB), 임모탈 IPA(Immortal IPA), 페르세우스 포터(Perseus Porter) 등을 만든다.(40장 '가장 지혜로운 사람' 참조)

기능주의 Functionalism 마음에 대한 철학 이론. 특정한 유형의 정신 상태라는 건 내적인 구조가 아니라 시스템 내에서 실행하는 기능을 설명하는 것이라는 주장. '생각 X' 또는 '감정 Y'는 특정한 입력-처리 과정-출력 관계를 설명할 때 사용되는 것이다.(38장 '튜링의 맥주 감별기', 45장 '좀비에 대한 공포' 참조)

나쁜 신념 Bad faith 자신에게 자유가 없다고 스스로 거짓말하는 현상에 대해 프랑스 실존주의 철학자 사르트르가 사용한 용어. 스스로 거짓임을 알면서도 자신이 자유롭지 못하거나 자신에게 선택의 여지가 없다고 생각하는 것.(42장 '나쁜 신념의 사례' 참조)

노블 홉 Noble hops '고급스러운 홉'이라는 뜻의 이 용어는 중부 유럽이 원산지인 네 가지 종류의 향이 좋은 홉을 이른다. 즉, 테트낭(Tettnanger), 할러타우어 미텔푸뤼(Hallertauer Mittelfrueh), 스팔터(Spalter), 사아즈(Saaz)를 말한다. 이런 계통의 홉은 필스너(Pilsner), 둥켈(Dunkel), 옥토버페스트(Oktoberfest)를 비롯한 클래식 스타일의 맥주에 전통적인 향과 맛을 낸다.

노인 플리니 Pliny the Elder 1. 23~79년에 살았던 스토아학파 철학자이자 자연주의자. 플리니와 그 당시 살았던 사람들이 '나무 덤불 속의 늑대'라는 뜻의 홉의 식물학명을 만들었다. 2. 러시아 리버 맥주회사의 플리니 디 엘더 더블 IPA(Pliny the Elder Double IPA)를 가리킨다.

니르바나 Nirvana 깨달음을 이르는 불교 용어. 평화와 평정, 고통을 완전히 끊어내는 것 등을 특징으로 한다.(27장 '니르바나의 세계' 참조)

닌카시 Ninkasi 1. 발효를 도와주는 고대 수메르 여신. 닌카시 여신은 〈닌카시 찬가〉를 발견하여 알려졌다. 이 문헌은 여신을 찬송하는 시로, 기원전 1800년경의 점토판에 새겨져 있다. 2. 오리건 주 유진 시에 있는 닌카시 양조공장을 이르는 말.

다른 마음들의 문제 Problem of other minds 다른 사람의 의식의 내용을 알 수 있는지, 혹은 그들이 진정 의식이 있는지를 알 수 있는지에 대한 문제.(9장 '메리가 몰랐던 라거의 맛', 45장 '좀비에 대한 공포' 참조)

도교 Taoism 노자가 『도덕경』에서 설파한 가르침에 바탕을 둔 중국의 중심 철학 및 종교.(46장 '노자의 빈 잔' 참조)

도덕적 객관주의 Moral objectivism 도덕적 주장들(예를 들어 "노예제도는 나쁘다.")의 일부는 객관적으로 옳다는 견해. 즉, 그들의 진실이나 거짓이 개인이나 문화의 신념이나 감정과 무관하다는 입장이다.(24장 '도덕적 진리에 관한 문제' 참조)

도덕적 상대주의 또는 문화적 상대주의 Moral relativism, Cultural relativism 도덕적 주장이 문화의 신념이나 감정과 관련되어 있다는 견해. 문화의 관점과 관계없는 '객관적인' 옳음이나 그름은 존재하지 않는다는 입장이다.(24장 '도덕적 진리에 관한 문제' 참조)

도덕적 이기주의 Moral egoism 도덕적으로 올바른 행동이란 자기 이익을 극대화하는 행동이라는 견해.(21장 '기게스 신화' 참조)

도덕적 주관주의 Moral Subjectivism 도덕적 주장이 개인의 신념이나 감정과 관련되어 있다는 견해. 사람들의 도덕관과 무관하게 존재하는 '객관적인' 옳음이나 그름은 없다는 입장이다.(24장 '도덕적 진리에 관한 문제' 참조)

도펠복 또는 더블복 Doppelbock, double bock 도펠복은 엑스트라 스트롱 비어를 가리키는 독일어다. 대체로 7.5도나 그 이상이다. 하면발효 맥주로 흑갈색을 띤다. 독일 남부에서 3, 4월에 봄 시즌용으로 만드는 맥주이다.

두벨 Dubbel 상면발효 맥주. 보통 애비 에일이나 블론드 애비 에일보다 맥아의 양을 두 배 가까이 사용한다.(36장 노스 코스트 '브라더 텔로니어스 애비 에일'을 맛보길 바란다.)

둥켈 또는 둥클러 복 Dunkel, dunkler bock 둥켈은 검다는 뜻의 독일어다. 둥켈스는 블랙 라거를 말한다. 둥클러 복은 강한 블랙 라거다.

둥켈바이젠 Dunklweizen 짙은 색의 밀맥주.(독일어로 둥켈은 검은색이라는 뜻이고, 바이젠은 밀을 말한다.)

드라이 호핑 Dry hopping 발효과정에 바로 홉을 투입하여 쓴맛을 더하지 않고 홉의 향만을 강화하는 기법.

드래프트 Draft, draught 케그에서 추출하는 맥주. 'draught'는 'draft'의 영국식 철자이고 발음은 같다. '제뉴인 드래프트(Genuine draft)'라는 말을 병입 맥주에 쓸 때는 케그비어처럼 저온 살균처리를 하지 않았다는 의미이다. 일반적으로 그런 맥주들은 유통기한을 길게 만들기 위해 세균을 필터로 거른다.

딜레마 Dilemma 선택 사항이 두 가지밖에 없는 가운데 둘 중 어느 쪽도 택하기 어려운 상황.(8장 '전능함의 딜레마', 19장 '신의 명령' 참조)

라거 Lager 독일어로 '저장하다(lagern)'라는 단어에서 만들어진 이름. '효모를 하면발효시켜 만든 라거를 저장한다'는 뜻이다. 에일보다 오랜 시간 동안 낮은 온도에서 양조하여 맛이 가볍고 산뜻한 맥주.

라스푸틴 Rasputin 1. 그리고리 예피모비치 라스푸틴(Grigori Yefimovich Rasputin)은 신비주의자이자 기도치료사였다. 일부 사람들은 돌팔이라고 주장한다. 러시아 말기 황제 니콜라이 2세와 황후 알렉산드라의 총애를 받으며 세력을 휘둘렀다. 2. 노스 코스트 맥주회사에서 생산하는 '올드 라스푸틴 러시안 임페리얼 스타우트(Old Rasputin Russian Imperial Stout)'를 가리킨다.

람빅 Lambic 벨기에의 페요텐랜드 지방의 양조장만이 사용하는 방식으로 만드는 맥주. 맥아즙을 공기에 노출시켜 야생효모가 맥아즙 표면에 닿게 하여 발효시킨다. 자연적으로 깔끔하고 신맛이 나며 거품이 많이 난다.

마음에 대한 '데카르트식 극장' 유형 Cartesian theater model of the mind 우리의 의식 경험이란 머릿속에 작은 극장이 있고, 그곳에 난쟁이가 앉아 모든 감각적 데이터를 마치 영화 보듯 관찰하는 것과 비슷하다는 견해.(4장 '제 눈에 맥주안경 역설' 참조)

마음의 철학 Philosophy of mind 마음에 대한 철학적 연구. 중심적인 질문들은 "마음이 바로 뇌인가?", "컴퓨터가 자각할 수 있는가?", "자유의지가 있는가?" 등이다.(1, 4, 9, 11, 13, 21, 22, 25, 38, 45장 참조)

마이크로브루어리 Microbrewery 연간 240만 리터 이하의 맥주를 생산하는 소규모 양조장.

매시 Mash 분쇄기로 잘게 부순 맥아와 온수를 섞어 만든 죽. 당분이 되어 맥주를 만드는 과정에서 발효가 된다.

맥아 또는 맥아보리 Malts, Malted barley 보리를 물에 담가 싹을 틔운 다음, 열풍 건조시킨다. 보리의 종류, 싹이 난 정도, 건조 시 온도가 모두 맥주 맛에 영향을 준다.

맥주안경 역설 또는 10@2 역설 Beer goggles paradox 마시는 맥주의 양에 따라 상대방이 점점 더 아름다워 보이는 역설적인 현상. 어떤 사람이 밤 10시에 2점으로 보였는데, 관찰자가 맥주를 상당히 마시고 난 새벽 2시에는 10점으로 보이기 때문에 10@2 역설이라고도 한다.(4장 '제 눈에 맥주안경 역설' 참조)

맥주 Beer 세계에서 가장 오래된 알코올 음료 중 하나. 그 기원이 기원전 3000년경까지 거슬러 올라간다. 곡물(일반적으로 맥아보리)을 양조하고 발효한 뒤, 홉을 향료로 넣어 만든다.

맥주순수령 Rheinheitsgebot 1516년 독일에서 제정된 법으로, 맥주를 만들 때 보리, 홉, 물, 이 세 가지 재료만을 사용할 것을 규정했다. 당시에는 공기 중의 효모 역시 맥주 양조 과정에 들어간다는 사실을 알지 못했다. 효모는 나중에 네 번째 재료로 승인되었다.

미학 Aesthetics 아름다움과 예술을 연구하는 철학의 한 분야.(11장 '맛의 비밀' 참조)

미학적 객관주의 Aesthetic objectivism 최소한 일부 미학적 판단(무엇이 아름답고, 무엇이 예술적인가에 대한 판단)들은 객관적이라는 견해. 다시 말해, 일부 미학적 판단들은 판단을 내리는 사람이나 집단의 생각과 느낌에 관계없이 옳다.(11장 '맛의 비밀' 참조)

미학적 주관주의 Aesthetic subjectivism 미학적 판단(무엇이 아름답고, 무엇이 예술적인가에 대한 판단)들은 오로지 주관적이라는 견해. 다시 말해, 미학적 판단의 옳고 그름은 전적으로 그 판단을 하는 사람의 생각과 느낌에 달려 있다.(11장 '맛의 비밀' 참조)

바디감 Body 맛을 볼 때 입에서 느껴지는 맥주의 농도.

바이세 혹은 바이스비어, 비트, 비트비어, 휘트 비어 Weisse, Weisbier, Wit, Witbier, Wheat beer 바이스비어는 흰 맥주, 즉 밀로 만든 연한 맥주를 가리키는 독일어이다. 네덜란드/플랑드르(벨기에)어로는 비트비어라고 한다. 벨기에의 비트비어는 흔히 고수풀과 같은 향료 혹은 오렌지 껍질과 같은 과일 등을 첨가해 제조한다.(10장 에이버리 '화이트 래스컬 에일'을 마셔보라.)

발리와인 Barleywine 와인만큼 강한 에일. 보통 10~15도이다.(4장의 플라잉 독 '혼독 발리와인'을 마셔보라.)

발효 Fermentation 효모의 발효 작용을 통해 당분이 알코올과 CO_2로 바뀌는 과정.

보리 Barley 벼목 화본과의 곡물. 머리 부분의 씨앗 줄 수에 따라 두줄보리와 여섯줄보리 등 두 종류로 구분된다. 보리를 가마에서 구워, 맥주의 주원료인 맥아를 만들어낸다.

보틀 컨디셔닝 Bottle conditioning 맥주를 병에 넣기 직전에 효모와 설탕을 첨가했을 때 발생하는 이차적인 발효를 말한다. 이 과정은 저장 기간을 늘려주고 시간이 지날수록 맛이 깊어지게 한다.

복 Bock, bockbier 복은 강하다는 뜻의 독일어이다. 복비어는 레귤러 맥주보다 맛이 강하고, 색이 어둡고, 더 달작지근하다. 알코올 도수가 더 높은 도펠복(doppelbock)도 있다. 복은 원래 양조 시즌의 마지막을 축하할 때 마시는 맥주로서, 보통 가을과 늦겨울, 봄에 공급된다.

블랙 라거 또는 슈바르츠비어 Black lager, Schwarzbier 독일인들이 슈바르츠비어라고 알고 있는 블랙 라거는 라거 스타일로 양조된 짙은 색 맥주이다. 에일 이스트보다 라거 이스트를 사용했기 때문에 스타우트나 포터보다 부드러운 맛이 난다. 짙은 색이 나는 까닭은 양조 과정에서 특별히 진한 맥아를 사용했기 때문이다.

블랙홀 Black hole 1. 빛을 포함하여 그 어느 것도 빠져나올 수 없는 천체. 별이 붕괴할 때 중심핵이 엄청난 밀도로 수축하면 시공연속체가 구부러져 생긴다.(30장 '시간여행의 모순' 참조) 2. 펜실베이니아 와이어바허 양조회사에서 생산하는 블랙홀 올드 에일.

블론드 Blonde 황금빛의 프랑스 맥주와 벨기에 맥주의 이름.(레페 블론드를 추천한다.)

비터링 홉 Bittering hops 맥주에 쓴맛을 더하기 위해 맥주 제조 과정 전반부에 첨가하는 홉. 치눅(Chinook) 홉, 매그넘(Magnum) 홉, 뉴포트(Newport) 홉 등이 있다.

사우어 에일 Sour ale 야생 효모와 다른 미생물들을 첨가하여 만드는 맥주로, 매우 신맛이 난다.

사회적 구성물 Social construction 사회가 만들어낸 개념. 상대적인 개념은 자연적이거나 생물학적인 사실이다. 많은 철학자들이 인종과 성별은 사회적 구성물이라고 주장한다.(10장 '맬컴 엑스와 백인 전용 술집', 33장 '성별과 분별력' 참조)

세종 Saison 계절을 뜻하는 프랑스어로, 원래는 벨기에 왈로니아의 농가에서 농장 노동자들을 위해 계절마다 양조한 낮은 도수의 연한 에일을 가리키는 말이었다. 그 벨기에식 제조법이 이제는 전 세계 맥주회사에서 활용되고 있다.(42장 팡톰 '피상리 세종'을 마셔보라.)

스카치 에일 Scotch ale 깊고 풍부한 맥아의 맛이 나는 에일로 스코틀랜드에서 개발되었다.(8장 벨하벤 '위 헤비 스카치 에일'을 마셔보라.)

스타우트 Stout 가장 농도가 진한 흑맥주. 스타우트는 상면발효되지만, 흑갈색에, 초콜릿-커피 맛이 나고, 농도가 더 진하다는 점에서 보통 에일과 구별된다. 시커멓게 탈 때까지 볶은 보리로 양조하기 때문에 그런 특성이 나타난다.(1장 기네스 '엑스트라 스타우트'를 마셔보라.) 초콜릿 스타우트(Chocolate Stout)는 스타우트의 하위 범주로, 다른 맥아를 사용해 초콜릿 맛을 더 진하게 낸다. 일부 양조업체들은 실제 초콜릿 또는 초콜릿 추출물을 양조 과정에서 첨가하기도 한다.(6장 영스 '더블 초콜릿 스타우트'를 마셔보라.) 커피 스타우트(Coffee Stout)는 검게 볶은 맥아를 사용해 커피의 쓴맛을 더하며 때로는 커피콩을 갈아 넣기도 한다.(17장 그레이트 디바이드 '에스프레소 오크 숙성 예티'를 마셔보라.) 크림 스타우트(Cream Stout) 혹은 밀크 스타우트(Milk Stout)는 젖당을 넣어 더 달콤한 맛을 낸 것이다.(세인트 피터스 '크림 스타우트'를 마셔보라.) 임페리얼 스타우트(Imperial Stout) 혹은 러시안 스타우트(Russian Stout)는 특별히 강하고, 알코올 도수가 높으며, 러시아 예카테리나 2세의 궁중에서 인기가 있었기 때문에 그런 이름이 붙었다.(47장 데슈츠 '더 어비스 임페리얼 스타우트'를 마셔보라.) 오트밀 스타우트(Oatmeal Stout)는 엿기름에 오트밀을 첨가해 부드러움과 크림을 만들어낸 것이다. 임페리얼 스타우트보다 맛이 더 순하고 알코올 도수도 더 낮다.(20장 새뮤얼 스미스 '오트밀 스타우트'를 마셔보라.)

스팀 Steam 유일하게 고전적인 아메리칸 비어 스타일이라고 알려져 있다. 깊은 호박색이고 톡 쏘는 맛이 나며 탄산이 많이 함유되어 있다. 스팀 맥주는 캘리포니아에서 보통 에일 효모를 발효시킬 때 쓰는 높은 온도에서 라거 효모를 발효시켰을 때 발명되었다.(33장 앵커 '스팀'을 마셔보라.)

시바 Shiva 1. 파괴를 상징하는 힌두교의 신. 2. 애슈빌 맥주회사에서 생산하는 '시바 인디아 페일 에일'을 가리킨다.

신명론 Divine command theory 신이 하라고 명령한 행동은 옳고 신이 금지하거나 신의 의도와 반대되는 행동은 그른 것이라고 주장하는 도덕 이론.(19장 '신의 명령' 참조)

실존주의 Existentialism 개인의 주관, 자유, 책임 등을 강조하는 철학사상을 전개하는 학파. 주요 실존주의 철학자로는 키르케고르, 하이데거, 사르트르, 보부아르 등이 있다.(42장 '나쁜 신념의 사례' 참조)

심리학적 이기주의 Psychological egoism 사람들은 오직 자기 이익을 위해서만 행동한다는 논지. 오로지 이타적이기만 한 행동은 없다고 본다.(21장 '기게스 신화' 참조)

심신 문제 Mind-body problem 몸과 마음이 어떻게 관련되어 있는지를 결정하는 문제.(25장 '육체에 영혼을 갖다 붙이는 법', 9장 '메리가 몰랐던 라거의 맛' 참조)

심신 유물론 Mind-body materialism 인간이 한 가지 실체, 즉 물질로만 이루어졌다는 견해. 그래서 마음은 뇌 또는 뇌의 현상으로 간주된다. 심신 유물론자들에 따르면 무형의 영혼이란 것은 없다.(25장 '육체에 영혼을 갖다 붙이는 법', 9장 '메리가 몰랐던 라거의 맛' 참조)

심신 이원론 Mind-body dualism 인간이 두 가지 구별되는 실체, 즉 유형의 실체인 몸과 무형의 실체인 마음, 정신 또는 영혼으로 이루어졌다는 견해.(25장 '육체에 영혼을 갖다 붙이는 법' 참조)

아나타 Anatta 자아는 존재하지 않는다는 불교 교리. 영원하고, 자급자족하고, 독립적인 '자아' 혹은 '영혼'은 없다는 견해.(13장 '부처님 가라사대, 너 자신은 없다' 참조)

아로마 홉 Aromatic hops 맥주에 향을 더하기 위해 맥주 제조 과정 후반부에 첨가되는 홉. 캐스케이드 홉, 크리스털 홉, 사즈 홉 등이 있다.

악에 관한 문제 Problem of evil 전지전능하고 무한한 사랑을 가진 신이 존재하는데, 동시에 세상은 도덕적인 악과 자연적인 악으로 가득 차 있다고 가정할 때 생기는 모순.(28장 '악에 관한 문제' 참조)

알코올 도수 Alcohol by volume, ABV 맥주의 알코올 함량을 표시하는 국제적인 표준 단위. 맥주 전체 부피에서 알코올이 차지하는 부피를 퍼센트로 표시한다. 대부분의 맥주는 알코올이 차지하는 부피가 4~8퍼센트이지만, 여러 스타우트와 스트롱 에일은 10퍼센트에 이르기도 한다.

애비 에일 Abbey ale 벨기에 수도원에서 트라피스트 수도사들이 전통적인 방식으로 양조한 맛이 강한 에일. 상면발효하여 병입해 보관 판매한다. 트라피스트 스타일로 양조된 맥주들도 애비 에일이라고 부른다.(23장의 쉬메 '블뢰', 29장의 라 트라페 '쿼드루펠', 36장의 노스 코스트 '브라더 텔로니어스 애비 에일'을 맛보길 권한다.)

양립론 Compatibilism 자유의지와 인과결정론이 양립할 수 있다는 견해. 이 견해에 따르면 자유의지에도 다른 선택의 여지가 없다.(22장 '라플라스의 슈퍼과학자', 12장 '예지 역설' 참조)

양조학 Zymurgy 발효 화학.

에스테르 Esters 발효 과정에서 자연스럽게 생성되는 화합물로 맥주에 과일 맛, 향긋한 맛, 신맛을 더해준다.

에일 Ale 상면발효 효모(발효 탱크의 상면에서 발효하는 효모)로 만든 맥주. 하면발효 효모를 사용하는 라거보다 더 따뜻한 온도에서 발효된다.(15장 로이 핏츠 '트룰리 어니스트 에일'과 25장의 로그 '데드 가이 에일'을 마셔보라.)

연한 에일 Pale ale 홉에 따라 쓴맛, 풍미, 향 등이 다른 구릿빛 에일. 연한 에일은 농도가 중간 정도이고 맥아의 느낌은 적거나 보통 정도이다.(3장 시에라 네바다 '페일 에일'을 마셔보라.)

영원회귀 Eternal recurrence 독일의 철학자 니체의 가설 또는 사고실험. 인간의 삶이 아무런 변화 없이 끝없이 반복된다는 내용.

우주끈 Cosmic strings 양성자보다 더 가느다란 형태의 매우 밀도가 높은 질량 에너지. 길이가 1.6킬로미터인 우주끈 한 가닥이 지구보다 더 무겁다. 가설에 따르면 우주끈은 우주의 길이를 늘일 수 있고 과거로 가는 시간여행에 이용될 수 있다.(30장 '시간여행의 모순' 참조)

웜홀 Wormhole 가설적인 시공간의 면. 시공간을 통과하는 지름길이 된다. 벌레가 사과 껍질부터 돌아다니면서 먹지 않고, 사과를 관통하여 먹어 들어가면서 반대편으로 가는 지름길을 가는 것과 같은 방법이다. 웜홀은 시공간 여행자가 일반적인 경로를 택할 때보다 더 빨리 목적지에 도착하게 해줄 수 있다.(30장 '시간여행의 모순' 참조)

유물론 또는 형이상학적 유물론 Metaphysical materialism 우주에는 오직 물질만 있다는 견해. 유물론이 옳다면, 실재하는 것들은 모두 물질로 구성되어 있다.(3장 '500cc 한 잔이 숲속에서 쏟아질 때', 9장 '메리가 몰랐던 라거의 맛' 참조)

유추에 의한 논거 Argument by analogy 두 가지의 것이 어떤 중요한 면들에서 비슷하기 때문에 비슷한 결론이 도출된다고 주장하는 것.(14장 '맹인과 블랙 앤 탠', 23장의 '가우닐로의 완벽한 에일', 39장 '싱어의 연못' 참조)

윤리학 Ethics 도덕에 관한 학문 또는 이론. 윤리학적 질문으로는 다음과 같은 것들이 있다. "무엇이 어떤 특정 행동을 옳거나 그르다고 결정하는가?", "정말 옳거나 그른 것이 있는가?", "이 상황에서는 어떤 행동이 올바른가?"(19, 21, 24, 31, 33, 34, 39, 43, 44장 참조)

음양 Yin, yang 중국 철학에서 음양은 상호의존적인 양극의 균형을 의미한다. 음은 수동적이고 수용적인 극단(어두움, 차가움, 부드러움, 촉촉함 등)이며 양은 공격적이고 적극적인 극단(밝음, 뜨거움, 딱딱함, 건조함 등)이다.(46장 '노자의 빈 잔' 참조)

이가 원리 Principle of bivalence 의미를 담고 있는 진술은 반드시 참이거나 거짓이어야 한다는 원리.(15장 '거짓말쟁이의 역설' 참조)

이분법 역설 Paradox of bisection 유한한 거리가 무한히 양분될 수 있으므로, 무한개의 별개의 길이로 나누어진다는 (겉보기에 명백한)사실에서 만들어진 수수께끼.(2장 '손에서 입으로 제논의 역설' 참조)

인과결정론 Causal determinism ⓐ 모든 사건에 원인이 있고, ⓑ 이전의 사건이 각 사건의 성격을 아주 세세한 부분까지 결정한다는 견해. 만약 인과결정론이 옳다면, 각 사건은 이전의 조건들이 원인이 되어 일어나야 하는 대로 일어난다.(22장 '라플라스의 슈퍼과학자' 참조)

인디언 페일 에일 IPA, Indian pale ale 방부 기능이 있는 홉을 잔뜩 넣어 만든 에일. 18세기에 IPA는 영국에서 인도로 수출되었다. 대부분의 맥주는 긴 항해를 하는 동안 상해 버리지만, IPA에는 홉이 아주 많이 들어 있고 알코올 함량이 아주 높아서(일반적으로 7~8퍼센트), 더운 지역을 여행해도 변질되지 않고 깊고 풍부한 맛을 냈다.(28장 빅토리 '홉데빌 IPA', 43장 래핑 독 '알파 독 임페리얼 IPA'를 마셔보라.)

인식론 Epistemology 지식에 관한 학문, 또는 이론. 인식론적 질문의 예는 다음과 같다. "지식이란 무엇인가?", "지식은 어떻게 습득되는가?", "무엇이 실제인지 우리는 알 수 있는가?"(17장 '장자의 나비', 18장 '데카르트의 회의' 참조)

자유와 신의 예지에 대한 문제 Problem of freedom and divine foreknowledge 사람들의 미래 행동까지 포함하여 모든 것을 다 아는 신이 존재하는데, 동시에 인간에게 자유의지가 있다고 가정할 때 발생하는 모순.(12장 '예지 역설' 참조)

저온 살균법 Pasteurization 유통기한을 늘리기 위해서 맥주를 60~79°C/140~174°F에서 가열하는 과정.

존재론적 논증 Ontological argument 신의 존재를 단순한 생각이나 신의 정의로부터 증명하려는 시도.(23장 '가우닐로의 완벽한 에일' 참조)

좀비 Zombie 1. 생각, 소망, 기분, 감정 같은 경이로운 경험을 할 수 없는 사람이나 생명체를 이르는 철학적 용어. 2. 사람의 뇌를 먹고 싶어하는 살아 있는 시체를 이르는 할리우드 영화에 나오는 용어.(45장 '좀비에 대한 공포' 참조)

종교적 다원주의 Religious pluralism 여러 종교들 간에 상충되는 부분이 있다 하더라도 그 종교들 모두가 옳을 수 있다는 견해. 궁극적인 종교적 진실은 어쩔 수 없는 왜곡을 수반해야 인간의 관념으로 이해될 수 있기 때문에, 어떤 종교도 완벽한 진실을 보여줄 수는 없다.(14장 '맹인과 블랙 앤 탠' 참조)

주관주의 Subjectivism 미학적 주관주의 및 도덕적 주관주의 참조.

중력 또는 비중 Gravity 1. 질량이 있는 물체가 서로 끌어당기는 인력. 시공연속체가 휘어서 생겨난다.(7장 '루크레티우스의 창' 참조) 2. 맥주의 농도를 나타내기 위해 양조업자가 사용하는 용어. 초기비중은 발효되기 전 맥주의 농도이고, 최종비중은 발효 후 맥주의 농도이다.

철학 Philosophy 진리, 존재, 실재, 지식, 도덕과 같은 것들의 기본적인 개념을 체계적으로 연구하는 학문의 영역.

청년 플리니 Pliny the Younger 1. 고대 로마의 법관이자 과학자. 노인 플리니의 조카. 2. 러시아 리버 맥주회사의 플리니 더 영거 트리플 IPA(Pliny the Younger Triple IPA)을 가리킨다.

초콜릿 맥아 Chocolate malt 흑갈색으로 볶은 맥아. 초콜릿 맛을 내지만 초콜릿이 함유된 것은 아니다.

카르마 Karma 1. 카르마의 법은 힌두철학 및 불교철학의 인과응보 법칙을 가리키는 말이다. 개인의 카르마(업)는 행동이 낳는 종합적인 결과로, 당사자의 현재 및 미래를 결정짓는다.(27장 '니르바나의 세계' 참조) 2. 에이버리 맥주의 '카르마 에일'을 가리킨다.

카스 Kas 맥주를 뜻하는 고대 수메르어. 글자 그대로 풀이하면 '입이 원하는 것'을 뜻한다.

칸트주의 Kantianism 임마누엘 칸트의 도덕 이론. 칸트는 옳고 그름이 다음과 같은 범주론적 정언명령에 따라 정해진다고 주장했다. "네 의지의 준칙이 언제나 동시에 보편적인 입법원리로서 타당할 수 있도록 행동하라." 이 견해는 공리주의와 극명하게 대립된다.(31장 '히틀러의 헤페바이젠' 참조)

캐스크 Cask 맥주를 담는 배불뚝이 모양의 원형 술통을 이르는 영국 말이다.(16장 '페일리의 술통' 참조)

켈러비어 Kellerbier '지하실 맥주'란 뜻의 독일어. 필터링을 거치지 않은 라거이다. 홉이 많이 사용되고 탄산 함유량이 적다.

콜드 필터링 Cold filtering 저온살균의 대안적 방법으로, 맥주를 매우 미세한 필터에 걸러 효모를 제거하고 발효 과정을 마치는 것.

쾌락주의 Hedonism 쾌락만이 유일하게, 본질적으로 좋은 것이라는 견해. 쾌락 이외의 것들은 모두 쾌락의 일부 혹은 쾌락을 위한 수단일 때만 좋은 것으로 여겨진다.(6장 '체험 기계', 20장 '밀과 주정뱅이' 참조)

쿼드루펠 Quadrupel 가장 강한 벨기에 애비 에일. 두벨이나 트리펠보다도 강하다.(29장 라 트라페 '쿼드루펠'을 마셔보라.)

퀄리아 Qualia 보기, 듣기, 냄새 맡기 등과 같은 내적 상태의 주관적인 질적 특질.(9장 '메리가 몰랐던 라거의 맛', 45장 '좀비에 대한 공포' 참조)

크래프트 비어 Craft beer 양조의 장인이 만든 맥주를 일반적으로 이르는 단어. 천연재료만을 사용하고, 한 번에 적은 양만 만들고, 자동화 설비를 전혀 이용하지 않는다. 가끔 이 단어는 최고급 맥주를 이르기도 한다.

크리스털 맥아 또는 캐러멜 맥아 Crystal malt, Caramal malt 특별 가공 처리하여 만든 맥아로, 흑맥주 및 호박색 맥주에 농도, 색, 맛 등을 더하기 위해 사용된다.

크릭 Kriek 시큼한 맛의 체리 맥주. 람빅 맥주에 체리를 넣고 발효시킨 맥주이다.

크림 에일 Cream ale 미국식 페일 에일. 라거와 골든 에일이 반반 섞여 있다.

탭 Tap 캐스크나 케그에서 맥주를 빼낼 때 조절하는 밸브.

트라피스트 Trappist 엄격한 실천을 강조하는 시토 수도회. 베네딕트의 규율을 따르며 침묵을 중시하는 수도사들이 모여 있는 로마 가톨릭계 수도회이다. 트라피스트 수사들은 애비 에일을 잘 만드는 것으로 유명하고, 그 애비 에일은 벨기에의 5개 양조장과 네덜란드의 1개 양조장에서 생산된다. 트라피스트 수사들은 맥주를 판매하고 포장하는 데 '트라피스트'라는 단어를 사용할 수 있는 독점적 권리를 가지고 있다.(23장 쉬메 블뢰 '그랑드 레제르브'를 마셔보라.)

트리펠 Tripel 벨기에 맥주. 보통 에일이나 블론드 애비 스타일 맥주에서 사용하는 것보다 세 배 많은 맥아가 들어간다.(7장 위니브루 '라팽 뒤몽드', 23장 쉬메 블뢰 '그랑드 레제르브'를 마셔보라.)

평등의 원리 Principle of equality 존재들이 비슷한 이득을 추구할 때 모두에게 비슷한 비중을 두어야 하고, 차별대우는 차별대우를 받는 존재들에게 차별과 관련된 차이가 있을 때만 정당화된다고 주장하는 도덕 원칙.(43장 '맥주와 고기 안주' 참조)

포터 Porter 강한 맛이 나고 에일보다 어두운 색 맥아를 넣으며, 농도가 진하지만 스타우트보다 가볍다. 포터라는 이름은 18세기 영국에 많이 있었던, 시장에서 상품을 나르던 짐꾼(porter)들이 마셨던 데에서 유래했다.(24장 워새치 '폴리가미 포터'를 마셔보라.)

플라톤 Plato 1. 소크라테스의 제자이자 아리스토텔레스의 스승. 최대 걸작 『국가』와 형상이론으로 잘 알려져 있다.(26장 '플라톤의 형상' 참조) 2. 맥아즙의 농도를 정하는 데 사용되는 척도. 보헤미아 과학자 카를 발링(Karl Balling)이 개발하여 이후 프리츠 플라토(Fritz Plato)가 개선시켰다.

필스너 또는 필스 Pilsner, Pils 산뜻하고 깔끔한 라거 스타일. 필스너는 오늘날 세계에서 가장 많이 팔리는 라거이다. 최초의 필스너는 1842년 체코의 수도사가 독일에서 밀반입한 특별한 효모를 사용하여 체코슬로바키아 필센에 있는 브로이하우스에서 양조하였다.(41장 문라이트 브루잉 '리얼리티 체코 필스너'를 마셔보라.)

헤드 Head 맥주 위에 떠 있는 거품 층. 적당량의 헤드를 만들어내기 위해서는 잔을 수직으로 들고 잔의 가운데로 맥주를 따르는 것이 좋다.

헤페 Hefe 효모를 뜻하는 독일어.

헤페바이젠 Hefeweizen 독일어로 헤페는 효모이고, 바이젠은 밀이다. 헤페바이젠은 독일식 밀맥주이다. 헤페바이세(Hefeweisse), 헤페바이스비어(Hefeweissbier), 바이스비어(Weissbier)라고도 한다.(31장 호프브로이 '헤페바이젠'을 마셔보라.)

헬 또는 헬레스 Hell, Helles 1. 사후에 벌을 받으러 가는 곳. 일반적으로 영원한 고통을 받는 곳이라고 알려져 있다. 2. 독일어로 밝다는 말로서, 황금색 맥주를 가리킨다.(12장 악치엔 '헬 라거'를 마셔보라.)

홉 Hops 한삼덩굴속에 속하는 홉 나무의 말린 꽃. 홉은 맥주의 쓴맛뿐만 아니라 다른 맛과 향도 낸다.

화두 Kōan 선불교에서 명상할 때 활용하는 역설적 수수께끼.(32장 '화두' 참조)

회의론 Skepticism 일반적으로 당연한 것으로 받아들여지는 주장을 의심할 때, 그런 철학적 견해를 흔히 '회의적'이라고 분류한다.(18장 '데카르트의 회의' 참조)

효모 Yeast 곰팡이류의 단세포 생물. 맥아에 들어 있는 당분을 알코올과 이산화탄소로 바꾸는 역할을 한다. 또한 맥아는 맛을 전달하고 맥주에 과일 맛을 내는 데 쓰일 수 있다. 양조업체는 언제나 "우리는 맥아즙을 만들고, 효모는 맥주를 만든다."라는 구호를 외친다.

ESB extra special bitter, extra strong bitter 쓴 맥주. 그러나 일반적으로 이름에서 느껴지는 것처럼 쓰지는 않다. ESB들은 중간 정도의 바디감이 있고, 진한 호박색에 달콤하고 향기로운 향이 난다.(40장 엘리시안 '더 와이즈 ESB'를 권한다.)

IBU international bittering units 맥주의 쓴맛을 나타내는 표준 단위. 대부분의 맥주들이 10~100IBU이다. 숫자가 클수록 더 쓰다. 실제로는 100 이상의 수치가 없지만, 일부 맥주들은 100 이상으로 측정된다.(43장에 나오는 래핑 독 '알파 독 임페리얼 IPA'는 127IBU이다.)

주석

1 순간이동의 문제

- 순간이동을 비롯하여 〈스타 트렉〉에 등장하는 여러 테크놀로지의 물리학에 대해 더 자세히 알고 싶다면 다음 책을 참조하라. Rick Stembach and Michael Okuda, *Star Trek: The Next Generation Technical Manual* (New York: Pocket Books, 1991). 스템바흐와 오쿠다는 〈스타 트렉〉 TV 시리즈의 기술 고문이었다. 〈스타 트렉〉에 관련된 철학에 대해 더 자세히 알고 싶다면 다음 책을 참조하라. Richard Hanley, *The Metaphysics of Star Trek* (New York: Basic Books, 1997).
- 내 이야기의 큰 바탕이 된 데릭 파핏의 순간이동 사고실험은 다음 책에 나와 있다. Derek Parfit, *Reasons and Persons* (Oxford: Clarendon Press, 1984), p.199.

2 '손에서 입으로' 제논의 역설

- 운동에 대한 제논의 원래 역설은 아리스토텔레스의 『물리학(Physics)』 239b 5~18에 나와 있다. 영어판은 매사추세츠공과대학 사이트에서 다운로드할 수 있다. http://classics.mit.edu/Aristotle/physics.html.

3 500cc 한 잔이 숲속에서 쏟아질 때

- 버클리의 인용문은 다음의 책 'section 4'에서 발췌한 것이다. George Berkeley, *A Treatise Concerning the Principles of Human Knowledge*. 원문은 오리건주립대학교 사이트에서 다운로드할 수 있다. http://oregonstate.edu/instruct/phl302/texts/berkeley/principles_contents.html. 한글판은 『인간 지식의 원리론』(계명대학교출판부, 2010).

4 '제 눈에 맥주안경' 역설

- '맥주의 첫 맛'에 대한 데닛의 분석은 다음 책에서 한 것이다. Daniel Dennett,

Consciousness Explained (Boston: Little Brown, 1991), pp.395~396.

5 파스칼의 내기

- 파스칼의 '내기 논쟁'은 그의 *Pensées*(1660)에서 찾아볼 수 있다.〔한글판은 『팡세』(문예출판사, 2009)〕 주로 세 번째 부분 '내기의 필요성에 대하여'를 보라. 영어판은 프로젝트 구텐베르크 사이트에서 다운로드할 수 있다. http://www.gutenberg.org/etext/18269.

6 체험 기계

- 로버트 노직의 글은 다음 책에서 인용한 것이다. Robert Nozick, *Anarchy, State, and Utopia* (New York: Basic Books, 1974), pp.42~45.〔한글판은 『아나키에서 유토피아로』(문학과지성사, 2000)〕 이 글은 다음 책에서도 찾아볼 수 있다. Steven M. Chan and Christine Vitrano, eds., *Happiness: Classic and Contemporary Readings in Philosophy* (Oxford: Oxford University Press, 2007).
- 초콜릿이 두뇌에 미치는 영향에 대한 미시건대학교 연구는 'Brain Effects Chocolate'이다. 이는 다음 사이트에 보고되어 있다. http://www.brainhealthandpuzzles.com/brain_effects_chocolate.html.

7 루크레티우스의 창

- 우주의 경계선에 대한 루크레티우스의 생각은 그의 책 *On the Nature of Things*의 후반부에서 찾아볼 수 있다. 매사추세츠공과대학 사이트에서도 이용할 수 있다. http://classics.mit.edu/Carus/nature_things.1.i.html.
- 물리학자 로렌스 크라우스는 그의 강연 '무에서 생겨난 우주'에서 평평하고 무한한 우주를 논의한다. 유튜브 http://www.youtube.com/watch?v=7ImvlS8PLIo를 통해 볼 수 있다.
- 우주의 크기와 모양에 대한 최근의 발견에 대하여 더 알고 싶으면 NASA의 웹사이트에서 도움을 얻을 수 있다. http://map.gsfc.nasa.gov/universe/uni_shape.html.

8 전능함의 딜레마

- 또 다른 신의 딜레마인 '자유의지와 예지의 문제'에서 빠져나가려 할 때에도 이와 비슷한(전능의 개념을 구분하는) 전략이 종종 사용된다. 12장 '예지 역설'에서 이를 확인할 수 있다.

9 메리가 몰랐던 라거의 맛

- '알고 있나요?'에 소개된 프랭크 잭슨의 고백은 다음 글에서 인용한 것이다. Frank Jackson, "Mind and Illusion," in Anthony O'Hear, ed., *Minds and*

Persons (cambridge: Cambridge University Press, 2003), pp.251~271.

10 맬컴 엑스와 백인 전용 술집

- '인종'이라는 단어를 명사보다 동사로 여겨야 한다는 찰스 로렌스 3세의 논변은 다음 글에서 찾아볼 수 있다. Charles Lawrence III, "If He Hollers Let Him Go: Regulating Racist Speech on Campus," *Duke University Law Review* (1990).

11 맛의 비밀

- 버질 올드리치의 (각색된)글은 다음 글에서 인용한 것이다. Virgil Aldrich, "Beauty as a Feeling," *Kenyon Review*, 1(1939).
- '그냥 배를 쓰다듬는 것'에 관한 루트비히 비트겐슈타인의 언급은 다음 책에서 찾아볼 수 있다. Ludwig Wittgenstein, *Lectures and Conversations on Aesthetics, Psychology, and Religious Beliefs*, ed. C. Barrett (Oxford: Blackwell, 1966).
- 칸트의 (각색된)글은 *Critique of Judgement* 중 'Second Moment §7'에서 인용한 것이다. 영어판은 애들레이드대학교 사이트에서 다운로드할 수 있다. http://ebooks.adelaide.edu.au/k/kant/immanuel/k16j/. 한글판은 『판단력 비판』(아카넷, 2009).

12 예지 역설

- 예지 역설에서 빠져나가기 위해 몇몇 철학자들이 시도하는 한 가지 방법은 자유의지에 다른 대안이 있을 수 있다는 가능성을 부정하는 것이었다. 그러한 '양립론'을 흥미롭게 다룬 글은 다음에서 찾아볼 수 있다. Harry Frankfurt, "Alternate Possibilities and Moral Responsibility," reprinted in J. Feinberg and R. Shafer-Landau, eds., *Reason and Responsibility* 14th edn. (Belmont CA: Wadsworth, 2011).

13 부처님 가라사대, 너 자신은 없다

- 우리 몸의 세포 대부분은 10년 이상 살지 못하지만, 골세포와 장세포, 뇌세포 등은 예외이다. 골세포는 10년 이상, 장세포는 평균 15년 이상을 산다. 그리고 뇌세포 중 어떤 것은 한 번 죽으면 다시 생성되지 않는 것으로 여겨진다. 다음 글을 참조하라. "Life Span of Human Cells Defined: Most Cells are Younger than the Individual." '타임스 고등교육'(2005년 8월 12일) 사이트에서 다운로드할 수 있다. http://www.timeshighereducation.co.uk/story.asp?storycode=198208.
- 아들 라훌라에게 내린 붓다의 가르침은 붓다의 가르침 모음집 『상윳따니까야』 제17권 2부 22장에서 인용한 것이다. 각묵 스님이 완역한 『상윳따니까야』(초기불전연구원, 2009)가 한글판으로 출간돼 있다. 다음 책도 참조하라. Bart Gruzalski, *On the Buddha* (Belmont CA: Wadsworth, 2000), p.24.

- '알고 있나요?'에 소개된 데이비드 흄의 글은 다음 책에서 인용한 것이다. David Hume, *A Treatise of Human Nature* (1739~1740)(London: Dent and Dutton, 1966), vol. I, Book I, Part IV, 6, p.239. 한글판은 『오성에 관하여: 인간 본성에 관한 논고 1』(서광사, 1994).

14 맹인과 '블랙 앤 탠'

- 맹인이 코끼리를 만지는 이야기(맹인과 '블랙 앤 탠'과 유사한 이야기)에 대한 존 힉의 분석은 다음 글에서 찾아볼 수 있다. John Hick, "Do All Religions Worship the Same God?" in Steven Cahn and David Shatz, eds., *Questions about God* (Oxford: Oxford University Press, 2002).
- '오리-토끼'를 활용한 힉의 논변은 다음 글에서 찾아볼 수 있다. John Hick, "The Pluralistic Hypothesis," in David Stewart, ed., *Exploring the Philosophy of Religion*, 7th edn.(Upper Saddle River, NJ: Prentice Hall, 2010), p.43. 지도제작법을 활용한 논변은 같은 글 46~47페이지에서 찾아볼 수 있다.

15 거짓말쟁이의 역설

- "미국에서 제일 신선한 맥주를 만든다."는 '로이 핏츠 맥주'의 주장은 '로이 핏츠' 사이트(2010년 6월 5일)에서 찾아볼 수 있다. http://www.roypitz.com/wp/welcome-to-roypitz-com/. 무척이나 대담한 주장이지만, 그만큼 그들이 최대한 신선한 원료를 구하는 데 집착하는 것 같기는 하다.
- 마크 러팔로의 말은 다음 책에서 인용한 것이다. Jess Lebow, *The Beer Devotional: A Daily Celebration of the World's Most Inspiring Beers* (Massachusetts: Adams Media, 2010).
- 거짓말쟁이 역설에 대한 에우불리데스의 주석은 발견된 게 없다. 에우불리데스는 그저 퍼즐 7개의 목록을 만들어놓았을 뿐이고, 그중 하나가 거짓말쟁이 역설이었다.
- 거짓말쟁이 역설의 악어 버전은 기원전 280년경 스토아학파 사람들이 만들어낸 것이다.

16 페일리의 술통

- 윌리엄 페일리의 (각색된)글은 페일리의 저서 *Natural Theology* (1809)에 수록된 것을 다음 책에서 재인용했다. Steven Cahn, ed., *Exploring Philosophy of Religion: An Introductory Anthology* (Oxford: Oxford University Press, 2009), p.74.

17 장자의 나비

- 장자의 (각색된)글은 다음 책에서 인용한 것이다. Philip Novak, ed., *The World's Wisdom: Sacred Texts of the World's Religions* (New York: Harper Collins, 1995), p.166.

18 데카르트의 회의

- 데카르트의 (각색된)글은 *Meditations on First Philosophy* 중 '제1성찰 12항'에서 인용한 것이다. 영어판은 오리건주립대학교 사이트에서 다운로드할 수 있다. http://oregonstate.edu/instruct/phl302/texts/descartes/meditations/meditations.html. 한글판은 『성찰』(책세상, 2011).

19 신의 명령

- 신명론은 신 이전에 이성을 앞세우는 것 같다는 비판을 받고 있다. 그러나 신이 끝없이 영원하다면, 신에 앞서 아무것도 있을 수 없다. 그러나 그 비판은 시간적으로 앞서 있다는 주장을 포함해야 한다. 그러나 정작 문제는 근본적인 것이 무엇이냐를 설명하는 것이다.

20 밀과 주정뱅이

- 밀의 (각색된)글은 둘 다 『공리주의』 중 제2장(3번째 단락과 6번째 단락)에서 인용한 것이다. 영어판은 프로젝트 구텐베르크 사이트에서 다운로드할 수 있다. http://www.gutenberg.org/etext/11224. 한글판은 『공리주의』(책세상, 2007).

21 기게스 신화

- 글라우콘의 (굉장히 많이 각색된)글은 플라톤의 *Republic* Bk. II 359d~360e에서 인용한 것이다. 영어판은 프로젝트 구텐베르크 사이트에서 다운로드할 수 있다. http://www.gutenberg.org/etext/1497. 한글판은 『플라톤의 국가·정체』(서광사, 2005).

22 라플라스의 슈퍼과학자

- 의사결정에 관한 리벳의 연구에 대하여 더 알고 싶으면 그가 쓴 *Mind Time: The Temporal Factor in Consciousness* (Cambridge, MA: Harvard University Press, 2004)를 보라.
- 올드 페지윅 에일은 겨울철을 대비한 맥주이다. 누군가를 정말 놀래주고 싶다면, 무더운 7월 오후에 한 잔을 꺼내 들어라.

23 가우닐로의 완벽한 에일

- 아퀴나스의 존재론적인 논의는 그의 저서 *Proslogium*의 2장에서 볼 수 있다. 포드햄대학교의 중세 자료집 사이트에서 이용할 수 있다. http://www.fordham.edu/halsall/basis/anselm-proslogium.html.
- 가우닐로의 '완벽한 섬' 답변은 그의 *In Behalf of the Fool*에서 찾아볼 수 있다. 포

드햄대학교 중세 자료집 사이트에서 이용할 수 있다. http://www.fordham.edu/halsall/basis/anselm-gaunilo.html.

24 도덕적 진리에 관한 문제

- 도덕적 진리의 문제에 대한 네 번째 입장은 여기서 다루지 않았다. 이는 도덕적 주장이 절대로 참이 아니라고 간단하게 주장하는 것이 가장 타당하다고 보는 견해이다. 이 입장은 도덕적 니힐리즘으로 알려져 있다.

25 육체에 영혼을 갖다 붙이는 법

- 첫머리에 언급된 해리스 여론조사는 다음 사이트에서 볼 수 있다. http://www.harrisinteractive.com/vault/Harris-Interactive-Poll-Research-The-Religious-and-Other-Beliefs-of-Americans-2003-2003-02.pdf. 설문조사는 84퍼센트의 미국인들이 무형의 영혼이 존재한다고 믿고 있고, 27퍼센트의 미국인들이 환생을, 69퍼센트가 지옥을 믿고 있다고 보고하였다.
- 데카르트의 심신 상호작용에 대한 설명은 그의 *The Philosophical Works of Descartes*, trans. E. S. Haldane and G. R. T. Ross(Cambridge: Cambridge University Press, 1973) 31장 345~346쪽 '영혼의 열정'에서 볼 수 있다.

26 플라톤의 형상

- 플라톤은 또한 모든 형상들이 최고의 형상, 즉 선의 형상을 모방한다고 주장했다. 이에 대하여 더 알고 싶으면 다음을 참조하라. Gerasimos Santas, "The Form of the Good in Plato's Republic," in Gail Fine, ed., *Plato I: Metaphysics and Epistemology* (Oxford: Oxford University Press, 1999).

27 니르바나의 세계

- 붓다의 '팔정도'는 '붓다 다르마 교육협회' 사이트에서 찾아볼 수 있다. http://www.buddhanet.net/wings_h.htm.

28 악에 관한 문제

- '불필요한 악은 없다'는 설명 방식은 '조화를 통한 설명 방식'이라고도 불린다. 흥미로운 분석을 보고 싶으면, "Rebellion," Bk V, ch. IV of Fyodor Dostoyevsky's *The Brothers Karamazov* 를 찾아보라. 영어판은 프로젝트 구텐베르크 사이트에서 다운로드할 수 있다. http://www.gutenberg.org/etext/28054.
- 윌리엄 로우의 인용문은 다음에 나와 있다. "The Problem of Evil and Some Varieties of Atheism," *American Philosophical Quarterly* 16 (Oct. 1979), p.337. 다음도 참고할 수 있다. *Philosophy of Religion: An Introduction* (Belmont, CA:

Thomson-Wadsworth, 2007), p.120.

- 어떻게 맥주에 악취가 나게 되는지에 대하여 더 알고 싶으면 다음을 보라. P. S. Hughes and E. D. Baxter, *Beer Quality and Safety* (Cambridge: The Royal Society of Chemistry, 2001).

29 시간의 수수께끼

- 폴 데이비스의 인용문은 그가 쓴 다음 글에서 볼 수 있다. *God and the New Physics* (New York: Simon and Schuster, 1983), p.124.

30 시간여행의 모순

- 발명가가 없는 발명에 대한 아이디어는 〈터미네이터(Terminator)〉 영화 시리즈에서 다루었다. 〈터미네이터 2: 심판의 날〉에서 기계 팔에 있는 과학기술을 바탕으로 인간이 최초로 인공지능 컴퓨터를 만들었다고 나온다.

31 히틀러의 헤페바이젠

- 다음의 책에서 이 장의 마지막에 나오는 우스갯소리뿐 아니라 다른 많은 철학적인 우스갯소리들도 볼 수 있다. Thomas Cathcart and Daniel Klein, *Plato and a Platypus Walk into a Bar ... Understanding Philosophy Through Jokes* (New York: Penguin Books, 2008), p.83.

32 화두

- '무' 화두에 관한 무문혜개 선사의 이야기는 다음 책에서 찾아볼 수 있다. Koun Yamada, *Gateless Gate: The Classic Book of Zen Kōans* (Somerville, MA: Wisdom Publications, 2004), pp.11~12.
- 그 외 다른 화두들도 위 책에서 찾아볼 수 있다.
- 도요와 소리 없는 소리에 대한 (각색된)이야기는 다음 책에서 인용한 것이다. Paul Reps and Nyogen Senzaki, eds. *Zen Flesh, Zen Bones: A Collection of Zen and Pre-Zen Writings* (Boston: Shambhala, 1994), pp.43~45. 한글판은 『나를 찾아가는 101가지 선 이야기』(화남, 2005).
- 선종 학자 스즈키의 인용문은 다음 글에서 찾아볼 수 있다. D. T. Suzuki, "The Meaning of Satori," in Kit R. Christensen ed., *Philosophy and Choice: Selected Readings from Around the World* (Mountain View CA: Mayfield Publishing, 1999).

33 성별과 분별력

- '하인즈의 딜레마'의 출처는 로렌스 콜버그가 쓴 다음 글이다. "A Cognitive-Developmental Analysis of Children's Sex-Role Concepts and Attitudes". 이는

다음에도 인용되었다. W. C. Crain, *Theories of Development* (Upper Saddle River, NJ: Prentice-Hall, 1985), p.118.

34 소크라테스의 덕

- "알면서도 죄를 저지르는 사람은 아무도 없다."는 소크라테스의 논지는 플라톤의 대화편들에 많이 등장한다. 예를 들어 『변론(Apology)』 25e를 보라. 영어판은 프로젝트 구텐베르크 사이트에서 다운로드할 수 있다. http://www.gutenberg.org/etext/1656.
- 소크라테스가 잘못을 저지르는 것을 착시에 비교하는 것은 플라톤의 『프로타고라스』 356c~e에 나온다. 영어판은 프로젝트 구텐베르크 사이트에서 다운로드할 수 있다. http://www.gutenberg.org/etext/1591. 한글판은 『프로타고라스』(이제이북스, 2012).
- 플라톤의 『변론』에서 나온 구절은 다음에서도 볼 수 있다. trans. Hugh Trednnick, reprinted in Edith Hamilton and Huntington Cairns, eds., *Plato: The Collected Dialogues* (Princeton, NJ: Princeton University Press, 1987).

35 본성이 외치다

- 맹자의 (각색된)구절은 다음 책에 나와 있다. trans. B. W. Van Norden, in P. J. Ivanhoe and B. W. Van Norden, eds., *Readings in Classical Chinese Philosophy* (New York: Seven Bridges, 2001). 한글판은 『맹자』(홍익출판사, 2005).
- 순자의 (각색된)구절 역시 같은 책에서 찾아볼 수 있다.

36 니체의 영원회귀

- 니체가 말한 구절은 그가 쓴 다음 책에 나와 있다. *The Gay Science*, trans. Walter Kaufman, Vintage Books Edition(New York: Random House, 1974). 한글판은 『즐거운 학문』(책세상, 2005).
- 밀란 쿤데라의 인용구의 출처는 다음과 같다. *The Unbearable Lightness of Being* Part I, 2장(New York: Harper and Rowe, 1984).
- 맥주와 독일인의 영혼에 대한 니체의 말의 출처는 다음과 같다. *Twilight of the Idols: Or How to Philosophize with a Hammer*, trans. Duncan Large(Oxford: Oxford University Press, 2008). 한글판은 『우상의 황혼』(책세상, 2002).

37 제일 재미있는 사람의 총살 딜레마

- 짐과 원주민에 대한 (많이 각색된)이야기는 다음 글에서 인용한 것이다. Bernard Williams, "A Critique of Utilitarianism," reprinted in Christina Hoff Sommers, ed., *Right and Wrong* (New York: Harcourt, Brace, Jovanovich, 1986), p.95.

38 튜링의 맥주 감별기

- 풀러스 '런던 프라이드'가 혀끝에서 춤추는 천사와 비슷하다는 말은 맥주 심리위원 스티븐 콕스(Stephen Cox)가 했다. 다음의 사이트에도 인용되어 있다. http://www.beerpal.com/Fullers-London-Pride--Beer/709/.
- 브루마스터5000의 덕분이라는 맥주 보고서는 스톤 맥주회사의 수석 양조기술자 리 체이스의 말을 인용한 것이다. 6개월 된 버티컬 에픽 에일에 대한 맥주시음표는 스톤 웹사이트에서 볼 수 있다. http://www.stonebrew.com/timeline/020202/notesi020809.html.
- 존 설의 말은 다음에 나와 있다. John Searle, *The Myth of the Computer*, 《뉴욕 타임스》 1982년 4월 29일 *The Mind's I: Fantasies and Reflections on Self and Soul*의 리뷰, Douglas R. Hofstadter, Daniel C. Dennett 교정 편집. '뉴욕 타임스 리뷰 오브 북스' 사이트에서도 이용할 수 있다. http://www.nybooks.com/articles/archives/1982/apr/29/themyth-of-the-computer/.

39 싱어의 연못

- 싱어의 '기본적인 도덕 원칙'은 "Famine, Affluence, and Morality" 의 여섯 번째 문단에서 볼 수 있다. 공리주의 사이트에서도 이용할 수 있다. http://www.utilitarian.net/singer/by/1972----.htm.

40 가장 지혜로운 사람

- 정의에 대한 소크라테스의 생각을 담은 문단은 플라톤의 『국가』에 나와 있다. 한글판은 『플라톤의 국가·정체』(서광사, 2005). 프로젝트 구텐베르크 사이트에서도 이용할 수 있다. http://www.gutenberg.org/etext/1497.

41 매트릭스 속으로

- 모르페우스의 인용문과 마우스의 인용문은 모두 영화 〈매트릭스〉(Warner Bros., 1999)에 나온다.
- 닉 보스트롬의 인용문의 출처는 다음과 같다. Nick Bostrom, "Why Make a Matrix? And Why You Might Be In One," ed., William Irwin, *More Matrix and Philosophy: Revolutions and Reloaded Decoded* (Chicago: Open Court, 2005), p.83.

42 나쁜 신념의 사례

- "인간은 자유롭도록 저주받았다."와 "우리는 변명의 여지 없이 홀로 남겨져 있다."는 사르트르의 주장은 다음 책에서 찾아볼 수 있다. Walter Kaufmann, ed., *Existentialism From Dostoevsky to Sartre* (New York: Penguin 1975), p.353.

43 맥주와 고기 안주

- 싱어의 종차별에 대한 정의는 다음 책에 나와 있다. Singer, *Animal Liberation: A New Ethics for Our Treatment of Animals* (New York: Avon, 1975), p.7. 한글판은 『동물 해방』(인간사랑, 1999).
- 제러미 벤담의 인용문의 출처는 다음과 같다. Jeremy Bentham, *Principles of Morals and Legislation* (Amherst, NY: Prometheus Books, 1988), ch.17.

44 화를 부르는 장난

- 캐서린 매키넌의 성희롱에 대한 정의는《피플 매거진》에서 페기 브로리가 1991년 한 인터뷰의 내용이다. *People Magazine*, vol.36, no.16(October 28, 1991).《피플 매거진》 아카이브 사이트에서도 이용할 수 있다. http://www.people.com/archive/article/0,,20111140,00.html.
- 엘렌 프랭클 폴의 말은 다음의 책에서 인용하였다. Ellen Frankel Paul, "Exaggerating the Extent of Sexual Harassment" in James Sterba, ed., *Morality in Practice*, 7th edn.(Belmont, CA: Thomson-Wadsworth, 2004).
- 성적인 태도에서 나타나는 성차별에 관한 바버라 구텍의 연구는 다음의 책에 나와 있다. Barbara Gutek, "Understanding Sexual Harassment at Work" in James Sterba, ed., *Morality in Practice*, 7th edn.(Belmont, CA: Thomson-Wadsworth, 2004).
- 맥키넌이 '보통 사람' 기준을 비판하는 문단은 다음에서 볼 수 있다. Mackinnon, "Pornography, Civil Rights, and Speech" in Judith Boss, ed., *Analyzing Moral Issues*, 5th edn.(New York: McGraw-Hill, 2010).
- 엘리슨 대 브래디 사건(1991)에서 나온 인용문은 평결의 3, 4쪽에 있다. 컬럼비아 대학교 로스쿨 사이트에서 볼 수 있다. http://www2.law.columbia.edu/faculty_franke/Torts/ellison.Pdf.
- 캐밀 파야의 인용문은 그의 책 서문에서 볼 수 있다. Camille Paglia, *Sex, Art and American Culture* (New York: Vintage Books, 1992).

45 좀비에 대한 공포

- 데이비드 차머스의 좀비 쌍둥이에 대한 설명은 다음 책의 95쪽에 있다. David Chalmers, *The Conscious Mind: In Search of a Fundamental Theory* (Oxford: Oxford University Press, 1996).

46 노자의 빈 잔

- 노자의 (각색된)글은 다음 책에서 인용한 것이다. Lao Tzu, *Tao Te Ching*, trans. Stephen Mitchell(San Francisco: First Perennial Classics, 2000). 인용 구절은 4번, 11번, 2번, 37번, 6번 등이다. 한글판은 『노자 도덕경, 그 선의 향기』(정우서적, 2010).

47 맥주 그리고 인생의 의미

- 자살에 대한 빅터 프랭클의 글은 다음 책의 서문에 나와 있다. Victor Frankel, *Man's Search for Meaning* (New York: Washington Square Press, 1984).
- 잭 핸디의 인용문은 인터넷 자료들에서 많이 찾아볼 수 있다. 통찰력 있는 경구들을 적은 책을 여러 권 썼다. 예를 들자면 이런 책이다. Jack Handey, *Deep Thoughts: Inspiration for the Uninspired* (New York: Berkeley Books, 1992).
- 아네스 닌의 말은 다음에서 인용되었다. Gunther Stuhlmann, ed., *The Diary of Anaïs Nin*, vol.2(New York: Harcourt, 1966), 서문.

48 금주 예찬론

- 음주운전과 관련된 통계 결과의 출처는 미국질병관리본부 사이트이다. http://www.cdc.gov/MotorVehicleSafety/Impaired_Driving/impaired-dry_factsheet.html.
- 제이슨 카월의 인용문의 출처는 다음과 같다. "Another Pitcher? On Beer, Friendship, and Character" in Steven D. Hales, ed., *Beer and Philosophy: The Unexamined Beer Isn't Worth Drinking* (Oxford: Blackwell, 2007), pp.126~128.
- 맥주 음주가 건강에 좋은 이유는 다음 사이트에서 볼 수 있다. http://www.drinkingbeer.net/BeerArticles/Top_10_Reasons_Beer_is_Good_for_your_Health.php5.
- "세상 모든 것을 다 가지더라도 친구가 없다면 그렇게 살겠다고 할 사람은 아무도 없다."고 한 아리스토텔레스의 말은 그의 『니코마코스의 윤리학』의 앞부분에 나와 있다. 애들레이드대학교 사이트에서도 볼 수 있다. http://ebooks.adelaide.edu.au/a/aristotle/nicomachean.

1 순간이동의 문제

- Derek Parfit, *Reasons and Persons* (Oxford: Clarendon Press, 1984).
- Richard Hanley, *The Metaphysics of Star Trek* (New York: Basic Books, 1997).

2 '손에서 입으로' 제논의 역설

- Joseph Mazur, *Zeno's Paradox: Unraveling the Ancient Mystery Behind the Science of Space and Time* (New York: Plume, 2008).
- Nicholas Fern, *Zeno and the Tortoise: How to Think Like a Philosopher* (New York: Grove Press, 2001). 한글판은 『니콜라스의 유쾌한 철학카페』(해냄, 2005).

3 500cc 한 잔이 숲속에서 쏟아질 때

- George Berkeley, *A Treatise Concerning the Principles of Human Knowledge*. 원문은 오리건주립대학교 사이트에서 다운로드할 수 있다. http://oregonstate.edu/instruct/phl302/texts/berkeley/principles_contents.html. 한글판은 『인간 지식의 원리론』(계명대학교출판부, 2010).
- George Berkeley, *Three Dialogues Between Hylas and Philonous* (Indianapolis, IN: Hackett, 1979). 한글판은 『하일라스와 필로누스가 나눈 대화 세 마당』(숭실대학교출판부, 2001).

4 '제 눈에 맥주안경' 역설

- Daniel Dennett, *Consciousness Explained* (Boston: Little Brown, 1991).
- Nancy Etcoff, *Survival of the Prettiest: The Science of Beauty* (New York: Anchor Books, 1999).

5 파스칼의 내기

- Blaise Pascal, *Pensées*. 영어판은 프로젝트 구텐베르크 사이트에서 다운로드할 수 있다. http://www.gutenberg.org/etext/18269. 한글판은 『팡세』(문예출판사, 2009).
- James Connor, *Pascal's Wager: The Man Who Played Dice With God* (New York: Harper One, 2009).

6 체험 기계

- Steven M. Chan and Christine Vitrano, eds., *Happiness: Classic and Contemporary Readings in Philosophy* (Oxford: Oxford University Press, 2007).
- Nicholas White, *A Brief History of Happiness* (Oxford: Blackwell, 2006).

7 루크레티우스의 창

- Lucretius, *On the Nature of Things*. http://classics.mitedu/Carus/nature_things 에서 온라인으로 이용할 수 있다.
- Brian Greene, *The Fabric of the Cosmos* (New York: Random House, 2004). 한글판은 『우주의 구조』(승산, 2005).

8 전능함의 딜레마

- George Mavrodes, "God's Omnipotence," *The Philosophical Review* 73(1964). Reprinted in Steven Cahn, ed., *Exploring Philosophy of Religion* (Oxford: Oxford University Press, 2009).
- Alvin Plantinga, *Does God Have a Nature?* (Milwaukee, WI: Marquette University Press, 1980).

9 메리가 몰랐던 라거의 맛

- Frank Jackson, "What Mary Didn't Know," *Journal of Philosophy* 83(1986): 291~295.
- Peter Ludlow, Yujin Nagasawa, and Daniel Stoljar, eds., *There's Something About Mary: Essays on Phenomenal Consciousness and Frank Jackson's Knowledge Argument* (Cambridge, MA: MIT Press, 2004).

10 맬컴 엑스와 백인 전용 술집

- Malcolm X, "The Ballot or the Bullet." 원문은 http://www.historicaldocuments.com/BallotortheBulletMalcolmX.htm 에서 다운로드할 수 있다.
- James Davis, "Who is Black? One Nation's Definition." 원문은 http://www.pbs.org/wgbh/pages/frontline/shows/jefferson/mixed/onedrop.html에서

다운로드할 수 있다.

11 맛의 비밀

- Immanuel Kant, *Critique of Judgement*, 1790. 영어판은 애들레이드대학교 사이트에서 다운로드할 수 있다. http://ebooks.adelaide.edu.au/k/kant/immanuel/k16j/. 한글판은 『판단력 비판』(아카넷, 2009).
- Margaret P. Battin, John Fisher, Ronald Moore, and Anita Silvers, *Puzzles about Art: An Aesthetics Casebook* (New York: St. Martins Press, 1989). 한글판은 『예술이 궁금하다』(현실문화연구, 2004).

12 예지 역설

- James Beilby and Paul Eddy, eds., *Divine Foreknowledge: Four Views* (Downers Grove, IL: Intravarsity Press, 2001).
- Boethius, *The Consolation of Philosophy*. 영어판은 프로젝트 구텐베르크 사이트에서 다운로드할 수 있다. http://www.gutenberg.org/etext/14328. 한글판은 『철학의 위안』(육문사, 2011).

13 부처님 가라사대, 너 자신은 없다

- Walpola Rahula, *What the Buddha Taught* (New York: Grove Press, 1974). 한글판은 『붓다의 가르침과 팔정도』(한국빠알리성전협회, 2005).
- Karen Armstrong, *Buddha* (New York, Viking, 2001). 한글판은 『스스로 깨어난 자 붓다』(푸른숲, 2003).

14 맹인과 '블랙 앤 탠'

- John Hick, "The Pluralistic Hypothesis," in David Stewart, ed., *Exploring the Philosophy of Religion*, 7th edn.(Upper Saddle River, NJ: Prentice Hall, 2010).
- David Ray Griffin, ed., *Deep Religious Pluralism* (Louisville, KY: John Knox Press, 2005).

15 거짓말쟁이의 역설

- Jon Barwise and John Etchemendy, *The Liar* (Oxford: Oxford University Press, 1987).
- Garrett Oliver, "The Beer Matrix: Reality vs. Facsimile in Brewing," in Steven D. Hales, ed., *Beer and Philosophy: The Unexamined Beer isn't Worth Drinking* (Oxford: Blackwell Publishing, 2007).

16 페일리의 술통

- William Paley, *Natural Theology*, 1809. Repr. in Steven Cahn, ed., *Exploring Philosophy of Religion: An Introductory Anthology* (Oxford: Oxford University Press, 2009), pp.74~77.
- Charles Darwin, *On the Origin of Species By Means of Natural Selection, or, the Preservation of Favoured Races in the Struggle for Life*, 1859. 원문은 프로젝트 구텐베르크 사이트에서 다운로드할 수 있다. http://www.gutenberg.org/etext/1228. 한글판은 『종의 기원』(동서문화사, 2009).

17 장자의 나비

- Chuang Tzu, *Basic Writings*, trans. Burton Watson (New York: Columbia University Press, 1996). 한글판은 『장자』(현암사, 1999).
- Jeeloo Liu, *An Introduction to Chinese Philosophy: From Ancient Philosophy to Chinese Buddhism* (Oxford: Blackwell Publishing, 2006).

18 데카르트의 회의

- René Descartes, *Meditations on First Philosophy*. 영어판은 오리건주립대학교 사이트에서 다운로드할 수 있다. http://oregonstate.edu/instruct/phl302/texts/descartes/meditations/meditations.html. 한글판은 『성찰』(책세상, 2011).
- Peter Unger, *Ignorance* (Oxford: Oxford University Press, 1975).

19 신의 명령

- Plato, *Euthyphro*. 영어판은 프로젝트 구텐베르크 사이트에서 다운로드할 수 있다. http://www.gutenberg.org/etext/1642.
- John Arthur, "Religion, Morality, and Conscience," in John Arthur, ed., *Morality and Moral Controversies*, 4th edn. (Upper Saddle River, NJ: Prentice Hall, 1966).

20 밀과 주정뱅이

- John Stuart Mill, *Utilitarianism*, ch.2(1879). 영어판은 프로젝트 구텐베르크 사이트에서 다운로드할 수 있다. http://www.gutenberg.org/etext/11224. 한글판은 『공리주의』(책세상, 2007).
- Henry R. West, *Mill's Utilitarianism: A Reader's Guide* (New York, Continuum, 2007).

21 기게스 신화

- Plato, *Republic*. 영어판은 프로젝트 구텐베르크 사이트에서 다운로드할 수 있다.

http://www.gutenberg.org/etext/1497. 한글판은 『플라톤의 국가·정체』(서광사, 2005).

- Gerald A. Press, *Plato: A Guide for the Perplexed* (New York: Continuum, 2007).

22 라플라스의 슈퍼과학자

- Pierre Simone Laplace, *Philosophical Essay on Probabilities*, trans. A. Dale (New York: Springer-Verlag, 1995).
- Ted Honderich, *How Free Are You? The Determinism Problem* (Oxford: Oxford University Press, 2002).

23 가우닐로의 완벽한 에일

- St. Anselm, *Monologion and Proslogion With the Replies of Gaunilo and Anselm*, trans. Thomas Williams (Indianapolis, IN: Hackett, 1996).
- William Rowe, *Philosophy of Religion: An Introduction* (Belmont, CA: Wadsworth Publishing, 2006).

24 도덕적 진리에 관한 문제

- James Rachels, *The Elements of Moral Philosophy* (New York: McGraw-Hill, 1978). 한글판은 『도덕철학의 기초』(나눔의 집, 2006).
- Martin Luther King Jr. "Letter from Birmingham Jail." 펜실베이니아대학교 사이트를 통하여 온라인으로 이용할 수 있다. http://www.africa.upenn.edu/Articles_Gen/Letter_Birmingham.html.

25 육체에 영혼을 갖다 붙이는 법

- René Descartes, "Passions of the Soul," in *The Philosophical Works of Descartes*, trans. E. S. Haldane and G. R. T. Ross (Cambridge: Cambridge University Press, 1973).
- George Lakoff and Mark Johnson, *Philosophy in the Flesh: The Embodied Mind and its Challenge to Western Thought* (New York: Basic Books, 1999). 한글판은 『몸의 철학』(박이정, 2002).

26 플라톤의 형상

- Plato, *The Republic*, Bks VI and VII, trans. Benjamin Jowett. 영어판은 프로젝트 구텐베르크 사이트에서 다운로드할 수 있다. http://www.gutenberg.org/files/1497/1497-h/1497-h.htm.
- Gail Fine, *On Ideas: Aristotle's Criticisms of Plato's Theory of Forms* (Oxford:

Oxford University Press, 1993).

27 니르바나의 세계

- Huston Smith and Philip Novak, *Buddhism: A Concise Introduction* (New York: Harper Collins, 2004).
- The Dalai Lama, *The World of Tibetan Buddhism* (Somerville, MA: Wisdom Publications, 1995).

28 악에 관한 문제

- William Rowe, *Philosophy of Religion: An Introduction* (Belmont, CA: Thomson-Wadsworth, 2007).
- Voltaire, *Candide; or The Optimist*, 1759. 영어판은 프로젝트 구텐베르크 사이트에서 다운로드할 수 있다. http://www.gutenberg.org/etext/19942. 한글판은 『캉디드 혹은 낙관주의』(열린책들, 2009).

29 시간의 수수께끼

- Craig Callender, *Introducing Time* (Cambridge: Totem Books, 2001).
- Paul Davies, *God and the New Physics* (New York: Simon and Schuster, 1983). 한글판은 『현대물리학이 발견한 창조주』(정신세계사, 1998)

30 시간여행의 모순

- J. Richard Gott III, *Time Travel Through Einstein's Universe: The Physical Possibilities of Time Travel* (New York: First Mariner Books, 2001).
- Matt Lawrence, "How to Really Bake Your Noodle: Time, Fate, and the Problem of Foreknowledge," in *Like a Splinter in Your Mind: The Philosophy Behind the Matrix Trilogy* (Oxford: Blackwell Publishing, 2004), pp.69~83.

31 히틀러의 헤페바이젠

- John Stuart Mill, *Utilitarianism*, 1879. 영어판은 프로젝트 구텐베르크 사이트에서 다운로드할 수 있다. http://www.gutenberg.org/etext/11224. 한글판은 『공리주의』(책세상, 2007).
- Immanuel Kant, *Fundamental Principles of the Metaphysic of Morals*, 1785. 영어판은 프로젝트 구텐베르크 사이트에서 다운로드할 수 있다. http://www.gutenberg.org/etext/5682. 한글판은 『윤리형이상학 정초』(아카넷, 2005)

32 화두

- Paul Reps and Nyogen Senzaki, *Zen Flesh, Zen Bones: A Collection of Zen and Pre-Zen Writings* (Boston: Tuttle Publishing, 1998). 한글판은 『나를 찾아가는 101가지 선 이야기』(화남, 2005).
- *Zen Buddhism: Selected Writings of D. T. Suzuki*, ed. William Barrett (New York: Three Leaves, 1996).

33 성별과 분별력

- Carol Gilligan, *In a Different Voice: Psychological Theory and Women's Development* (Cambridge, MA: Harvard University Press, 1982). 한글판은 『다른 목소리로』(동녘, 1997).
- F. C. Power, A. Higgins, and L. Kohlberg, *Lawrence Kohlberg's Approach to Moral Education* (New York: Columbia University Press, 1989).

34 소크라테스의 덕

- Plato, *Apology*. 영어판은 프로젝트 구텐베르크 사이트에서 다운로드할 수 있다. http://www.gutenberg.org/etext/1656. 한글판은 『에우티프론, 소크라테스의 변론, 크리톤, 파이돈』(서광사, 2003).
- Plato, *Protagoras*. 영어판은 프로젝트 구텐베르크 사이트에서 다운로드할 수 있다. http://www.gutenberg.org/etext/1591. 한글판은 『프로타고라스』(이제이북스, 2012).

35 본성이 외치다

- Phillip J. Ivanhoe and Bryan W. Van Norden, eds., *Readings in Classical Chinese Philosophy* (New York: Seven Bridges Press, 2001).
- William Golding, *Lord of the Flies* (New York: Riverhead Books, 1954). 한글판은 『파리대왕』(민음사, 2002).

36 니체의 영원회귀

- Friedrich Nietzsche, *The Gay Science*, trans. Walter Kaufman (New York: Vintage Books Edition, Random House, 1974). 한글판은 『즐거운 학문』(책세상, 2005).
- Milan Kundera, *The Unbearable Lightness of Being* (New York: Harper and Rowe, 1984). 한글판은 『참을 수 없는 존재의 가벼움』(민음사, 2009).

37 제일 재미있는 사람의 총살 딜레마

- Bernard Williams, eds., *Utilitarianism for and Against* (Cambridge: Cambridge University Press, 1973).

- Samuel Scheffler, ed., *Consequentialism and Its Critics* (Oxford: Oxford University Press, 1988).

38 튜링의 맥주 감별기

- A. M. Turing, "Computing Machinery and Intelligence," in Alan Ross Anderson, ed., *Minds and Machines* (Englewood Cliffs, NJ: Prentice-Hall, 1964).
- John Searle, "Can Computers Think?" in his *Minds Brains and Science* (Cambridge, MA: Harvard University Press, 1984).

39 싱어의 연못

- Peter Singer, "Famine, Affluence and Morality," *Philosophy and Public Affairs*, 1 (1972).
- 생물학자 개럿 하딘(Garrett Hardin, 1915~2003)은 "Lifeboat Ethics: The Case Against Helping the Poor," *Psychology Today*, 8 (1974): 38~43에서 기아 구제를 어떻게 생각해야 하는지에 대하여 뚜렷하게 상반된 견해를 내놓았다.

40 가장 지혜로운 사람

- Plato, *Apology*. 영어판은 프로젝트 구텐베르크 사이트에서 다운로드할 수 있다. http://www.gutenberg.org/etext/1656. 한글판은 『에우티프론, 소크라테스의 변론, 크리톤, 파이돈』(서광사, 2003).
- Plato, *The Republic*. 영어판은 프로젝트 구텐베르크 사이트에서 다운로드할 수 있다. http://www.gutenberg.org/etext/1497. 한글판은 『국가·정체』(서광사, 2005).

41 매트릭스 속으로

- Nick Bostrom, "Why Make a Matrix? And Why You Might Be In One," in William Irwin, ed., *More Matrix and Philosophy: Revolutions and Reloaded Decoded* (Chicago: Open Court, 2005).
- Matt Lawrence, *Like a Splinter in Your Mind: The Philosophy Behind the Matrix Trilogy* (Oxford: Blackwell 2004).

42 나쁜 신념의 사례

- Jean-Paul Sartre, *Existentialism and Human Emotions* (New York: Citadel, 2000). 한글판은 『실존주의는 휴머니즘이다』(이학사, 2008).
- Jean-Paul Sartre, *Being and Nothingness* (London, Routledge Classics, 2003). 한글판은 『존재와 무』(동서문화사, 2009).

43 맥주와 고기 안주

- Peter Singer, *Animal Liberation: A New Ethics for Our Treatment of Animals* (New York: Avon, 1975). 한글판은 『동물 해방』(인간사랑, 1999).
- Carl Cohen, "Do Animals have Rights?" *Ethics and Behavior* 7, no. 2 (1997).

44 화를 부르는 장난

- Catherine Mackinnon, *Sexual Harassment of Working Women: A Case of Sex Discrimination* (New Haven CT: Yale University Press, 1979).
- Ellen Frankel Paul, "Bare Buttocks and Federal Cases," in James Sterba, ed., *Morality in Practice*, 7th edn.(Belmont, CA: Thomson Wadsworth, 2004).

45 좀비에 대한 공포

- David Chalmers, *The Conscious Mind: In Search of a Fundamental Theory* (Oxford: Oxford University Press, 1996).
- Daniel Dennett, "The Zombic Hunch: Extinction of an Intuition," Royal Institute of Philosophy Millennial Lecture, 1999. 뉴욕대학교 사이트에서 온라인으로 이용할 수 있다. http://www.nyu.edu/gsas/dept/philo/courses/consciousness/papers/DD-zombie.html.

46 노자의 빈 잔

- Lao Tzu, *Tao Te Ching*, trans. Stephen Mitchell(San Francisco: First Perennial Classics, 2000). 한글판은 『도덕경』(현암사, 1995).
- Bruce Lee, *Striking Thoughts: Bruce Lee's Wisdom for Daily Living* (Boston: Tuttle, 2000). 한글판은 『나를 이기는 싸움의 기술』(인간희극, 2009).

47 맥주 그리고 인생의 의미

- Thomas Nagel, *The View From Nowhere* (Oxford: Oxford University Press, 1989).
- Victor Frankel, *Man's Search for Meaning* (New York: Washington Square Press, 1984). 한글판은 『죽음의 수용소에서』(청아출판사, 2006).

48 금주 예찬론

- Jason Kawall , "Another Pitcher? On Beer Friendship and Character," in Steven D. Hales, ed., *Beer and Philosophy: The Unexamined Beer isn't Worth Drinking* (Oxford: Blackwell, 2007).
- Thich Nhat Hanh, *The Path of Emancipation* (Berkeley: Parallax Press, 2000).

48가지 세계 맥주와 함께하는 철학 여행
철학 한 잔

초판 1쇄 인쇄 2012년 11월 30일
초판 1쇄 발행 2012년 12월 7일

지은이 매트 로렌스
옮긴이 고은주
펴낸이 이기섭
기획편집 최광렬
마케팅 조재성 성기준 정윤성 한성진 정영은
관리 김미란 장혜정

펴낸곳 한겨레출판(주) www.hanibook.co.kr
등록 2006년 1월 4일 제313-2006-00003호
주소 121-750 서울시 마포구 공덕동 116-25 한겨레신문사 4층
전화 6383-1602~1603 **팩스** 02)6383-1610
대표메일 book@hanibook.co.kr

ISBN 978-89-8431-611-9 03100

• 책값은 뒤표지에 있습니다.
• 파본은 구입하신 서점에서 바꾸어 드립니다.